Die Folgen der unterlassenen Hilfeleistung
gemäß § 323 c StGB

Europäische Hochschulschriften
Publications Universitaires Européennes
European University Studies

Reihe II
Rechtswissenschaft

Série II Series II
Droit
Law

Bd./Vol. 3296

PETER LANG
Frankfurt am Main · Berlin · Bern · Bruxelles · New York · Oxford · Wien

Juliane Heil

Die Folgen der unterlassenen Hilfeleistung gemäß § 323 c StGB

Zur Begründung der Hilfeleistungspflicht und der Bewertung der Unterlassensfolgen bei der Strafzumessung

PETER LANG
Europäischer Verlag der Wissenschaften

Die Deutsche Bibliothek - CIP-Einheitsaufnahme

Heil, Juliane:

Die Folgen der unterlassenen Hilfeleistung gemäß § 323 c StGB : zur Begründung der Hilfeleistungspflicht und der Bewertung der Unterlassensfolgen bei der Strafzumessung / Juliane Heil. - Frankfurt am Main ; Berlin ; Bern ; Bruxelles ; New York ; Oxford ; Wien : Lang, 2001
(Europäische Hochschulschriften : Reihe 2, Rechtswissenschaft ; Bd. 3296)
Zugl.: Marburg, Univ., Diss., 2001
ISBN 3-631-38600-1

D 4
ISSN 0531-7312
ISBN 3-631-38600-1

www.peterlang.de

Für meine Eltern

Vorwort

Die vorliegende Arbeit wurde vom Fachbereich Rechtswissenschaften der Philipps-Universität Marburg im Sommersemester 2001 als Dissertation angenommen.

Bei ihrer Entstehung haben mir zahlreiche Menschen geholfen, bei denen ich mich hier ausdrücklich bedanken möchte.

Zunächst sind dabei meine Eltern zu nennen, ohne deren fördernde und unermüdliche Unterstützung in den Jahren meiner Ausbildung die Erstellung dieser Arbeit nicht denkbar gewesen wäre. Besonderer Dank gebührt ihnen insbesondere auch für die tatkräftige Hilfe bei den letzten Korrekturen und Verbesserungen.

Großen Anteil am Gelingen meiner Arbeit hat zudem Dr. Frank Zingel. Sein interessiertes Nachfragen und die – teils nächtelang – geführten Diskussionen über das Thema meiner Arbeit haben mich stets in meinen Überlegungen vorangebracht. Darüber hinaus möchte ich ihm auch dafür danken, dass er mich immer wieder motivieren und mir über einige schwierigere Zeiten hinweghelfen konnte.

Besonders bedanken möchte ich mich auch bei meinem Doktorvater Herrn Prof. Dr. Georg Freund für die Anregung zum Thema meiner Arbeit sowie für seine immer wieder hilfreichen Anmerkungen. Hervorzuheben ist zudem seine Bereitschaft für seine Doktoranden, Mitarbeiter und Studenten stets da zu sein und sich in besonderer Weise für sie einzusetzen. Davon habe auch ich in den letzten Jahren profitieren können, nicht zuletzt durch eine außergewöhnlich schnelle Begutachtung meiner Dissertation.

Herrn Prof. Dr. Winrich Langer möchte ich für seine zügige Erstellung des Zweitgutachtens sowie für einige Anregungen danken.

Zuletzt möchte ich mich bei all denen bedanken, die mir während der Erstellung meiner Arbeit immer wieder auch entspannende und schöne Seiten des Lebens gezeigt und sie mit mir genossen haben.

Hamburg, im August 2001 *Juliane Heil*

Inhaltsverzeichnis

Abkürzungsverzeichnis

A.	Auflage
a.a.O.	am angegebenen Ort
Abs.	Absatz
Abschn.	Abschnitt
aF StGB	alte Fassung des Strafgesetzbuches
AG	Amtsgericht
AK	Alternativ-Kommentar
Anl.	Anlage
Anm.	Anmerkung
ARSP	Archiv für Rechts- und Sozialphilosophie
AT	Allgemeiner Teil
Bayer. ObLG	Bayerisches OLG
Bd.	Band
BGBl.	Bundesgesetzblatt
BGH	Bundesgerichtshof
BGHSt	Entscheidungen des Bundesgerichtshofes in Strafsachen
BT	Besonderer Teil
BVerfGE	Entscheidungen des Bundesverfassungsgerichts
ders.	derselbe
DJ	Deutsche Justiz
DJT	Deutscher Juristentag
DJZ	Deutsche Juristenzeitung
DR	Deutsches Recht
Dt. Strafrecht	Deutsches Strafrecht
Einl.	Einleitung
f.	folgende Seite
ff.	folgende Seiten
Fn.	Fußnote
FS	Festschrift
GA	Goltdammer´s Archiv für Strafrecht
GS	Gedächtnisschrift
i.e.S.	im engeren Sinn
i.S. von	im Sinne von
i.V.m.	in Verbindung mit
JA	Juristische Arbeitsblätter
JR	Juristische Rundschau
JuS	Juristische Schulung
JW	Juristische Wochenschrift
JZ	Juristenzeitung
KG	Kammergericht

LG	Landgericht
LK	Leipziger Kommentar
m.w.N.	mit weiteren Nachweisen
MDR	Monatsschrift für deutsches Recht
NJW	Neue Juristische Wochenschrift
NStZ	Neue Zeitschrift für Strafrecht
OLG	Oberlandesgericht
PrALR	Preußisches Allgemeines Landrecht
RG	Reichsgericht
RGBl.	Reichsgesetzblatt
RGSt	Entscheidungen des Reichsgerichts in Strafsachen
Rn.	Randnummer
RStGB	Reichsstrafgesetzbuch
Rz.	Randzeichen
Sch/Sch	Schönke/Schröder
SK	Systematischer Kommentar zum Strafgesetzbuch
StGB	Strafgesetzbuch
StGB-Komm.	Strafgesetzbuch-Kommentar
StrÄndG	Strafrechtsänderungsgesetz
StrR	Strafrecht
StrRG	Gesetz zur Reform des Strafrechts
StrS	Strafsenat
StrV	Strafverfahren
StV	Strafverteidiger
Syst. Vorb.	Systematische Vorbemerkungen
u.U.	unter Umständen
Verh.	Verhandlungen
Verh. d. Dt. BT I	Verhandlungen des Deutschen Bundestages I
VRS	Verkehrsrechtssammlung
ZStW	Zeitschrift für die gesamte Strafrechtswissenschaft

Einleitung

Betrachtet man Untersuchungen oder gerichtliche Entscheidungen, die sich mit der Vorschrift der unterlassenen Hilfeleistung gemäß § 323 c StGB befassen, so fallen immer wieder Feststellungen ins Auge, die davon sprechen, dass mögliche Folgen auf Seiten des Opfers für die Bewertung der Tat bedeutungslos seien. Weder eingetretene üble Folgen[1] noch das Ausbleiben von Nachteilen für das Opfer[2] seien für die Bewertung der Tat und damit für die Frage nach der Bestrafung des Täters von Bedeutung. Der Unrechtsgehalt[3] der nach § 323 c StGB begangenen Tat[4] bzw. die Schuldfrage[5] blieben von möglichen Folgen der Tat angeblich gänzlich unberührt.

Anders als bei den begehungsgleichen Unterlassungsdelikten, bei denen schon § 13 StGB davon spricht, dass „... wer es unterlässt, einen Erfolg abzuwenden (...) ist (...) strafbar...“, soll es hier nicht darum gehen, schädliche Erfolge für das Opfer abzuwenden.[6] Vielmehr sei allein die „Entfaltung einer schlichten Tätigkeit“ gefordert.[7] Die Hilfeleistungspflicht sei daher besser als Hilfeleistungs*betätigungs*pflicht zu bezeichnen,[8] § 323 c StGB damit ein schlichtes Untätigkeitsdelikt,[9] bei dem es allein um die Hilfeleistung als solche gehe, ohne dass mögliche Folgen irgendeine Rolle spielten.

Diese Aussagen überraschen. Wenigstens aus einem spontanen Gefühl heraus scheint das Unterlassen einer erforderlichen Hilfeleistung doch dann schwerer zu wiegen, wenn beim Opfer aufgrund des Unterlassens der Hilfe erhebliche Verletzungen oder Gefährdungen eingetreten sind als wenn keinerlei Folgen für das Opfer hervorgerufen wurden. Man führe sich etwa Fälle vor Augen, in denen ein durch einen Verkehrsunfall schwer verletzter Mensch am Straßenrand liegt und der Täter diesem nicht hilft.[10] Verstirbt der Verletzte nun gerade deshalb, weil der Täter keine Hilfe geleistet hat, so scheint diese Nichthilfe doch schwerwiegender zu sein als eine Nichthilfe in einem Fall, in dem der

---

1 RGSt 77, S. 301 (303) - wobei hier allerdings ohnehin allein die böse Gesinnung des Täters als Strafgrund des (damaligen) § 330c StGB angesehen wurde.

2 BGHSt 21, S. 50 (54).

3 Zur Frage, was das Unrecht einer strafrechtlichen Tat ausmacht, 2. Teil C) und D).

4 BGHSt 3, S. 65 (67 unten).

5 Tröndle/Fischer (Fischer), StGB-Komm., § 323c, Rn. 12. Vgl. auch BGHSt 21, S. 50 (54). Gemeint ist insoweit die Frage, inwieweit eingetretene Folgen für den Schuldspruch relevant sind.

6 Jakobs, ZStW 89 (1977), S. 19; Georgakis, S. 22; Czinczoll, S. 282.

7 Wessels/Hettinger, Strafrecht BT/1, Rn. 1042; Georgakis, S. 6/7; Schmidt, S. 82; Maurach, JR 1956, S. 348 f.

8 Maurach, JR 1956, S. 348 (Hervorhebung durch Verfasserin).

9 Maurach, JR 1956, S. 349.

10 Ausführlicher zu solchen Fällen unten, 5. Teil B).

Verletzte wegen des Unterlassens der Hilfe letztlich keine über die ursprünglichen Verletzungen hinausgehenden Folgen erleiden muss.

Wenn die zuvor erwähnten Feststellungen aber zutreffend sind und die Folgen einer unterlassenen Hilfeleistung bei der Bewertung der Tat tatsächlich keine Rolle spielen dürfen, so müssten beide Fälle – bei vergleichbarem Täterverhalten – als gleichwertig eingestuft und auch in gleicher Weise bestraft werden.

Sieht man sich aber andere Vorschriften des Strafgesetzbuches an, so wird das sich einstellende spontane Gefühl der unterschiedlichen Bedeutung von folgenreichen und folgenlosen Verhaltensweisen durchaus bestätigt. Das Gesetz macht an vielen Stellen selbst einen Unterschied zwischen folgenreichem und folgenlosem Verhalten des Täters und misst den mit einer Tat verbundenen Folgen an vielen Stellen für die Bewertung der Tat gerade eine besondere Bedeutung zu.[11] Teilweise führt der Eintritt besonderer Folgen, etwa im Bereich der erfolgsqualifizierten Delikte,[12] sogar zu einer deutlichen Verschärfung der Bestrafung eines Täters.

Es drängt sich deshalb die Frage auf, ob die Vorschrift der unterlassenen Hilfeleistung Anhaltspunkte dafür liefert, dass hier die Folgen der Tat – anders als im übrigen Strafgesetzbuch – ohne Einfluss auf die Bewertung der entsprechenden Tat bleiben müssen. Lassen sich solche Anhaltspunkte finden, so wären die eingangs genannten Feststellungen der Unbeachtlichkeit der Folgen einer unterlassenen Hilfeleistung richtig. Finden sich solche Anhaltspunkte dagegen nicht, so können diese Feststellungen nur als unrichtig oder zumindest missverständlich angesehen werden.

Missverständliche oder gar falsche Aussagen im Rahmen des § 323 c StGB wären nicht verwunderlich, hat doch die Vorschrift der unterlassenen Hilfeleistung des § 323 c StGB seit jeher Anlass zu zahlreichen Diskussionen gegeben und eine Vielzahl von Einschätzungen und Deutungen hervorgebracht. Nicht nur die Frage nach Strafgrund und geschütztem Rechtsgut, sondern auch die Frage nach der Deliktsnatur der Vorschrift wurde und wird in Rechtsprechung und Literatur höchst unterschiedlich beantwortet.

So wird bezüglich der Frage, welche Rechtsgüter durch die Vorschrift des § 323 c StGB geschützt werden, teilweise vom Schutz bestimmter Universalrechtsgüter wie der mitmenschlichen[13] bzw. humanitären[14] Solidarität oder des

11 Dazu später genauer, 2. Teil A).

12 Vgl. dazu ebenfalls unten, 2. Teil A) I) 1).

13 Otto, Gutachten, D 76/77; Neumann, JA 1987, S. 255.

14 Gössel, ZStW 96 (1984), S. 328.

öffentlichen Wohls[15] gesprochen. Teilweise wird in § 323 c StGB aber auch allein der Schutz von Individualrechtsgütern erblickt, wobei hier keine Einigkeit darüber herrscht, ob nur personenbezogene Rechtsgüter[16] oder auch Sachwerte[17] in den Schutz des § 323 c StGB mit einbezogen sind.

Unter den Befürwortern der Einbeziehung von Sachwerten in den Schutz des § 323 c StGB herrscht darüber hinaus insbesondere dann, wenn es sich um die Tatbestandsvariante des „Unglücksfalles" handelt, Streit darüber, wie stark die Beeinträchtigungen der Sachwerte des Opfers sein müssen, damit sie an einem Schutz des § 323 c StGB überhaupt teilnehmen können.[18]

Immer wieder werden auch Stimmen laut, die eine Legitimation des § 323 c StGB anhand des Gedankens des Rechtsgüterschutzes überhaupt für zweifelhaft halten.[19] Die Vorschrift wird in der bestehenden Form deshalb gar für verfehlt gehalten.[20]

Teilweise wird § 323 c StGB auch so interpretiert, als gehe es gar nicht um den Schutz von Rechtsgütern, sondern um eine „soziale Stabilisierung", die mit der Vorschrift erreicht werden solle.[21]

Auch die Frage nach der Deliktsnatur wird nicht einheitlich beantwortet. Ist man sich noch einig, dass es sich bei § 323 c StGB um ein sogenanntes „echtes"

---

15 Welzel, NJW 1953, S. 328, Fn. 2.

16 Frellesen, S. 155; Vermander, S. 24 ff.

17 So LK/Spendel, StGB-Komm., § 323 c, Rn. 29; Lackner/Kühl, StGB-Komm., § 323 c, Rn. 2; Tröndle/Fischer (Fischer), StGB-Komm., § 323 c, Rn. 2; Geilen, Jura 1983, S. 87. Nur bei gemeiner Gefahr oder Not will dagegen Sch/Sch/Cramer, StGB-Komm., § 323 c, Rn. 5, Sachwerte durch § 323 c StGB geschützt sehen.

18 So fordert Seelmann eine Reduktion auf solche Güter, „deren Verlust das Opfer im Kern seiner Rechtssubjektivität beeinträchtigt", JuS 1995, S. 284; Geilen spricht von schwerwiegenden wirtschaftlichen Schäden, Jura 1983, S. 87; Spendel von erheblichen Gefährdungen (allerdings bei allen Rechtsgütern), LK/Spendel, StGB-Komm., § 323 c, Rn. 30 f. Für die Einbeziehung von Sachgefahren nur bei Vorliegen einer gemeinen Gefahr oder Not Sch/Sch/Cramer, StGB-Komm., § 323 c, Rn. 5. Ohne Einschränkung dagegen Lackner/Kühl, StGB-Komm., § 323 c, Rn. 2; Schöne, S. 56.

19 Morgenstern, S. 121 ff.; kritisch auch Seelmann, JuS 1995, S. 281 ff. Dazu später genauer, 1. Teil, B) III) 4) a).

20 Harzer, S. 298, dort auch ein Vorschlag zu einem neuen Wortlaut der Vorschrift. Näher dazu unten, 1. Teil, B) III) 4) b).

21 Pawlik, GA 1995, S. 364; auch Morgenstern, S. 124 ff., sieht zumindest die alleinige Legitimation des § 323 c StGB durch den Gedanken des Rechtsgüterschutzes als problematisch an.

Unterlassungsdelikt handelt,[22] so enden bei der weiteren Bestimmung die Gemeinsamkeiten. Es wird teils von einem abstrakten[23] und teils von einem konkreten Gefährdungsdelikt[24] oder von einem unechten[25] bzw. partiellen Unternehmensdelikt[26] gesprochen. Teilweise wird auch (über den Wortlaut hinaus[27]) eine objektive Bedingung der Strafbarkeit in Form eines konkreten Schadens in die Norm hineingelesen.[28]

Die Feststellungen, dass die Folgen einer unterlassenen Hilfeleistung für ihre Bewertung unbeachtlich seien, reihen sich in diese Vielzahl der zu § 323 c StGB vertretenen Ansichten nahtlos ein. Um ihre Richtig- oder Unrichtigkeit überprüfen zu können, müssen mehrere Fragen beantwortet werden.

Von zentraler Bedeutung ist zunächst die Problematik der Legitimierbarkeit einer rechtlichen – und gar strafbewehrten – Hilfeleistungspflicht. Denn wenn eine Vorschrift zur unterlassenen Hilfeleistung sich gar nicht legitimieren lässt, so kann sich auch die Frage einer Folgenverantwortlichkeit nicht mehr stellen. Im ersten Teil der Arbeit wird daher eine Legitimationsgrundlage für § 323 c StGB gesucht.

Im zweiten Teil der Arbeit werden grundsätzliche Fragen einer Folgenverantwortlichkeit in den Blick genommen. Neben einer näheren Untersuchung der schon angedeuteten gesetzlichen Systematik bezüglich der Frage, welche Rolle mögliche Folgen einer Tat für die Strafbarkeit des Täters haben, wird diese Systematik insbesondere auch auf ihre Überzeugungskraft hin untersucht werden. Denn ohne diese grundlegenden Überlegungen und ohne eine überzeugende Antwort bezüglich der Bedeutsamkeit oder Bedeutungslosigkeit möglicher Folgen einer Tat kann eine Beantwortung der Frage nach der Folgenverantwortlichkeit bei § 323 c StGB nicht gelingen.

---

22 Zur Problematik dieser traditionellen Bezeichnung vgl. aber Harzer, S. 84 sowie unten, Fn. 98. Im Folgenden wird daher die treffendere Bezeichnung des „echten“ Unterlassungsdeliktes als „nicht begehungsgleiches Unterlassungsdelikt“ gewählt, vgl. dazu unten, a.a.O.

23 Vermander, S. 35 ff.

24 LK/Spendel, StGB-Komm., § 323 c, Rn. 21; Tröndle/Fischer (Fischer), StGB-Komm., § 323 c, Rn. 1; Ostendorf, JuS 1982, S. 428; Seelmann, JuS 1995, S. 285: „konkretes Gefährdungsdelikt bezogen auf die betroffenen Individualrechtsgüter“.

25 Lackner/Kühl, StGB-Komm., § 323 c, Rn. 11; Sch/Sch/Cramer, StGB-Komm., § 323 c, Rn. 2a; SK/Rudolphi, StGB-Komm., § 323 c, Rn. 3; Tröndle/Fischer (Tröndle), StGB-Komm., § 11, Rn. 37; Wolter, S. 191, Fn. 525.

26 Jakobs, Strafrecht AT, 28/11.

27 Dazu noch später, 4. Teil B).

28 Blindauer, S. 35 und S. 72.

Ein weiterer wichtiger Aspekt der Arbeit ist der spezielle strafzumessungsrechtliche Gesichtspunkt der Folgenverantwortlichkeit, da dieser für die Frage der Folgenverantwortlichkeit im Rahmen der unterlassenen Hilfeleistung ebenfalls grundlegende Bedeutung besitzt. Denn § 323 c StGB selbst setzt dem Wortlaut nach[29] den Eintritt von Folgen für die Frage, ob der Täter sich strafbar gemacht hat, nicht voraus.[30] Möglicherweise eingetretene Folgen sind damit für den Schuldspruch nicht relevant. Die Frage nach der Bedeutung der Folgen einer unterlassenen Hilfeleistung stellt sich daher möglicherweise nur bei der Frage nach dem „Wie" der Bestrafung, also bei der Suche nach der konkreten Strafe für die begangene Tat, d.h. für den Strafausspruch, und somit im Bereich der Strafzumessung.

Nachdem damit die Überlegungen zur Legitimation des § 323 c StGB sowie zur allgemeinen Bedeutung der Folgen einer Tat vorgestellt wurden, ist die Vorschrift des § 323 c StGB selbst bezüglich der Bedeutung von möglichen Folgen der unterlassenen Hilfeleistung für die Bestrafung des Täters zu untersuchen.

Den Abschluss der Arbeit sollen einige Beispiele unterlassener Hilfeleistungen aus der Rechtsprechungspraxis bilden, anhand deren die gefundenen Ergebnisse bezüglich der Folgenverantwortlichkeit bei § 323 c StGB weiter verdeutlicht werden sollen.

---

29 Zu einer anderen Bewertung, die das Vorliegen einer objektiven Bedingung der Strafbarkeit in Form einer konkreten Rechtsgutsverletzung schon für die Frage, ob der Täter sich strafbar gemacht hat, fordert, Blindauer, S. 35 und S. 72, dazu unten, 4. Teil B).

30 Zur Deliktsnatur des § 323 c StGB vgl. unten, 4. Teil B).

1. Teil: Legitimation des § 323 c StGB

A) Entstehungsgeschichte des § 323 c StGB

Der Grund für die vielfältigen Interpretationen bezüglich des Rechtsgüterschutzes sowie der Deliktsnatur des § 323 c StGB ist nicht zuletzt in der wechselvollen Geschichte der Vorschrift – die hier nur in ihren wesentlichen Eckpunkten dargestellt werden soll – zu erblicken.[31]

Ursprünglich war sie als „Ungehorsamstatbestand" ausgestaltet, dessen Ziel es war, die sich in der Nichthilfe ausdrückende Auflehnung gegen die Staatsgewalt unter Strafe zu stellen.

Als bloße Übertretung angesehen, erfolgte eine strafrechtliche Verfolgung einer unterlassenen Hilfeleistung nur in den Fällen, in denen der Täter einer ausdrücklichen obrigkeitlichen Anordnung zur Hilfe nicht nachkam; § 360 Abs.1 Ziffer 10 des RStGB von 1871 lautete:

> Mit Geldstrafe bis zu einhundertfünfzig Reichsmark oder mit Haft wird bestraft:
> „... wer bei Unglücksfällen oder gemeiner Gefahr oder Noth von der Polizeibehörde oder deren Stellvertreter zur Hülfe aufgefordert, keine Folge leistet, obgleich er der Aufforderung ohne erhebliche eigene Gefahr genügen konnte,...".

Die Pflicht zur Hilfe allein galt lediglich als moralische Pflicht, die eben nur im Falle einer staatlichen Anordnung zur Rechtspflicht werden konnte.[32] Erst durch diese Anordnung wurde das Geschehen strafwürdig.[33] Der Anknüpfungspunkt für eine Strafbarkeit der unterlassenen Hilfeleistung lag daher im Ungehorsam gegenüber der Obrigkeit, das Unterlassen der Hilfeleistung als solches begründete keine Strafbarkeit.

Nachfolgende Entwürfe zu einer Änderung des Strafgesetzbuches sahen – teilweise aufgrund der Problematik, dass in den durch § 360 Abs. 1 Ziffer 10 RStGB beschriebenen Notfällen die Polizei zumeist gar nicht anwesend ist – ein anderes Delikt der unterlassenen Hilfeleistung vor.

Im Entwurf von 1913 war neben dem schon bekannten Ungehorsamstatbestand noch eine Regelung über eine „unterlassene Lebensrettung" enthalten, bei der es bei Vorliegen einer Lebensgefahr eines Anderen nicht mehr auf eine polizeiliche Anordnung zur Hilfe ankam:

---

31 Ausführlich zur Entwicklungsgeschichte des Gebots der Hilfeleistung Gieseler, S. 5 ff., sowie Harzer, S. 33 ff.

32 Vgl. Olshausen: „... rechtliche Verpflichtung zur Hilfeleistung (...) erst durch die Aufforderung (...) geschaffen wird.", § 360 Nr. 10b), S. 1964.

33 Wolf, JW 1933, S. 2096.

„... 2. wer es vorsätzlich unterlässt, einen anderen aus einer Lebensgefahr zu retten, obwohl er ihn ohne Gefahr für Leib und Leben retten kann; die Tat ist nur strafbar, wenn der Gefährdete in der Gefahr sein Leben verloren hat.“[34]

Hier nun sollte die unterlassene Hilfe als solche, jedenfalls für die Fälle einer Lebensgefahr und des anschließenden Todes des Opfers, ein strafwürdiges Verhalten darstellen können, ohne dass der Aspekt des Ungehorsams gegenüber der Obrigkeit die Strafbarkeit begründen musste.
In dieser Regelung kommt nun auch zum ersten Mal den Folgen einer unterlassenen Hilfeleistung Bedeutung zu. Der Eintritt des Todes des Opfers ist für die Bestrafung des Täters von entscheidender Bedeutung. Er ist notwendige Bedingung für eine strafrechtliche Verfolgung des Täters wegen unterlassener Hilfeleistung.

Ein weiterer Entwurf aus dem Jahre 1919 enthielt eine ähnliche Regelung, wobei aber schon eine schwere Körperverletzung ausreichen sollte, um eine Bestrafung wegen unterlassener Hilfe zu ermöglichen.[35] Dieser Entwurf gestaltete die Vorschrift damit so aus, wie sie auch in ihrer heutigen Fassung teilweise ausgelegt wird.[36]

Die Entwürfe von 1913 und 1919 fanden jedoch keinen Eingang in die gesetzliche Formulierung. Vielmehr erfuhr § 360 Ziffer 10 RStGB erst im Jahre 1935 eine Änderung.

Der neue § 330 c StGB sollte der nun herrschenden nationalsozialistischen Rechtsanschauung gerecht werden. Dem „liberalistischen Wollen und individualistischen Geiste des Gesetzgebers von 1871“ sollte abgeschworen und dem „gemeinnützigen Geiste und sozialen Wollen“[37] Rechnung getragen werden.
§ 330 c StGB (in der Fassung von 1935) galt damit als charakteristischer Ausfluss des Satzes: „Gemeinnutz geht vor Eigennutz“[38] und sollte so den – der nationalsozialistischen Auffassung nach – zuvor bestehenden mangelhaften Rechtszustand hinsichtlich eines gemeinnützigen Geistes des Gesetzes behe-

---

34 Entwurf der Strafrechtskommission von 1913, in: Entwürfe zu einem Deutschen Strafgesetzbuch, Teil I.

35 Entwurf von 1919 in: Entwürfe zu einem Deutschen Strafgesetzbuch, Teil II.

36 So die Ansicht Blindauers, S. 35, der einen konkreten Schaden im Sinne einer Tötung oder einer nicht unerheblichen Verletzung des Opfers als objektive Bedingung der Strafbarkeit für § 323 c StGB als erforderlich ansieht. Dagegen zu Recht Schöne, S. 70 ff. Vgl. dazu auch unten, 4. Teil B).

37 Wolf, JW 1933, S. 2096.

38 E. Schäfer, DJ 1935, S. 991.

ben.[39] Die in einem nationalsozialistischen System für unabdingbar gehaltenen Pflichten des Einzelnen gegenüber der Volksgemeinschaft, hinter der die Individualität des Einzelnen zurückstehen musste, sollten gerade durch die Änderung des § 330 c StGB besonders deutlich werden.[40]

Bestraft wurde daher nun jeder, der bei Unglücksfällen oder gemeiner Gefahr oder Not nicht Hilfe leistete, obwohl dies nach „gesundem Volksempfinden“ seine Pflicht gewesen wäre. Auf eine polizeiliche Anordnung zur Hilfe kam es nicht mehr unbedingt an:

> „Wer bei Unglücksfällen oder gemeiner Gefahr oder Not nicht Hilfe leistet, obwohl dies nach dem gesunden Volksempfinden seine Pflicht ist, insbesondere wer der polizeilichen Aufforderung zur Hilfeleistung nicht nachkommt, obwohl er der Aufforderung ohne erhebliche eigene Gefahr und ohne Verletzung anderer wichtiger Pflichten genügen kann, wird mit Gefängnis bis zu zwei Jahren oder mit Geldstrafe bestraft.“[41]

Auch möglichen Folgen der unterlassenen Hilfe wurde (anders als in den Entwürfen von 1913 und 1919) keine Bedeutung beigemessen. Alleine die bis dahin als bloß sittliche Pflicht anerkannte Hilfeleistung wurde zur Rechtspflicht erhoben: „ ...stellt das Versagen der Hilfeleistung schon dann unter Strafe, wenn und soweit es mit dem Sittengebot der völkischen Gemeinschaftsordnung unverträglich ist...“.[42] Mit Einführung der Vorschrift und der aufkommenden Tendenz eines Gesinnungsstrafrechts wurde der Unrechtsgehalt des § 330 c StGB von Rechtsprechung[43] und Lehre[44] nur noch in der rücksichtslosen Gesinnung des Täters gegenüber der Gemeinschaft erblickt.

Ein bestimmter Rechtsgüterschutz sollte durch § 330 c StGB nicht verwirklicht sein.[45] Damit wurde ein selbständiger Unrechtsgehalt der Tat abgelehnt, sie vielmehr nur als ein Gesinnungssymptom verstanden. Die Folgen der Tat konnten bei einer solchen Interpretation von keinerlei Bedeutung sein.[46]

---

39 L. Schäfer, DJ 1935, S. 998.

40 Mezger, Deutsches Strafrecht, S. 204.

41 RGBl. I S. 839, 842, 843.

42 RGSt 74, S. 199 (200).

43 RGSt 74, S. 200 (203/204); RGSt 74, a.a.O., S. 200

44 Dahm, DR 1940, S. 1421; Dalcke/Fuhrmann/Schäfer, StR und StrV, § 330 c Anm. 1b); Meister, MDR 54, S. 598, der allerdings von einer Doppelnatur des § 330 c StGB ausgeht: einerseits werde die rücksichtslose Gesinnung unter Strafe gestellt, andererseits habe § 330 c aber auch den Sinn, schwere Folgen für das Opfer zu verhüten.

45 Dahm, a.a.O.; anders aber Mezger, Deutsches Strafrecht, S. 204: Keine reine Gesinnungstat; diese sei auch dem geltenden Strafrecht fremd.

46 RGSt 74, a.a.O., S. 200: „... unabhängig davon, ob und welche Folgen das Unterlassen hat.“

Die angeführten Deutungen und insbesondere der nationalsozialistisch vorbelastete Begriff des „gesunden Volksempfindens" führten nach Ende des Zweiten Weltkrieges zunächst zu erheblichen Zweifeln über die Möglichkeit der Fortgeltung der Norm.

Bezüglich des Begriffs des „gesunden Volksempfindens" bestand Einigkeit, dass dieser keinen Raum mehr in der Sprache des Gesetzgebers haben durfte.[47] Seine Unbestimmtheit und seine Diskreditierung durch das NS-Regime standen dem im Wege.[48]

Bedenken bestanden zudem wegen der vielfach gefundenen gesinnungsrechtlichen Tendenz bei der Auslegung der Vorschrift.
Eine derartige Auslegung konnte in einem demokratischen Rechtsstaat keinen Bestand mehr haben. Vielmehr kann in einem solchen strafrechtliche Reglementierung nur in einem bestimmten durch staatliche Aufgaben abgesteckten Rahmen zulässig sein.

Dazu gehört vor allem auch der Schutz des Staates für die Daseins- und Entfaltungsmöglichkeiten des Einzelnen, der Opfer einer Straftat werden kann. Zu diesem Schutz ist der Staat berechtigt, Strafen gegen denjenigen zu verhängen, der eine Straftat gegenüber dem zu Schützenden begeht. Allerdings muss dieser Einsatz von Strafe zweckrational legitimiert sein durch die präventive Aufgabe des Staates, die Rechtsgüter des Opfers zu schützen.[49] Denn gerade dies ist Inhalt des Schutzes der Daseins- und Entfaltungsmöglichkeiten.

Eine Bestrafung allein „unliebsamer" Gedanken des Täters, wie dies bei einer gesinnungsorientierten Norm der Fall wäre, ist damit nicht vereinbar.[50] Denn wie der Einzelne den vom Recht gesetzten Pflichten nachkommt, ob er etwa im Falle einer erforderlichen Hilfeleistung seine Pflicht zur Hilfe bloß aus Furcht vor gesellschaftlicher Missbilligung erfüllt oder deshalb, weil die Idee dieser Pflicht die Triebfeder seiner Hilfe ist, ist zum Schutz der Daseins- und Entfaltungsmöglichkeiten nicht von Bedeutung. Rechtspflichten müssen daher nicht um ihrer Idee willen befolgt werden. Ihre bloß legale Befolgung reicht aus.[51]

Insoweit ist – mit Rückgriff auf die Rechtsphilosophie Kants – ein Unterschied zwischen Legalität und Moralität zu ziehen. Legalität (Gesetzmäßigkeit) ist dabei die „bloße Übereinstimmung oder Nichtübereinstimmung einer Handlung mit dem Gesetz, ohne Rücksicht auf die Triebfeder derselben".

---

47 Vgl. Gallas, JZ 1952, S. 396.

48 Gallas, a.a.O.; Verh. d. Dt. BT I, Wahlper. 1949, Anl. zu den stenographischen Berichten, Nr. 3713 (1952), S. 43.

49 Freund, Strafrecht AT, § 1, Rn. 2.

50 Vgl. auch Mir Puig, GS für Kaufmann, S. 255.

51 Kühl, FS für Spendel, S. 81.

Moralität (Sittlichkeit) dagegen bezeichnet die Handlung, deren Triebfeder zugleich die Idee der Pflicht aus dem Gesetz ist.[52]

Für den Bereich der Rechtspflichten in einem demokratischen Rechtsstaat ist deshalb von entscheidender Bedeutung, dass die Gesinnung des Einzelnen bei der Befolgung der Rechtspflichten den Staat, wenigstens solange der Einzelne sich dem Recht entsprechend verhält, nichts angeht.[53] Allein die äußere Befolgung der Pflichten kann von den Rechtsgenossen verlangt werden. Die Bewertung darüber, ob ein Einzelner die Gesetze auch mit der „richtigen Einstellung“ befolgt, ist der Moral vorbehalten.

Schon wegen ihres Mangels an exakter Beweisbarkeit kann die ethisch verwerfliche Gesinnung des Täters nicht im Vordergrund stehen. Wollte man sie dennoch für den Bereich des Rechtes heranziehen, würde einer nicht erwünschten Rechtsunsicherheit Vorschub geleistet.[54]

Zwar ist bei einem dem Recht nicht entsprechenden Verhalten diese strikte Trennung nicht ganz passend, da bei einem am Schuldprinzip ausgerichteten Strafrecht durchaus innere Beweggründe von Bedeutung sind.[55] Dennoch kann allein mit einer (noch so) rücksichtslosen Gesinnung die Strafwürdigkeit eines Verhaltens nicht begründet werden.[56] Denn „schlechte“ Gesinnungen sind kein Angriff auf Rechtsgüter des Opfers, vor denen der Staat dieses schützen müsste und für deren Schutz der Einsatz von Strafe allein gerechtfertigt ist. Die überwiegend gesinnungsorientierte Auslegung des § 330 c StGB musste daher Zweifel an der Möglichkeit eines Fortbestandes der Norm wecken.

Allerdings wurde die Vorschrift des § 330 c StGB schon zu nationalsozialistischen Zeiten nicht durchgehend als Norm eines Gesinnungsstrafrechts verstanden, vielmehr wurde sogar teilweise festgestellt, dass eine solche Auslegung auch dem damals geltenden Recht fremd sei.[57] Damit erschien auch nach Beendigung der nationalsozialistischen Herrschaft eine andere Interpretation der Vorschrift durchaus möglich, denn die in § 330 c StGB beschriebene Pflicht schien damit nicht allein unter dem Blickwinkel einer falschen Gesinnung, die in der Nichthilfe zum Ausdruck kommen sollte, von Bedeutung zu sein.

---

52 Kant, Metaphysik, S. 19.

53 Kersting, ARSP-Beiheft 37 (1990), S. 65: Die rechtliche Gesetzgebung sei „nicht gesinnungsinteressiert, ohne Herrschaftsambitionen in der Innenwelt“. Zur Irrelevanz böser Hintergedanken für die rechtliche Verhaltensbewertung siehe auch Freund, JuS 2000, S. 755; Frisch, Tatbestandsmäßiges Verhalten, S. 33 ff., 45 ff., 59 f.

54 Würtenberger, S. 67.

55 Engisch, S. 91.

56 So auch LK/Spendel, StGB-Komm., § 323 c, Rn. 26. Ausführlich mit dem Begriff der Strafwürdigkeit setzt sich Langer, S. 327 ff., 360 ff. auseinander. Vgl. dazu auch unten Fn. 300.

57 Mezger, Deutsches Strafrecht, S. 204.

So wurde denn auch der Unrechtsgehalt der unterlassenen Hilfeleistung nun vielmehr darin erblickt, dass der Täter eine Rettungschance für das betroffene Rechtsgut nicht wahrgenommen habe, die in einem „ernstlichen Bemühen um Schadensabwehr" gelegen habe.[58] Das „betroffene" Rechtsgut des Opfers meint dabei das im Rahmen des Unglücksfalles, der gemeinen Gefahr oder Not beeinträchtigte, zu dessen Hilfe der Täter einschreiten sollte.
Dem in einem demokratischen Rechtsstaat tragenden Prinzip des Gedankens des Schutzes von Rechtsgütern zur Legitimation einer Strafvorschrift sollte so auch bei § 330 c StGB Rechnung getragen werden können. Die Bedenken einer Fortgeltung der Vorschrift aufgrund der gesinnungsrechtlichen Auslegungen galten damit als beseitigt.[59]

Problematisch erschien allerdings noch, dass mit der Hilfeleistungspflicht in § 330 c StGB eine Pflicht zur Rechtspflicht erhoben worden war, die seit jeher lediglich als moralische Pflicht der Bürger untereinander anerkannt war und nach dem ursprünglichen Verständnis dem Recht auch nicht unterworfen werden konnte.
Es wurde jedoch darauf hingewiesen, dass sich unabhängig von den nationalsozialistischen Auffassungen schon seit Ende des 19. Jahrhunderts die allgemeine Anschauung dahin entwickelt hätte, dass wechselseitige Abhängigkeiten und dadurch soziale Verantwortung und Solidarität zwischen den Rechtsgenossen auch im Bereich von Rechtspflichten anerkannt wurden.[60] Eine strafrechtliche selbständige Hilfeleistungspflicht bei Unglücksfällen ohne eine obrigkeitliche Anordnung sollte sich daher ebenfalls aus der sozialen Verpflichtung des Bürgers in einer sozialen Demokratie ergeben können, da auch das Strafrecht diese soziale Verantwortung, die „die Demokratie des 20. Jahrhunderts kennzeichne", nicht ignorieren könne.[61]

Der Grundgedanke des § 330 c StGB wurde also so mit dem nunmehr herrschenden Rechtsdenken in Einklang gesehen,[62] wobei durchaus erkannt wurde, dass sich hier eine neue Richtung im Strafrecht eröffnete: eine Hinwendung des

---

58 Gallas, JZ 1952, S. 396; ders. in Niederschriften Bd. 9, S. 375.

59 Gallas, JZ 1952, S. 396.

60 Verh. d. Dt. BT I, Wahlperiode 1949, Anl. zu den stenographischen Berichten, Nr. 3713 (1952), S. 44; Gallas, JZ 1952, S. 396. Auf diese Solidarität wird denn auch heute noch im Zusammenhang mit § 323 c StGB verwiesen: So sagt Jakobs (AT, 28/16; vgl. auch 28/11), § 323 c StGB bestimme die „Haftung für (...) die Verletzung der Mindestsolidarität". Otto (Gutachten, D77) spricht gar davon, dass § 323 c StGB auf das Minimum der Solidarität zwischen den Mitgliedern der Gesellschaft zurückgreife und dies das von § 323 c StGB geschützte Rechtsgut sei. Zur Problematik dieser Argumentation Frellesen, S. 113, sowie unten, 1. Teil B) III) 2).

61 Welzel, NJW 1953, S. 328.

62 Gallas, a.a.O.

Rechts zur Begründung und strafrechtlichen Anerkennung sozial-ethischer Pflichten.[63] Der damalige § 330 c StGB wurde als aus der moralischen Sphäre stammend erkannt,[64] was aber für die Weitergeltung der Norm kein Hindernis sein sollte.

Einer Fortgeltung des § 330 c StGB stand damit nichts mehr im Wege. Allein der Begriff des „gesunden Volksempfindens" musste aus der alten Fassung gestrichen werden. An seine Stelle trat die Klausel von der Erforderlichkeit und Zumutbarkeit der Hilfeleistung. Darüber hinaus wurde die auch zu nationalsozialistischen Zeiten in § 330 c StGB schon nicht mehr im Vordergrund stehende polizeiliche Aufforderung zur Hilfeleistung ganz aus dem Wortlaut gestrichen.[65] Ansonsten erfuhr die Vorschrift nur kleine Änderungen und erhielt im Wesentlichen ihren auch heute noch geltenden Wortlaut.[66]

Die Problematik der Weitergeltung der Vorschrift galt mit den dargestellten Argumenten als beseitigt.[67] Doch zeigen die schon angedeuteten vielfältigen Interpretationen zur tatbestandlichen Struktur sowie zum Strafgrund des § 323 c StGB, dass die Vorschrift noch immer erhebliche Probleme aufwirft, bis hin zu immer noch bestehenden Bedenken, dass eine Einbeziehung von Hilfeleistungspflichten in den Bereich strafrechtlicher Pflichten überhaupt zweifelhaft sei.[68]

B) Legitimierbarkeit einer Hilfeleistungspflicht als Rechtspflicht

Mit den dargestellten Argumenten zur Weitergeltung des § 323 c StGB nach der nationalsozialistischen Herrschaft ist die Problematik der Legitimierbarkeit einer rechtlichen – und gar strafbewehrten – Hilfeleistungspflicht also noch nicht behoben. Insbesondere der Aspekt, dass eine derartige Hilfeleistungs-

---

63 Jescheck, Niederschriften Bd. 9, S. 372.

64 Lange, Niederschriften Bd. 9, S. 371; Verh. d. Dt. BT I a.a.O., S. 43.

65 Die Neufassung erfolgte im Rahmen des 3. StÄndG vom 04.08.1953, in Kraft getreten am 01.10.1953, BGBl. I, S. 735, 743, 750.

66 Allein der Begriff „Freiheitsstrafe" wurde erst später aufgrund des 1. StrRG vom 25.06.1969 statt des alten Begriffes „Gefängnis" eingefügt. Die Neunummerierung der Vorschrift erfolgte im Rahmen des 18. StrÄndG vom 28.3.1980, in Kraft getreten am 01.07.1980.

67 Spätere Entwürfe, wie etwa der Alternativentwurf von 1962, AE (1962), § 115, S. 58 f., der die unterlassene Hilfeleistung auf die Fälle einer Leibes- oder Lebensgefahr des Gefährdeten beschränken wollte, fanden keinen Eingang mehr in die gesetzliche Regelung.

68 Vgl. dazu beispielsweise Seelmann, JuS 1995, S. 281 ff., sowie Morgenstern, S. 116 ff., die die Legitimation von Solidarpflichten im Strafrecht kritisch beleuchten.

verpflichtung ursprünglich allein als eine moralische Verpflichtung angesehen wurde, lässt auch heute noch immer wieder Zweifel an einer solchen Pflicht aufkommen.[69]

Aber nicht nur aus diesem Grund gilt die Legitimierbarkeit als schwierig. Es besteht im Vergleich zu den Situationen bei dem überwiegenden Teil der sonstigen Delikte des Strafgesetzbuches nämlich eine Besonderheit. Der zur Hilfe Verpflichtete greift weder von sich aus, wie bei den Tätigkeitsdelikten, in die Rechtsgüter des Opfers ein, noch ist er für diese in irgendeiner Form besonders verantwortlich, wie dies bei den begehungsgleichen (den sogenannten „unechten“[70]) Unterlassungsdelikten in Form des Garantieverhältnisses der Fall ist. Eine vergleichbare Situation findet sich sonst nur noch im Falle der Verpflichtung zur Anzeige einer Straftat, die in § 138 StGB geregelt ist. Wegen dieser Abweichung von der Systematik anderer strafrechtlicher Pflichten wird die Legitimierbarkeit einer strafbewehrten rechtlichen Hilfeleistungspflicht teilweise ebenso in Frage gestellt.[71]

I) Moralische Pflichten als Rechtspflichten

Das Gebot einer Hilfeleistung wurde zunächst nur als moralische Pflicht, als bloß sittliche Solidarpflicht, verstanden. Gerade auch bei der Erörterung zur Weitergeltung des damaligen § 330 c StGB wurde diese ursprüngliche Einordnung von Hilfeleistungspflichten in den Bereich bloßer Moralpflichten ja immer wieder verdeutlicht. Jescheck sprach davon, dass mit der Neuregelung der Vorschrift des § 330 c StGB eine „Hinwendung des Rechts zur Begründung und strafrechtlichen Anerkennung sozial-ethischer Pflichten“ begonnen werde.[72] Lange sprach von einer aus der „moralischen Sphäre“ stammenden Pflicht.[73]

Dies sollte jedoch kein Hindernis bei der Begründung und Legitimation einer rechtlichen und strafbewehrten Hilfeleistungspflicht im Wege einer Vorschrift der unterlassenen Hilfeleistung sein. Wegen des angeblichen Wandels in den Anschauungen über soziale Verantwortung und Solidarität in der Gesellschaft

---

69 Zur rechtsethischen Diskussion der Einbeziehung von Solidarpflichten ins Strafrecht vgl. insbesondere die Ausführungen bei Morgenstern, S. 51ff., sowie die bei Harzer, S. 31 ff.

70 Zur Problematik der Begriffe „echte“ und „unechte“ Unterlassungsdelikte vgl. unten, Fn. 98.

71 So insbesondere Morgenstern, S. 121 ff., dazu unten, 1. Teil B) III) 4) a).

72 Niederschriften Bd. 9, S. 372.

73 Niederschriften Bd. 9, S. 371.

galt eine Einbeziehung von Solidarpflichten in den Bereich der strafbewehrten rechtlichen Pflichten vielmehr als möglich und sogar wünschenswert,[74] auch wenn sie zuvor als bloß moralische Pflichten galten.

Schaut man sich nun die Diskussionen zur unterlassenen Hilfeleistung sowie allgemeine Diskussionen über die Abgrenzung von Recht und Moral an, so fällt auf, dass es nach wie vor als nicht unproblematisch gilt, eigentlich moralisch begründete Hilfeleistungspflichten in ein strafrechtliches System zu integrieren.

Schon in der Philosophie Kants, deren Bedeutung auch für das heutige Rechtsdenken nicht zu verkennen ist, finden sich wichtige Aussagen, die diese Problematik betreffen. Kant unterstrich stets die strikte Trennung von Recht und Moral. Er machte eine klare Unterscheidung zwischen solchen Pflichten, die Rechtspflichten sein können und solchen, die bloße Moralpflichten und damit dem Recht entzogen seien.

Unter Recht verstand Kant dabei den „Inbegriff der Bedingungen, unter denen die Willkür des einen mit der Willkür des anderen nach einem allgemeinen Gesetz der Freiheit zusammen vereinigt werden kann",[75] wobei unter „Willkür" dabei die äußere Handlungsfreiheit des Menschen zu verstehen ist.[76] Das Recht hat nach Kant also die Aufgabe, äußere Konflikte zu lösen, die durch Eingriffe des Täters in die Freiheitssphäre eines Anderen bedingt sind.

Unrecht liegt seiner Auffassung nach dann vor, wenn ein Anderer im Gebrauch seiner persönlichen Freiheit gehindert wird.[77] Allein um nach der Verletzung der persönlichen Freiheit des Opfers durch den Täter die ursprüngliche Freiheit wieder herzustellen, könne rechtlicher Zwang diesem gegenüber ausgeübt werden.[78]

Moralische Pflichten haben nach Ansicht Kants mit einer solchen Abgrenzung von Freiheitssphären jedoch nichts zu tun. Gerade auch eine Hilfeleistungspflicht nicht, denn der zur Hilfe Verpflichtete habe eben gar nicht in die Freiheitssphäre des Anderen eingegriffen, vielmehr befinde das Opfer sich ganz ohne seinen Einfluss in einer Situation, in der es einfach nur Hilfe benötige. Ohne dass der Täter in die Freiheitssphäre des Opfers eingegriffen habe, könne aber auch kein rechtlicher Zwang zur Wiederherstellung der ursprünglichen

74 Welzel, NJW 1953, S. 328; vgl. auch oben, 1. Teil A).

75 Kant, Metaphysik, S. 31.

76 Kant, Metaphysik, S. 31 f. Wörtlich spricht Kant von Willkür als das, „wovon beliebigen Gebrauch zu machen ich das physische Vermögen habe" , S. 48.

77 Kant, Metaphysik, S. 32. Das Recht hat nur mit der äußeren Freiheit zu tun, Metaphysik, S. 189.

78 Kant, Metaphysik, S. 32 f.

Freiheit des Opfers gerechtfertigt werden.[79] Eine Hilfeleistungspflicht scheint damit also dem Bereich der Moral und somit dem Bereich rechtlich nicht erzwingbarer Pflichten vorbehalten zu bleiben.[80]

Zwar wird die bei Kant zu findende Funktion des Rechts als Freiheitssphärenabgrenzung nicht mehr durchgängig als ausschließliche Aufgabe des Rechts angesehen,[81] die Einbeziehung von moralischen Pflichten in ein *straf*rechtliches System sieht sich aber nach wie vor einem erhöhten Legitimationsdruck ausgesetzt.[82] Allgemein anerkannt ist dabei, dass eine moralische Pflicht jedenfalls dann nicht als strafbewehrte rechtliche Pflicht zu rechtfertigen ist, wenn sie allein zur Stärkung des moralischen Pflichtbewusstseins aufgestellt wird.[83]
An dieser Stelle begegnet man der bereits angesprochenen[84] Unterscheidung Kants zwischen Legalität und Moralität, die im Wesentlichen auch heute noch Gültigkeit besitzt.

Das Recht kann, wie gesehen,[85] stets nur verlangen, dass sich das *Verhalten* der Bürger mit der Rechtsordnung in Einklang befindet, d.h., dass es legal ist.[86] Eine dahinter stehende (gute) Motivation in der Form, dass die Normen gerade

---

79 Wenn Kant schreibt, dass wegen des Unterlassens einer bloßen Liebespflicht – d.h. einer Pflicht des Wohltuns, Metaphysik, S. 262 – „kein Mensch beleidigt wird", Metaphysik, S. 278, so drückt dies aus, dass er in einem solchen Unterlassen gerade keinen Eingriff in die Freiheitssphäre des Anderen erblickt.
Tugendpflichten seien auch deshalb keine Rechtspflichten, weil sie einen viel weiteren Inhalt als die engen, auf das Äußere beschränkten Rechtspflichten hätten. Denn bei diesen werde nicht nur die äußere Form des Verhaltens sondern gerade auch die Maxime des Verhaltens angesprochen, Metaphysik, S. 198 ff. Damit zielten Tugendpflichten auf die innere Freiheit des Einzelnen ab und könnten damit nur ethische und keine rechtlichen Pflichten sein, Metaphysik, S. 217.

80 So die allgemein übliche Interpretation Kants, vgl. Morgenstern, S. 56; Harzer, S. 171; Kühl, FS für Spendel, S. 92. Kant selbst beschreibt das Unterlassen einer bloßen Liebespflicht denn auch als bloße Untugend, Metaphysik, S. 278. Unter Untugend versteht er dabei allein einen Mangel an moralischer Stärke, Metaphysik, S. 200. Mit einem Verstoß gegen eine Rechtspflicht soll dies nichts zu tun haben.

81 Vgl. dazu die ausführliche Darstellung der Diskussion um die Abgrenzung von Recht und Moral und den jeweiligen Vorstellungen, was Recht ist, bei Morgenstern, S. 56 ff.

82 Morgenstern, S. 93.

83 Frellesen, S. 117; Kargl, GA 1994, S. 260.

84 Vgl. oben, 1. Teil A).

85 Vgl. oben, 1. Teil A).

86 Allerdings ist, wie ebenfalls bereits oben, 1. Teil A), gesehen, ein personaler Bezug bei der Einordnung eines Verhaltens als strafrechtlich relevant oder irrelevant durchaus von entscheidender Bedeutung. Aber dennoch kann das Recht ebenso wenig eine gute Motivation hinter der Normeinhaltung einfordern, wie es allein aufgrund noch so böser Gedanken einen Normenverstoß annehmen kann.

deshalb eingehalten werden, weil die darin zum Ausdruck kommende Idee von den Bürgern anerkannt wird, kann das Recht in einem demokratischen Rechtsstaat nicht verlangen. Dies ist allein dem Bereich der Moralität vorbehalten.[87] Staatliche Gewalt kann stets nur auf die Sicherung und Erschaffung der den Lebensbedürfnissen der Staatsbürger gerecht werdenden Bedingungen beschränkt sein, aber keine sittliche Verbesserung der Bürger verlangen.[88]

Die strafrechtliche Ahndung eines Verstoßes gegen die Hilfeleistungspflicht kann daher niemals damit legitimiert werden, dass der Täter mit Hilfe der Norm dazu angehalten werden soll, seine moralische Einstellung zu überprüfen und zu ändern, d.h. dass er dazu gebracht werden soll, eine Hilfeleistung gegenüber Anderen als gut und richtig zu erkennen und zu empfinden. Für die Legitimierbarkeit einer rechtlichen und strafbewehrten Hilfeleistungspflicht gilt also, dass eine solche Hilfe auf jeden Fall nicht deshalb verlangt werden kann, weil ein Hilfeleisten in Notsituationen als solches als gut angesehen wird und auch der Täter zu dieser *Einsicht* gelangen soll.

Es fragt sich aber, ob sich eine Rechtspflicht zur Hilfeleistung nicht mit den auch sonst bei der Frage nach der Legitimierbarkeit strafrechtlicher Normen anzustellenden Überlegungen zum Rechtsgüterschutz begründen lässt. Es ließen sich möglicherweise Situationen finden, in denen gerade aus Gründen des Rechtsgüterschutzes die eigentlich moralische Pflicht des Hilfeleistens eben doch zu einer Rechtspflicht erstarken kann, wenn nicht sogar muss.

II) Das Fehlen der besonderen Verantwortlichkeit des Täters für die Rechtsgüter des Opfers in der Situation der Hilfeleistungspflicht

Allerdings wird einem solchen Versuch, die Vorschrift des § 323 c StGB mit Hilfe des Rechtsgüterschutzes zu legitimieren, mit großen Bedenken begegnet.[89] Dies hängt nicht nur damit zusammen, dass eine Verpflichtung zur Hilfeleistung ursprünglich allein als moralische Verpflichtung angesehen wurde. Auch die schon angedeutete besondere Situation im Falle einer Hilfeleistungspflicht gegenüber dem Großteil der anderen Delikte des Strafgesetzbuches trägt zu diesen Bedenken bei.

---

87 Vgl. dazu auch Kühl, FS für Spendel, S. 82.

88 Roxin, JuS 1966, S. 381.

89 Gegen eine Legitimation anhand des Rechtsgüterschutzaspektes insbesondere Harzer, S. 97 ff.; Morgenstern, S.121 ff. Zu dieser Einschätzung später noch genauer, 1. Teil B) III) 4) b) sowie 1. Teil B) III) 4) a).

Schaut man sich den überwiegenden Teil der Vorschriften des Strafgesetzbuches an, so lassen sich bei diesen stets zwei Gründe finden, warum ein Verhalten des Täters rechtlich missbilligt und unter Strafe gestellt werden kann. Zum einen liegt der Grund für eine rechtliche Missbilligung und Bestrafung darin, dass der Täter gegen eine Verhaltensnorm, die zum Schutz fremder Rechtsgüter aufgestellt wurde, verstoßen hat, und es nun zum Schutz vor einem Normenverfall einer angemessenen Reaktion auf dieses Verhalten bedarf. Zum anderen hat der Täter bei diesen Delikten aber auch eine besondere Verantwortlichkeit für die durch die Norm geschützten Rechtsgüter des Opfers, und weil er dieser Verantwortung nicht gerecht geworden ist, ist eine strafrechtliche Reaktion auf sein Verhalten umso wichtiger.[90]

Bei den Tätigkeitsdelikten hat der Täter durch sein selbstbestimmtes, freiwilliges und aktives Handeln in die Rechtsgüter des Opfers eingegriffen und die sich daraus ergebenden Beeinträchtigungen des Opfers hervorgerufen. Nur der Täter hat diese Situation für das Opfer geschaffen und trägt daher eine besondere Verantwortung.
Bei den begehungsgleichen Unterlassungsdelikten ist der Täter jeweils durch eine ganz bestimmte Beziehung mit dem Opfer verbunden, dem sogenannten Garantenverhältnis. Mit diesem Verhältnis hat er eine besondere Verantwortung für die Rechtsgüter des Opfers übernommen, deren Bedeutung sich in § 13 Abs. 1 StGB dadurch ausdrückt, dass der Täter zur Abwendung von Gefahren für die Rechtsgüter des Opfers qualifiziert verpflichtet ist.

Diese besonderen Verantwortlichkeiten des Täters für die Rechtsgüter des Opfers beruhen typischerweise auf freiwilligen Entscheidungen des Täters. Er hat sich bei den Tätigkeitsdelikten selbst dazu entschlossen, in die Rechtsgüter des Opfers einzugreifen, bei den begehungsgleichen Unterlassungsdelikten hat er jedenfalls die Umstände, aus denen sich seine Stellung als Garant für die Rechtsgüter des Anderen ergibt, regelmäßig selbst bestimmen können.[91] Es handelt sich in den Fällen des begehungsgleichen Unterlassungsdeliktes also typischerweise um Situationen, in denen der Täter in freier Selbstbestimmung vor dem Auftreten der fraglichen Situation quasi ein Bündnis mit dem Opfer eingegangen ist.[92]

---

90 Freund spricht hier von „zwei Säulen" der Legitimation der Normen, Erfolgsdelikt und Unterlassen, S. 68 ff.; vgl. auch Morgenstern, S. 121 f.

91 So kann der Täter sich dafür oder dagegen entscheiden, in enger Gemeinschaft mit einem Anderen zu leben. Er kann sich dafür oder dagegen entscheiden, die Aufsicht über einen Anderen zu übernehmen. Er kann sich auch dafür oder dagegen entscheiden, durch sein vorheriges Tun in eine Lage zu gelangen, in der er dann in besonderer Weise für die Rechtsgüter eines Anderen einzustehen hat.

92 Harzer, S. 189 sowie S. 162.

Vergleicht man nun die Grundlagen (den Schutz von Rechtsgütern und die besondere Verantwortlichkeit des Täters für diese Rechtsgüter), die eine Strafbarkeit des Täters im Rahmen der Tätigkeits- und der begehungsgleichen Unterlassungsdelikte begründen, mit der Situation, die eine strafrechtliche Hilfeleistungspflicht begründen soll, so zeigen sich deutliche Unterschiede. Denn im Rahmen einer Hilfeleistungsverpflichtung fehlt die besondere Verantwortlichkeit des Täters für die Rechtsgüter des Opfers.

Der Täter hat weder in die Rechtsgüter des Opfers frei und selbstbestimmt eingegriffen noch befindet er sich in irgendeiner freiwillig eingegangenen Beziehung zu dem Opfer, die mit der einer Garantenverantwortlichkeit vergleichbar wäre. Er kommt vielmehr in der Regel[93] in eine Situation, in der das Opfer seine Hilfe benötigt, ohne dass er für die Situation selbst oder für die Rechtsgüter des Opfers in besonderer Weise verantwortlich wäre. Eine Verpflichtung zur Hilfeleistung stellt sich für ihn vielmehr als eine allein von außen zufällig[94] an ihn herangetragene Pflicht dar, auf deren Entstehung er in keiner Weise Einfluss nehmen kann.[95] Eine Pflicht zur Hilfe kann etwa allein davon abhängen, dass der Täter sich zu einer bestimmten Zeit an einem bestimmten Ort befindet, nämlich gerade dann, wenn sich das Opfer in einer Situation befindet, in der es Hilfe benötigt und der Täter gerade zur Stelle ist und Hilfe leisten kann.[96]

93 Denkbar sind auch Fälle, in denen der Täter bereits zuvor selbst in die Rechtsgüter des Opfers eingegriffen hat. In der Regel kommt er aber zufällig in die Situation, in der das Opfer Hilfe benötigt.

94 Nun kann auch bei den begehungsgleichen Unterlassungsdelikten die Pflicht zum Tätigwerden des Täters zufällig an ihn herantreten, dies wird sogar der Regelfall sein; denn wann die Pflicht zur Abwendung von Gefahren und Verletzungen von den Rechtsgütern des Opfers entsteht, ist nicht vorbestimmt und vorhersehbar. Der Zeitpunkt, wann das Opfer eines Tätigwerdens des Garanten bedarf, ist nun einmal nicht voraussehbar. Die Verpflichtung selbst, d.h. die Verpflichtung, in der konkreten Situation der Gefahr oder Verletzung der Rechtsgüter des Opfers diese abzuwenden, besteht aber schon vorher und ist nicht von bloßen Zufälligkeiten abhängig. Bei der unterlassenen Hilfeleistung dagegen scheint die Hilfeleistungspflicht allein durch die äußere, zufällige Situation des Unglücksfalles (bzw. der gemeinen Gefahr oder Not) zu entstehen.

95 So auch Harzer, S. 85 f.

96 Allein bei der Variante der Garantenverpflichtung des sogenannten „vorangegangenen Tuns" lassen sich gewisse Parallelen zur Situation einer Hilfeleistungspflicht aufzeigen, vgl. dazu Harzer, S. 85 f. Wie bei der Pflicht zur Hilfeleistung auch, kommt der Täter hier augenblicklich in eine Situation, in der das Opfer seine Hilfe benötigt und ihm die Pflicht zur Hilfe auferlegt wird. In beiden Fällen entsteht erst beim konkreten Zusammentreffen von Täter und Opfer die Verpflichtung des Täters zu einer Handlung. Erst in der augenblicklichen, konkreten Situation entsteht die jeweilige Verpflichtung zum Tätigwerden. Bei den übrigen Garantensituationen liegt die Garantenstellung bereits vor der konkreten Situation fest, in der der Garant einzugreifen hat. Bei der Situation des „vorangegangenen Tuns" entsteht die Garantenstellung jedoch erst in dem

Eine solche Situation findet sich im Bereich der strafrechtlichen Pflichten sonst noch bei dem nicht begehungsgleichen (sogenannten „echten") Unterlassungsdelikt des § 138 StGB. In Fällen, in denen der Täter von bestimmten Straftaten Kenntnis erlangt, wird er dazu verpflichtet, diese Straftaten anzuzeigen. Auch hier hat er weder selbstbestimmt irgendwie in die Rechtsgüter des potenziellen Opfers eingegriffen noch hat er freiwillig eine besondere Verantwortlichkeit für die Rechtsgüter des Opfers übernommen. Die Verpflichtung zur Anzeige stellt sich für ihn ebenfalls als eine von außen kommende, nicht beeinflussbare Verpflichtung dar.

Kommt er dieser Verpflichtung zum Tätigwerden nicht nach, so drohen ihm Sanktionen. Die Möglichkeit darüber zu entscheiden, inwieweit er Verantwortung für die Rechtsgüter eines Anderen übernehmen will, wird dem Täter hier nicht eröffnet. Er steht allein vor der Alternative, die ihm auferlegte Pflicht zum Handeln zu übernehmen oder sich strafbar zu machen.

Die Grundlage der Pflichten zum Tätigwerden im Falle einer Notsituation für das Opfer, sei es durch drohende Beeinträchtigungen durch eine Straftat oder anderer Beeinträchtigungen, die Anlass einer Hilfeleistungspflicht sein sollen,[97] kann damit nicht auf den zusätzlichen Aspekt gestützt werden, dass der Täter auch eine *besondere* Verantwortung für die Rechtsgüter des Opfers übernommen hat, vielmehr wird hier „jedermann" zur Hilfe verpflichtet.[98]

Moment, wo Täter und Opfer sich tatsächlich in einer Situation gegenüber stehen, in der vom Täter zur Abwendung von Gefahren für die Rechtsgüter des Opfers ein Eingreifen verlangt wird. Genauso ist dies in Fällen der unterlassenen Hilfeleistung. Erst die konkrete Situation zwischen Täter und Opfer lässt augenblicklich die Verpflichtung zur Hilfeleistung entstehen. Der entscheidende Unterschied liegt aber weiterhin darin, dass im Falle des „vorangegangenen Tuns" der Täter immerhin selbstbestimmt die Rechtsgüter des Opfers verletzt oder gefährdet hat, was wiederum seine Garantenstellung und damit die augenblickliche Pflicht zum Tätigwerden hervorruft. Der Täter kann also wie im Rahmen der übrigen Garantenverpflichtungen eigenverantwortlich wählen, ob er in die Situation einer solchen Verpflichtung kommen will oder nicht.

Solche Überlegungen kann der Betroffene im Rahmen des § 323 c StGB aber nach wie vor nicht anstellen. Er kann sich im konkreten Augenblick gerade nicht bewusst entscheiden, ob er die Pflicht zum Tätigwerden, die sich aus der vorgefundenen Situation ergibt, übernehmen will oder nicht. Dem Täter bleibt allein die Entscheidung, ob er dieser Pflicht nachkommen will oder nicht.

97 Die Tatbestände der §§ 323 c, 138 StGB waren zu Zeiten des PrALR zusammengefasst, was ihre Ähnlichkeit des Handeln-Müssens in Notsituationen für das Opfer verdeutlicht, vgl. Harzer, S. 69.

98 Wegen der verschiedenen Verantwortlichkeiten des Täters für die Rechtsgüter des Opfers ist es richtig, die zwei Arten von Unterlassungsdelikten, eben die mit und die ohne besondere Verantwortlichkeit, voneinander zu unterscheiden.

Damit scheinen allein Überlegungen zum Rechtsgüterschutz eine Begründung für eine strafbewehrte rechtliche Hilfeleistungspflicht bieten zu können.[99]

Allerdings ist die Bezeichnung „echte“ und „unechte“ Unterlassungsdelikte nicht überzeugend und zum Verständnis der Unterschiede wenig hilfreich. Diese historisch überkommene Bezeichnung rührt noch aus einer Zeit, als die „unechten“ Unterlassungsdelikte als Begehungsdelikte verstanden wurden. Man ging damals davon aus, dass bei ihnen aktiv ein sonst von alleine wirkender Handlungsimpuls unterdrückt würde, vgl. dazu Freund, Strafrecht AT, § 6, Rn. 12. Sie sollten also nicht wirkliche Untätigkeitsdelikte sein, wie die „echten“ Unterlassungsdelikte, sondern Tätigkeitsdelikte, bei denen etwas unterdrückt wurde, und ihre Bezeichnung als „unechte“ Unterlassungsdelikte sollte genau dies auch zum Ausdruck bringen. Nach allgemeiner Auffassung ist dieses Verständnis der „unechten“ Unterlassungsdelikte jedoch nicht haltbar. Denn auch bei diesen Unterlassungsdelikten handelt es sich um Delikte, bei denen der Täter tatsächlich untätig bleibt und nicht irgendeinen Handlungsimpuls unterdrückt. Aus dem ursprünglichen Fehlverständnis dieser Delikte rührt jedoch die auch heute noch bestehende Unterscheidung von „echten“ und „unechten“ Unterlassungsdelikten.
Der wirklich existierende Unterschied der „echten“ von den „unechten“ Delikten liegt nicht in einem unterschiedlichen Verhalten, sondern in der zuvor beschriebenen unterschiedlichen Situation und der damit einhergehenden unterschiedlichen Verantwortung des Täters für die Rechtsgüter des Opfers.
Die überkommene Bezeichnung als „echtes“ bzw. „unechtes“ Unterlassungsdelikt taugt für eine Kenntlichmachung dieser Unterscheidung nun überhaupt nicht. Vielmehr trifft insoweit die Bezeichnung der „unechten“ Unterlassungsdelikte als begehungsgleiche Unterlassungsdelikte und die Bezeichnung der „echten“ Unterlassungsdelikte als nicht begehungsgleiche Unterlassungsdelikte den entscheidenden Aspekt. Mit diesen Bezeichnungen wird die unterschiedliche Verantwortung des Täters für die Rechtsgüter des Opfers deutlich. Bei den begehungsgleichen Unterlassungsdelikten ist die Verantwortung des Täters ebenso wie bei den Begehungsdelikten beschaffen, bei den nicht begehungsgleichen Delikten ist diese Verantwortung eine andere.
Ob die Unterscheidung der beiden Arten von Unterlassungsdelikten sich in dem Aspekt der verschiedenen Verantwortlichkeit erschöpft, kann an dieser Stelle noch nicht beantwortet werden. Hinzuweisen ist insoweit schon einmal auf die vielfach vorgenommene Unterscheidung zwischen einer Erfolgsabwendungspflicht des Täters bei den begehungsgleichen Unterlassungsdelikten und einer reinen Handlungspflicht bei den nicht begehungsgleichen Unterlassungsdelikten (so etwa Wessels/Hettinger, Strafrecht BT/1, Rn. 1042). Ob dieser Unterschied tatsächlich besteht, muss sich im Rahmen der Bestimmung des Inhaltes einer strafrechtlichen Hilfeleistungspflicht erst noch erweisen, vgl. dazu unten, 4. Teil A).

99 So auch Freund, Strafrecht AT, § 6, Rn. 35, der davon spricht, dass hier „die Rechtsgüterschutzinteressen u. U. so gewichtig sein können, daß eine Einschränkung der Handlungsfreiheit durch die Auferlegung einer Hilfeleistungspflicht schon allein damit begründet werden kann, ohne daß es auf einen zusätzlichen Inpflichtnahmegrund der Sonderverantwortlichkeit ankommt.“

III) Der Gedanke der Solidarität und des Rechtsgüterschutzes

Allerdings müssen weder die unterschiedliche Situation im Rahmen einer strafbewehrten rechtlichen Hilfeleistungspflicht gegenüber dem überwiegenden Teil der sonstigen strafrechtlichen Verpflichtungen noch die ursprüngliche Einordnung dieser Pflicht als moralische Pflicht zwangsläufig eine Legitimation einer strafbewehrten rechtlichen Hilfeleistungspflicht scheitern lassen. Es könnte vielmehr Gründe geben, die trotzdem für eine solche Pflicht sprechen. Zu überlegen ist dabei zunächst, ob die Situation der Hilfeleistungspflicht tatsächlich dadurch gekennzeichnet ist, dass der Täter keinerlei Verantwortung für die Rechtsgüter des Opfers hat. Zwar ist eine besondere Verantwortung nicht gegeben, aber zu überlegen wäre, ob für den Täter nicht jedenfalls ein gewisses Maß an „allgemeiner" Verantwortung für die Rechtsgüter des Opfers besteht. Diese Verantwortung könnte sich aus einem Solidaritätsverhältnis zwischen Täter und Opfer ergeben. Lässt sich unter den Mitgliedern der Gesellschaft ein solches Verhältnis nachweisen, so stehen sich Opfer und Täter in der Situation der Hilfeleistungspflicht nicht ganz unabhängig voneinander gegenüber. Das wiederum könnte als Begründung dienen, den Täter in bestimmten Fällen dazu zu verpflichten, dem Opfer Hilfe zu leisten.

Schon bei der Diskussion um die Weitergeltung einer Hilfeleistungspflicht nach der nationalsozialistischen Herrschaft wurden derartige Überlegungen angestellt. Die Vorschrift einer unterlassenen Hilfeleistung wurde gerade auch mit geänderten Anschauungen zur sozialen Verantwortung in der Gesellschaft begründet.

Dieser Argumentation haben sich Rechtsprechung und Literatur in weiten Teilen angeschlossen und die Legitimation einer Hilfeleistungspflicht überwiegend auch mit dem Bestehen einer gegenseitigen Solidarität in der Gesellschaft begründet.[100] Wegen des Versäumnisses der Abwendung weiterer Gefährdungen oder Verletzungen im Falle einer Nichthilfe des Täters für die Rechtsgüter des Opfers und der allgemein erwarteten *solidarischen* Hilfe in

100 Vgl. Kühl, FS für Spendel, S. 92; Vermander, S. 16; Blindauer, S. 2 ff. Das LG Mannheim sieht den Ursprung des Hilfeleistungsgebot im christlichen Gedankengut, NJW 1990, S. 2212 (2213).

solchen Fällen soll eine strafrechtliche Pflicht zur Hilfeleistung begründbar sein.[101]

1) Der Gedanke der Solidarität

Dem Versuch, eine – gar strafbewehrte – *rechtliche* Hilfeleistungspflicht zu legitimieren, liegt also auch der Gedanke zugrunde, dass die Gesellschaft durch ein solidarisches Miteinander der Bürger geprägt sei. Es bestehe ein allgemeines Interesse der Bürger, in besonderen Notlagen und zum Schutz ihrer Rechtsgüter die solidarische Hilfe ihrer Mitbürger zu erhalten.[102] Nun fragt sich aber, ob eine derartige Solidarität in der Gesellschaft überhaupt auffindbar ist.

Sicherlich gibt es Situationen, in denen der Mensch ohne die Hilfe Anderer nicht zurechtkommen und insbesondere seine persönliche Freiheit nicht mehr ausüben kann, die doch gerade durch das Aufstellen rechtlicher Normen gewährleistet werden soll. In diesem Zusammenhang sei insbesondere an die Situation einer Lebensgefahr zu denken, aus der sich das Opfer nicht mehr selbst befreien kann und die seine persönliche Freiheit aufs Schärfste bedroht.[103]

Schon dies wird teilweise zum Anlass genommen, eine strafbewehrte rechtliche Hilfeleistungspflicht zu rechtfertigen. Wenn der Mensch eine solche Hilfe in manchen Fällen *be*-nötige, so könne er in den Fällen, in denen ein Anderer dieser Hilfe bedarf, auch selbst zu einer Hilfeleistung *ge*-nötigt werden.[104]

Mit der aufkommenden Idee eines Sozialstaates wurden ähnliche Überlegungen tatsächlich in den Bereich des Rechts übertragen und die Ausübung

101 Ohne dabei schon darauf einzugehen, welche Rechtsgüter jeweils als geschützt angesehen werden: BGHSt 14, S. 213 (215); AG Tiergarten, NStZ 1991, S. 236 (237); LK/Spendel, StGB-Komm., § 323 c Rn. 26 f.; Sch/Sch/Cramer, StGB-Komm., § 323 c Rn. 1; SK/Rudolphi, StGB-Komm., § 323 c Rn. 1; Vermander, S. 45; Kreuzer, S. 110; Geilen, Jura 1983, S. 84; Otto, Gutachten, D 76 f.; Frellesen, S. 117 ff.; Kargl, GA 1994, S. 260; Schöne, S. 44 ff.; Blindauer, S. 34 f.; Jakobs, Strafrecht AT, 28/11; Wessels/Hettinger, BT/1, Rn. 1042. Lackner/Kühl, StGB-Komm., § 323 c, Rn. 1 sprechen von einem „Allgemeininteresse an solidarischer Schadensabwehr in akuten Notfällen“.

102 Lackner/Kühl, StGB-Komm. , § 323 c, Rn. 1.

103 Vgl. dazu auch Seelmann, GA 1989, S. 252 f.

104 So LK/Spendel, StGB-Komm., § 323 c, Rn. 27. Wegen der Überlegung, dass der Einzelne eine generelle Verantwortung für den Anderen übernehme, kommt Spendel dazu, dass die Hilfeleistungspflicht des § 323 c StGB auch bei einer Beeinträchtigung aller denkbaren Rechtsgüter entstehe. Nicht nur Individualrechtsgüter des Opfers, sondern auch Güter der Allgemeinheit wären durch die Norm erfasst, a.a.O., Rn. 29.

staatlichen Zwangs nicht mehr nur auf den Bereich beschränkt, in dem der Einzelne in die Freiheitssphäre eines Anderen eingreift.[105] Der Idee des Sozialstaates lag vielmehr zu Grunde, dass der Staat überhaupt erst die Bedingungen schaffen müsse, die den realen Gebrauch der Freiheit jedem Bürger weitestgehend ermöglichen können. Zur Schaffung solcher Bedingungen wurde auch die Einführung von Sozialpflichten der Bürger selbst nötig.[106] Anders konnte der Staat den Ansprüchen, die entsprechenden Bedingungen zu schaffen, nicht mehr gerecht werden. Folge des Sozialstaatsgedankens war deshalb die Einführung einiger sozialer Pflichten der Bürger in das positive Recht. Zu denken sei insoweit nur an die grundgesetzlich verankerten Pflichten wie die Wehr- und Steuerpflicht als Beitrag zum Gemeinwohl des Staates.[107] Hierbei ging es auch darum, zur Schaffung besserer Bedingungen für alle, den Einzelnen zur Hilfe zu verpflichten, dem wiederum selbst die besseren Bedingungen auch zu Gute kommen. Er wird also zu einer Hilfe *ge*-nötigt, die gerade auch zur Aufrechterhaltung der Bedingungen seiner persönlichen Freiheitsausübung *be*-nötigt wird.

Aber die Idee und die Umsetzung der Idee des Sozialstaates in einigen Bereichen des positiven Rechts sagt direkt noch nichts darüber aus, ob sich aus ihr auch die Einbeziehung solidarischer Pflichten in das System des *Straf*rechts erklären lässt. Vielmehr bedarf eine *straf*rechtliche Verpflichtung eigenständiger Legitimation.

Ist jedoch der Schritt von einer moralischen hin zu einer *rechtlichen* Pflicht bereits getan, so ist es nicht weiter schwierig, auch eine *straf*rechtliche Pflicht zu begründen. Insoweit bleibt es dem Gesetzgeber vorbehalten, hier eine Sanktionsnorm aufzustellen, wenn es sich bei dem Verstoß gegen die nunmehr rechtliche Pflicht um einen so erheblichen Verstoß handelt, dass es im Interesse des Rechtsgüterschutzes nötig ist, den Verstoß mit dem Mittel der Strafe zu ahnden.

2) Mitmenschliche Solidarität als geschütztes Rechtsgut

Teilweise geht der Gedanke, dass der Einzelne in Situationen geraten kann, in denen er zwangsläufig auf die Hilfe seiner Mitmenschen angewiesen und diese deshalb zu einer Hilfe verpflichtet werden könnten, sogar soweit, dass der Aspekt der mitmenschlichen Solidarität selbst als das durch die Vorschrift des

105 Vgl. dazu die Ausführungen bei Morgenstern, S. 95 sowie 97ff; vgl. ebenso, Seelmann, Solidaritätspflichten im Strafrecht, S. 301.

106 Vgl. Morgenstern, S. 98.

107 Zu weiteren im positiven Recht verankerten Solidarpflichten vgl. Morgenstern, S. 109 ff.

§ 323 c StGB geschützte Rechtsgut angesehen wird und eine Einbeziehung der solidarischen Hilfeleistungspflicht in das System *strafbewehrter* rechtlicher Pflichten damit gerechtfertigt erscheint.[108] Begründet wird dies damit, dass erst ein Minimum an Solidarität zwischen den Mitgliedern einer Gesellschaft ein soziales Miteinander überhaupt ermögliche und eine strafrechtliche Verpflichtung zur Hilfeleistung genau darauf zurückgreifen könne.[109]

Eine strafrechtliche Hilfeleistungspflicht findet bei einem solchen Verständnis ihre Legitimation also nicht in einem Schutz irgendwelcher Individualrechtsgüter des Hilfebedürftigen, wie im Schutz des Lebens, der körperlichen Unversehrtheit oder ähnlichem, sondern im Schutz des Universalrechtsgutes oder transpersonalen Rechtsgutes[110] der mitmenschlichen Solidarität.[111]

Unabhängig davon, inwieweit ein Schutz von Universalrechtsgütern überhaupt zur Legitimation strafrechtlicher Normen taugt, sieht sich diese Ansicht jedoch gewichtigen Einwänden ausgesetzt und ist so nicht haltbar.

Wenn die Solidarität als solche geschützt werden soll, so wäre damit eben doch eine bloße Moralwidrigkeit unter Strafe gestellt. Denn das Unrecht, das dem Täter hier vorgeworfen werden soll, besteht allein darin, dass er nicht im Sinne der für gut und sittlich richtig empfundenen Solidarität gehandelt hat. Eine ernstzunehmende Rechtsgüterschutzlehre kann gerade dies aber nicht zum Ziel haben.[112]

Der Schutz der mitmenschlichen Solidarität birgt darüber hinaus die Gefahr einer unbestimmten und uferlosen Ausdehnung all dessen, was als strafrechtlich relevantes Verhalten verstanden werden könnte.[113] Selbst Verhaltensweisen ohne jeglichen Außenwelterfolg, d.h. ohne jegliche Objektivation in der Außenwelt, könnten sich grundsätzlich schon als Verstoß gegen das Solidaritätsgebot begreifen lassen,[114] die Nähe zu einer Bestrafung einer allein unliebsamen Gesinnung lässt sich dabei nicht verkennen.

---

108 Maurach, JR 1956, S. 349; Otto, GK Strafrecht, § 67, S. 323, ders. Gutachten, D 76 f.; Neumann, JA 1987, S. 255; Gössel, ZStW 96 (1987), S. 255 spricht von der humanitären Solidarität. Mit Einschränkungen Vermander, S. 20, der den Schutz von Individualrechtsgütern im Vordergrund sieht.

109 Otto, GK Strafrecht, § 67, S. 323.

110 Maurach, JR 1956, S. 349.

111 Zu weiteren Auslegungen der Vorschrift als Schutzvorschrift von Universalrechtsgütern wie etwa dem öffentlichen Wohl vgl. die Darstellung bei Frellesen, S. 136 ff.

112 Vgl. Frellesen, S. 140

113 So auch Morgenstern, S. 121.

114 Morgenstern, a.a.O.

Zudem nehmen die Befürworter eines Schutzes des angeblichen Rechtsgutes der mitmenschlichen Solidarität selbst Einschränkungen dieses Schutzes vor. Diese Einschränkungen wiederum stellen das Vorhandensein eines solchen Rechtsgutes aber in Frage. Wenn Vermander davon spricht, die mitmenschliche Solidarität sei nur insoweit geschützt, als sie dem Schutz personaler Rechtsgüter unmittelbar diene,[115] wie soll sie dann als Schutzgut gegenüber diesem personalen Rechtsgut überhaupt noch eine eigenständige Bedeutung erlangen können?[116] Ein Schutz der Solidarität wäre dann nur vermittelt durch den Schutz eines Individualrechtsgutes möglich, was aber an einer eigenständigen Existenz des Schutzgutes „mitmenschliche Solidarität" erhebliche Zweifel aufkommen lässt.

Diese Problematik wird auch dort deutlich, wo es um die Frage geht, inwieweit das jeweils betroffene Opfer auf die Hilfeleistung verzichten kann.[117] Wollte man die – vom konkreten Opferschutz gelöste – mitmenschliche Solidarität als solche als geschützt ansehen, so ist es nicht zu erklären, dass das Opfer nach Ansicht Maurachs[118] im Falle einer Bedrohung seiner körperlichen Integrität oder seines Eigentums wirksam auf die Hilfeleistung verzichten kann. Eigentlich müsste das Opfer auf den Schutz eines Universalrechtsgutes nicht verzichten können.

Daher muss die Annahme eines solchen Rechtsgutes abgelehnt werden.

3) Solidarität als Band zwischen Hilfsbedürftigem und Hilfsfähigem

Lässt sich eine strafbewehrte rechtliche Hilfeleistungspflicht durch den Aspekt der mitmenschlichen Solidarität als das zu schützende *Rechtsgut* auch nicht legitimieren, so kann der Hinweis auf das Bestehen dieser Solidarität in der Gesellschaft jedoch gleichwohl von Bedeutung sein. Es ließe sich nämlich überlegen, dass gerade durch das Vorhandensein von Solidarität innerhalb der Gesellschaft eine Verbundenheit zwischen den einzelnen Gesellschaftsmitgliedern herrscht, die zwar nicht einer besonderen Verantwortlichkeit wie im Rahmen der Garantenverhältnisses entspricht, die aber dennoch in besonderen Fällen eine gewisse Verantwortlichkeit für die Rechtsgüter der anderen Mitglieder der Gesellschaft und damit ein Eingreifen in Notsituationen begründen kann.

---

115 Vermander, S. 21.

116 So auch Schöne, S. 47.

117 Vgl. die Erörterungen bei Maurach, JR 1956, S. 349.

118 Maurach, a.a.O.

Das Vorhandensein eines Gedankens der mitmenschlichen Solidarität innerhalb der Gesellschaft lässt sich durchaus erkennen. Nicht nur die mit Einführung des Sozialstaates entstanden Regeln in anderen rechtlichen Bereichen zeigen dies, vielmehr findet sich eine solche Einschätzung auch in ganz alltäglichen Situationen wieder.

Auch wenn die Gesellschaft in der heutigen Zeit mehr und mehr durch Individualität geprägt ist, so finden sich immer wieder Beispiele dafür, dass der Aspekt des gegenseitigen Helfen-Wollens durchaus nicht verschwunden ist, sich dagegen vielmehr als ein Aspekt des „Menschseins" – unabhängig von gesellschaftlichen Entwicklungen und Strömungen – darstellt. Verwiesen sei insoweit nur auf Erkenntnisse der Altruismusforschung, die belegen, dass auch bei schwersten Notfällen stets Menschen unterschiedlichsten Typs bereit sind, einem in Not Geratenen sofort Hilfe zu leisten.[119] Selbst dann, wenn dies für sie mit erheblichem Aufwand und Kosten – im Sinne einer Kosten-Nutzen-Rechnung des Helfenden – verbunden ist. Es gibt also offenbar ein inneres Bedürfnis zur Hilfeleistung, auch wenn dem Helfenden aus seiner Hilfe kein (direkter) Nutzen erwächst, er vielmehr Zeit und Energie für die Hilfe aufwenden muss.

Worin die tatsächliche Motivation zu einer solchen konkreten Hilfeleistung besteht, ist letztlich zwar nicht bekannt. Es ist strittig, ob Altruismus stets in mehr oder weniger eigennützigen Überlegungen gründet[120] oder einen anderen Ursprung hat[121]. Die Fälle der zur Hilfe bereiten Beteiligten zeigen jedoch, dass der Wille und das Bedürfnis, einem anderen Mitglied der Gesellschaft in Notlagen zu Hilfe zu kommen, in der Gesellschaft, oder besser im Menschen selbst, vorhanden ist. Es zeigt sich also eine Verbundenheit der Menschen untereinander und auch ein gewisses Gefühl der Verantwortlichkeit gerade für das Wohlergehen des Anderen.

a) Solidarität als Aufgabe des Staates und nicht der Bürger untereinander

Es gibt allerdings Stimmen, die eine solche Form von Solidarität in der Gesellschaft nicht mehr erkennen wollen.[122] Die Gesellschaft in der heutigen Zeit habe die Solidarität vielmehr insoweit beschränkt, dass sie vom Einzelnen nicht mehr (direkt) im Wege strafrechtlichen Zwangs eingefordert werden könne. Solidarität sei nur dort gefordert, wo der Einzelne mit dem Opfer institutionell – etwa

119 Vgl. etwa die bei Kargl, GA 1994, S. 255 f. vorgestellten Beispiele aus der Altruismusforschung.
120 Vgl. dazu Harbach, S. 9 ff.
121 Vgl. Kargl, GA 1994, S. 258 ff.
122 Vgl. Pawlik, GA 1995, S. 362 f.

durch die eheliche Gemeinschaft – verbunden sei.[123] Nur hier sei der Einzelne auch für solche Risiken auf Seiten des Opfers verantwortlich, die sich für ihn als zufällig herausstellten. Ansonsten gehe das Opfer ihn nichts an. Risiken, die es „schicksalhaft“ oder aufgrund der Verantwortung eines Dritten ereilten, seien Angelegenheit des Opfers selbst bzw. des verantwortlichen Dritten, jedoch nicht der Allgemeinheit.[124] Damit könnten sie auch nicht Angelegenheiten des Einzelnen in Form des „Jedermannes“ sein. Zwar sei es richtig, dass die Menschen faktisch aufeinander angewiesen seien und wohl in beträchtlichen Teilen der Gesellschaft auch ein Gefühl der Verantwortung für den in Not befindlichen Nächsten bestehe, doch hieße dies noch nicht, dass deshalb eine allgemein verbindliche Hilfeleistungspflicht begründet werden könne.[125] Die bürgerliche Gesellschaft stelle sich heute ganz anders dar. Solidarität sei hier in den Bereich des Privaten zurückgedrängt und könne von einem auf das Allgemeine ausgerichteten Strafrecht nicht mehr eingefordert werden.[126]

Dem Staat seien bestimmte Aufgaben übertragen worden, die vor dem Bestehen der bürgerlichen Gesellschaft von anderen Gemeinschaften übernommen wurden, so auch die Milderung von Folgen, die über den Einzelnen schicksalhaft hereingebrochen sind. Diese Aufgaben seien nun den Institutionen des Staates übertragen worden, und außerhalb dieser Institutionen verblieben die Bürger in einem Verhältnis der bloßen Äußerlichkeit. Die Gesellschaft sei äußerlich geprägt von Individualität und Anonymität und das Verhältnis der Bürger untereinander darauf beschränkt, dass jeder seinen Rechtskreis allein so zu organisieren habe, dass er nicht zum Schaden des Anderen sei.[127] Die Solidarität als individuelle Moralität bliebe der Privatsphäre vorbehalten und könne das äußerliche Verhältnis der Bürger nicht beeinflussen.[128]
Damit könne die bei der Legitimation einer strafrechtlichen Hilfeleistungspflicht angeführte Argumentation der Vorstellung des Bestehens eines Solidaritätsgedankens in der Gesellschaft nicht überzeugen.

Dennoch soll eine strafbewehrte rechtliche Hilfeleistungspflicht aber einen Platz im System strafrechtlicher Normen haben. Denn neben den einzelnen Mitgliedern der Gesellschaft gebe es eben auch noch die Institutionen des Staates. Und der Staat sei wiederum dafür da, die Bedingungen für die Ausübung der individuellen Freiheit zu gewährleisten, und zwar gerade auch dort, wo aufgrund der Anonymisierung und Verdrängung der Solidarität ins Private Defizite

123 Pawlik, GA 1995, S. 360.
124 Pawlik, a.a.O., S. 360.
125 Pawlik, GA 1995, S. 361 f.
126 Pawlik, GA 1995, S. 363.
127 Pawlik, GA 1995, S. 360, 363.
128 Pawlik, GA 1995, S. 363.

der Gesellschaft zu Tage träten. Denn primäre Aufgabe des Staates sei es nun einmal, jene Leistungen zu erbringen, die für den Fortbestand und die Stabilisierung der Gesellschaft und damit für die Sicherung der Freiheit des Einzelnen erforderlich seien, die die Gesellschaft selbst aber nicht erbringen könne.[129]

Im Falle der Hilfeleistungspflicht in Notfällen, die aufgrund der Privatisierung der Solidarität nicht mehr von der Gesellschaft erbracht werden könne, übernehme der Staat die Verantwortung für die Rechtsgüter des Notleidenden. Da er dieser Verantwortung aber schon aus rein praktischen Gründen (nicht jedem Bürger kann sein privater Polizist zugeordnet werden[130]) nicht selbst nachkommen könne, greife er nunmehr wieder auf den Bürger zurück und nehme ihn im Wege eines „Verwaltungshelfers" in Notsituationen zur Hilfeleistung in Anspruch.[131] Dass der Bürger insoweit Gehorsam schulde, es sich also um eine strafbewehrte rechtliche Pflicht handeln könne, liege daran, dass nur der dem „schützenden Staat geschuldete und (...) geleistete Gehorsam" dem Einzelnen die Sicherheit bieten könne, die er zur weiteren Ausübung seiner individuellen Freiheit benötige. Der in Anspruch genommene Nothelfer helfe damit gleichsam mit, seine eigene Autonomie zu stabilisieren.[132]

Eine strafbewehrte rechtliche Hilfeleistungspflicht solle damit der sozialen Stabilisierung dienen, die Aufgabe des Staates sei, bei deren Erfüllung der Staat sich aber seiner Bürger bedienen könne. Sie diene dagegen nicht dem Rechtsgüterschutz.[133] Die Legitimierung einer solchen Pflicht mit Hilfe des Rechtsgüterschutzes scheitere gerade an der fehlenden Pflicht zur Solidarität der Bürger untereinander und der damit einhergehenden fehlenden Verantwortlichkeit des Einzelnen für die Rechtsgüter des Anderen.[134]

---

129 Pawlik, GA 1995, S. 363 f.

130 Pawlik, GA 1995, S. 364.

131 Pawlik, a.a.O., S. 364.

132 Pawlik, GA 1995, S. 365.

133 Pawlik, a.a.O., S. 365.

134 Mit dem Verständnis einer strafrechtlichen Hilfeleistungspflicht als Inanspruchnahme des Bürgers durch den Staat zur Erfüllung der Aufgaben des Staates gelangt Pawlik zu einer sehr weiten Auslegung dessen, was sich im Rahmen der geltenden Regelung über eine strafrechtliche Hilfeleistungspflicht des § 323 c StGB als Unglücksfall darstellen kann. Denn da der Staat die Aufgabe habe, die grundlegende Ausübung der individuellen Freiheit zu sichern und die Hilfeleistungspflicht des bei § 323 c StGB In-Anspruch-Genommenen akzessorisch zur Verpflichtung des Staates sei, so müsse als Unglücksfall jedenfalls immer der Fall einer das Opfer treffenden Straftat zu verstehen sein. Denn gerade eine Straftat stelle eine Missachtung der persönlichen Freiheit des Opfers dar. Dabei komme es nicht auf eine bestimmte Straftat an, will der Staat seinem Schutzanspruch gerecht werden.

b) Verantwortung der Bürger untereinander

Mit der Begründung der Hilfeleistungspflicht als Beitrag zur Stabilisierung der eigenen Autonomie des Bürgers im Wege eines Verwaltungshelfers belegt diese Ansicht noch nicht ausreichend, warum es sich bei der Hilfeleistungspflicht gerade um eine *strafbewehrte* rechtliche Pflicht handeln muss. Auch wenn tatsächlich der Staat und nicht der einzelne Bürger gegenüber den Mitbürgern zur Daseinsvorsorge (und damit auch zur Leistung solidarischer Hilfe zwecks Sicherung der Freiheitsausübung des Einzelnen) berufen sein sollte, so fragt es sich, wieso die Inanspruchnahme des Verwaltungshelfers gerade im Wege einer strafbewehrten Rechtspflicht erfolgen kann und darf.

Die „Stabilisierung auch der eigenen Autonomie" begründet noch nicht die Auferlegung einer Hilfeleistungspflicht unter Androhung von Strafe bei Nichtbefolgung dieser Pflicht. Zur Stabilisierung der Freiheitsausübungen der Bürger muss nicht zwangsläufig eine strafbewehrte Rechtspflicht dienen, zu denken wäre auch daran, den Nichthelfenden im Wege einer Ordnungswidrigkeit zu

---

So verstanden stellt sich nach Ansicht Pawliks also schon jeder (kleinste) Ladendiebstahl als „Unglücksfall" im Sinne des § 323 c StGB dar, GA 1995, S. 366, dagegen Sch/Sch/Cramer, StGB-Komm., § 323 c, Rn. 5. Allenfalls im Rahmen der Zumutbarkeit, in der eine Abwägung der Interessen des Opfers und der des Hilfeleistungspflichtigen vorgenommen werden müsse, könne sich hier eine Einschränkung ergeben. Denn die Inanspruchnahme des Hilfeleistungspflichtigen stelle zwangsläufig auch einen Eingriff in dessen Freiheitssphäre dar, der wiederum gegen den Eingriff in die Freiheitssphäre des Opfers abzuwägen sei. Für diese Abwägung verweist Pawlik auf die Abwägungskriterien des § 34 StGB, da sich die Inanspruchnahme des Hilfeleistungspflichtigen auch als eine Notstandssituation und zwar in Form eines „Staatsnotstandes im Kleinen" begreifen lasse, GA 1995, S. 377.
Neben dem Bereich des Schutzes vor Straftaten sind aber auch die klassischen Bereiche der Gefahren für Leib und Leben des Opfers als die Hilfeleistungspflicht auslösende Momente nach Ansicht Pawliks zu beachten. Auch hiermit werde der grundlegendste Bereich allen Daseins und damit aller Ausübung individueller Freiheit betroffen.
Darüber hinaus könnten aber auch Gefahren für Sachwerte sowie für die Fortbewegungsfreiheit den Schutzanspruch gegenüber dem Staat und damit die Hilfeleistungspflicht des „Verwaltungshelfers", des Mitbürgers, auslösen, GA 1995, S. 377 f.
Allerdings schränkt Pawlik die Hilfeleistungspflicht für die Bereiche, in denen es sich nicht um einen Unglücksfall wegen einer von einem Dritten verübten Straftat handelt, insoweit ein, als er nur nicht unerhebliche Beeinträchtigungen der persönlichen Freiheit genügen lässt, um eine Hilfeleistungspflicht auszulösen. Bei Lebensgefahren für das Opfer sieht Pawlik diese Schwelle stets überschritten, bei Leibesgefahren dann, wenn die Geringfügigkeitsgrenze überschritten ist.
Bei drohenden Schäden für Sachwerte des Opfers entstehe die Hilfeleistungspflicht nur dort, wo „nach objektiver ex ante-Sicht der Bedrohte den Verlust nicht durch bloße Umschichtungen innerhalb seines Investitions- bzw. seines Konsumkapitals kompensieren könnte, sondern wo der Verlust ihn zu weitergehenden Veränderungen nötigen würde – vor allem zum Angreifen vorhandener Rücklagen", GA 1995, S. 367.

belangen. Warum eine strafbewehrte rechtliche Pflicht hier unumgänglich erscheint, wird in den Ausführungen nicht deutlich. Das gilt vor allem mit Blick darauf, dass der Staat hier eigentlich eine *eigene* Aufgabe auf den Nichthelfenden übertragen haben soll. Wieso er deren Erfüllung, wenn er ihr selbst nicht nachkommen kann und sich eines Anderen bedienen muss, mit Hilfe *straf*rechtlichen Zwanges von dem Einzelnen verlangen darf, wird nicht überzeugend dargelegt.

Zumal auch die Begründung, der Einzelne diene damit der Sicherung seiner eigenen Autonomie, dazu führt, dass wenn der Nichthelfende wegen des Unterlassens der Hilfe bestraft wird, er dann wegen des Verstoßes gegen seine eigenen Interessen bestraft würde. Dass der Einzelne aber immer auch auf die Durchsetzung eigener Interessen verzichten kann, wird dabei nicht hinreichend berücksichtigt.

Letztlich ist aber auch – jedenfalls mittelbar – doch der Schutz der Rechtsgüter des Opfers ein wesentlicher Aspekt der Legitimation eines so verstandenen strafbewehrten rechtlichen Hilfeleistungsgebots, obwohl doch die „soziale Stabilisierung“ gesichert sein soll.[135] Denn wenn der Staat im Wege der Daseinsvorsorge den Schutz für die Rechtsgüter des Notleidenden übernommen hat und er die Gewährleistung dieses Schutzes aus Praktikabilitätsgründen auf den zur Hilfe verpflichteten Bürger übertragen haben soll,[136] so soll dieser doch gleichsam akzessorischen Schutz bieten, also auch Rechtsgüterschutz. Damit ist der Aspekt des Rechtsgüterschutzes aber doch wieder ein zentraler Aspekt bei der Begründung einer Hilfeleistungspflicht. Denn nur aus der Verantwortung des Staates für die Rechtsgüter des Notleidenden kann sich überhaupt eine Verpflichtung auch des Bürgers als „Verwaltungshelfer“ ergeben.

Wieso der Staat überhaupt alleine die Verantwortung für die Milderung von Folgen, die über den Einzelnen schicksalhaft hereingebrochen sind, übernommen haben soll, wenn er doch rein praktisch niemals in der Lage sein kann, diesen Schutz zu übernehmen, wird zudem nicht recht deutlich. Viel näherliegender ist es da doch, gerade für diesen Bereich sehr wohl eine Verantwortung der Bürger untereinander anzunehmen und den Bereich der Solidarität eben nicht ganz in den Bereich des Privaten zurückgedrängt zu sehen.

Überdies fragt sich ohnehin, ob die „soziale Stabilisierung“ gültige Legitimationsgrundlage einer strafrechtlichen Pflicht sein kann. Alle Rechtsnormen sollen doch gerade einer solchen Stabilisierung dienen.[137] Wie dieses allge-

135 Pawlik, GA 1995, S. 365.
136 Pawlik, GA 1995, S. 363 f.
137 SK/Rudolphi, StGB-Komm., § 323 c, Rn. 1a.

meine Ziel rechtlicher Vorschriften nun die konkrete Schutzaufgabe einer strafrechtlichen Hilfeleistungspflicht erklären soll, ist nicht nachvollziehbar.[138]

Die Einwände gegen den Aspekt der mitmenschlichen Solidarität im Zusammenhang mit einer Hilfeleistungsverpflichtung überzeugen daher nicht.

Erkennt man also ein gewisses Band der Solidarität zwischen den Mitgliedern der Gesellschaft an, so ist damit dennoch für die Legitimation der Norm noch nicht alles gewonnen. Zwar lässt dies erkennen, dass auch bei einer Pflicht zur Hilfeleistung eine gewisse – wenn auch nicht eine so besondere wie bei dem überwiegenden Teil anderer strafrechtlicher Pflichten – Verantwortung des Täters für die Rechtsgüter des Opfers besteht, doch das allein kann eine – gar strafbewehrte – *rechtliche* Pflicht noch nicht begründen. Nur weil es einen Aspekt der mitmenschlichen Solidarität in der Gesellschaft gibt, kann eine Hilfeleistung gerade auch mit dem Mittel des Strafrechts noch nicht ohne weiteres verlangt werden, vielmehr könnte es sich noch immer um eine bloße Moralpflicht handeln.

Es ist daher zu überlegen, ob es Situationen geben kann, die aus bestimmten Gründen und gerade auch wegen des bestehenden Bandes der Solidarität unter den Mitgliedern der Gesellschaft die Einführung einer Hilfeleistungspflicht als strafbewehrte Rechtspflicht möglich machen.

4) Hilfeleistungspflicht nur zum Schutz existenziell zur Ausübung der persönlichen Freiheit wichtiger Rechtsgüter

Es fragt sich also, ob es Fälle geben kann, in denen vom Einzelnen seine Solidarität eingefordert werden kann, und zwar nicht bloß im Wege einer moralischen Verpflichtung, sondern als Rechtspflicht, die von der Strafrechtsordnung zudem mit einer Strafbewehrung versehen wird.

Wie bereits erwähnt, wird dies vielfach für alle Fälle angenommen, in denen zum Schutz vor Beeinträchtigungen für Individualrechtsgüter des Opfers eine Hilfe des Täters erforderlich ist.

138 SK/Rudolphi, a.a.O., Rn. 1 a.

a) Kritik an der Legitimation einer Hilfeleistungspflicht über den Aspekt des Individualrechtsgüterschutzes mangels der besonderen Verantwortlichkeit des Täters für die Rechtsgüter des Opfers

Allerdings werden solche Versuche, eine strafrechtliche Hilfeleistungspflicht anhand des Rechtsgüterschutzes zu legitimieren, teilweise von vornherein als unzulänglich und nicht möglich eingestuft.

Wegen der Situation der fehlenden besonderen Verantwortlichkeit des Täters für die Rechtsgüter des Opfers kritisiert insbesondere Morgenstern in ihrer Untersuchung „Unterlassene Hilfeleistung, Solidarität und Recht" jeden Versuch, eine strafrechtliche Hilfeleistungspflicht über den Aspekt des Individualrechtsgüterschutzes zu legitimieren. Sie weist darauf hin, dass damit die Besonderheit dieser Pflicht gegenüber den anderen strafrechtlichen Regelungen gerade nicht hinreichend erklärt werde.[139]

Bei einer Bestrafung wegen des Unterlassens einer Hilfeleistung wird ihrer Ansicht nach ein an sich neutrales Verhalten, das nur durch die Aufstellung der Hilfeleistungspflicht im positiven Recht überhaupt einen Bezug zu den beim Opfer gefährdeten Rechtsgütern aufweise, bestraft.[140] Anders sei dies eben sonst im Strafrecht, wo der Täter sich von vornherein in vorwerfbarer Weise verhalten habe und sein Verhalten nicht erst durch die gesetzlich umschriebene Pflicht zu einem unrechten Verhalten werde.[141]

Die Legitimation einer strafrechtlichen Hilfeleistungspflicht anhand des Rechtsgüterschutzaspektes erweckt nach Ansicht Morgensterns aber den Anschein, als handele es sich um eine Situation wie im sonstigen Strafrecht auch, wobei doch hier dem sonstigen Strafrecht, das nur individuell zu verantwortende Eingriffe in fremde Freiheitssphären ahnden wolle, geradezu widersprochen werde.[142] Das heutige Strafrecht sei noch immer von der Kantischen Philosophie der Freiheitssphärenabgrenzung gekennzeichnet, der die Einführung einer Solidarpflicht nun einmal zuwider laufe.[143]

Morgenstern verkennt nicht, dass dies eine Legitimation einer strafrechtlichen Hilfeleistungspflicht nicht gänzlich unmöglich macht, sie will lediglich verdeutlichen, dass das Argument des Rechtsgüterschutzes dazu verführt, die Problematik der fehlenden besonderen Verantwortlichkeit des Täters für die Rechtsgüter des Opfers zu überdecken und eine solche Pflicht als in das be-

139 Morgenstern, S. 121 ff.
140 Morgenstern, S. 124.
141 Morgenstern, S. 124.
142 Morgenstern, S. 124.
143 Morgenstern, S. 137.

stehende System ohne weiteres integrierbar anzusehen.[144] Es müsse stets deutlich werden, dass das Strafrecht hier von seiner ursprünglichen Form der Freiheitssphärenabgrenzung abweiche, so dass eine Regelung über eine strafrechtliche Hilfeleistungspflicht nichts mehr mit dem traditionellen Verantwortungsbegriff im Strafrecht zu tun habe.[145]

Der bloße Hinweis auf geänderte Rechtsanschauungen und den Ursprung einer Hilfeleistungspflicht in einer „veränderten sozialen Situation", der gerade bei den Überlegungen zur Weitergeltung der Vorschrift nach der nationalsozialistischen Herrschaft vielfach zu finden war, könne darüber nicht hinweghelfen. Selbst wenn die unterlassene Hilfeleistung tatsächlich einer in der technisierten Welt zunehmenden Einsicht in die „wechselseitige Abhängigkeit und damit notwendige Solidarität aller Rechtsgenossen"[146] entspringe, und einen vielfach beklagten Verlust von Sicherheit des Einzelnen ausgleichen solle, so gehe es dabei nach wie vor nicht mehr um die Abgrenzung von Freiheitssphären.[147] Vielmehr gehe es um die direkte Steuerung von Verhalten, die der sozialstaatlichen Aufgabe der Daseinsvorsorge dienen solle. Mit der Bewahrung von Autonomie des Einzelnen, d.h. Bewahrung der Freiheit des Einzelnen, habe dies nichts mehr zu tun.[148]

Die Überlegungen Morgensterns sind insoweit richtig, als die Legitimation einer strafrechtlichen Hilfeleistungspflicht anhand des Schutzes von Individualrechtsgütern tatsächlich die Problematik der dort zu findenden Situation verschleiern kann. Es kann leicht passieren, dass dadurch die Besonderheiten dieser Rechtspflicht, eben ihre Herkunft aus dem Bereich ursprünglich bloß moralischer Pflichten und vor allem die fehlende *besondere* Verantwortlichkeit des Täters für die Rechtsgüter des Opfers, aus dem Blick geraten.

Allerdings heißt dies noch nicht, dass eine Legitimierbarkeit einer strafrechtlichen Hilfeleistungspflicht deshalb ausgeschlossen ist. Zumal zwar eine besondere Verantwortlichkeit des Täters für die Rechtsgüter des Opfers fehlt, es zwischen ihnen aber immerhin das rechtliche Band der Solidarität gibt.[149] Eine gewisse Verantwortlichkeit des zur Hilfe Fähigen besteht also durchaus. Diese Verantwortlichkeit ist zwar nicht mit der besonderen Verantwortlichkeit im

144 Morgenstern, S. 137.
145 Morgenstern, S. 137.
146 So Gallas, JZ 1952, S. 396.
147 Vgl. Morgenstern, S. 133 ff.
148 Morgenstern, S. 135.
149 Vgl. dazu oben, 1. Teil B) III) 3).

Rahmen anderer strafrechtlicher Vorschriften gleichzusetzen, aber es besteht immerhin eine Beziehung zwischen Täter und Opfer.[150]

Überdies darf nicht verkannt werden, dass auch schon die in der bestehenden Regelung einer strafrechtlichen Hilfeleistungspflicht des § 323 c StGB enthaltene und nicht in Frage gestellte Strafdrohung deutlich macht, dass es sich hier um ein Delikt handelt, das nicht von gleicher Qualität wie andere Straftaten des Strafgesetzbuches ist. Die Strafdrohung von Freiheitsstrafe bis zu einem Jahr oder Geldstrafe ist am unteren Ende der Strafdrohungen des Strafgesetzbuches angesiedelt. Schon dadurch wird der Unterschied zu anderen Delikten deutlich. Insbesondere dann, wenn man sich mit § 323 c StGB vergleichbare Fälle ansieht, etwa den, dass der Notleidende verstirbt, weil ein Anderer die erforderliche Hilfe unterlassen hat, der für die Abwendung des Todes wegen des Bestehens eines Garantenverhältnisses als Sonderverantwortlicher einzustehen hatte. In diesem Fall kommt die Strafdrohung des § 212 StGB zur Anwendung, die jedenfalls gemäß § 212 Abs. 1 StGB Freiheitsstrafe nicht unter fünf Jahren anordnet. Über § 13 Abs. 2 StGB kann hier zwar noch eine Milderung erfolgen, dennoch kommt man nicht einmal in die Nähe der Strafdrohung des § 323 c StGB.

b) Legitimation einer strafrechtlichen Hilfeleistungspflicht über die Lehre Harzers vom Rechtsverhältnis

Morgenstern ist nicht die Einzige, die eine Legitimierbarkeit einer strafrechtlichen Hilfeleistungspflicht über den Gedanken des Individualrechtsgüterschutzes in Frage stellt.

So kommt Harzer in ihrer Untersuchung „Die tatbestandsmäßige Situation der Unterlassenen Hilfeleistung des § 323 c StGB" zu dem Ergebnis, dass es zwar durchaus möglich sei, ein Gebot der Hilfeleistung strafrechtlich zu verankern, doch ließe sich dies gerade nicht über die Aspekte der mitmenschlichen Solidarität und des Rechtsgüterschutzes begründen. Vielmehr sei eine solche Verpflichtung gerade der klassische Fall einer Pflicht, die sich aus einem zwischen den Betroffenen bestehenden Rechtsverhältnis ergebe.

Allerdings sei die im Strafgesetzbuch enthaltene Hilfeleistungspflicht des § 323 c StGB in der bestehenden Form auch so nicht legitimierbar. Um eine Hilfeleistungspflicht überhaupt in das System strafrechtlicher Pflichten integ-

150 Überdies zeigt sich in der Literatur das von Morgenstern geforderte Problembewusstsein durchaus, vgl. Freund, Erfolgsdelikt und Unterlassen, S. 68; ders. Strafrecht AT, § 6, Rn. 14; auch Tröndle/Fischer (Fischer), StGB-Komm., § 323 c, Rn. 2 erkennt die Besonderheit der fehlenden besonderen Verantwortlichkeit im Rahmen der Hilfeleistungspflicht.

rieren zu können, wäre nach Ansicht Harzers ein anderer Wortlaut unumgänglich. Als eine legitimierbare Regelung schlägt sie daher vor:

> „Wer als einzige anwesende Person von der Verletzung existenzieller Rechte, insbesondere von der Lebensgefährdung einer anderen Person Kenntnis erlangt und dieser nicht unmittelbare Hilfe leistet oder zuständige Helfer benachrichtigt, wird ... bestraft."[151]

aa) Die strafrechtliche Hilfeleistungspflicht als Prototyp klassischer Vertragstheorie

Grundlage einer solchen Hilfeleistungspflicht soll ein zwischen Täter und Opfer bestehendes personales Rechtsverhältnis sein.[152] Ein solches tauge zur Begründung einer strafrechtlichen Hilfeleistungspflicht besser als der Gedanke des Rechtsgüterschutzes.

Anders als bei der Rechtsgutslehre, die die Lösung von Konfrontationssituationen zwischen Täter und Opfer durch die äußere Festlegung werthafter Güter versuche, gehe es bei einer Theorie des Rechtsverhältnisses um die Lösung der Konfrontation über den Weg der Vernunft der Beteiligten.[153] Sie orientiere sich an den von den Beteiligten selbst für bestimmte Situationen eingegangenen Rechtsverhältnissen, wohingegen die Rechtsgutslehre abhängig von zufällig und final gesetzten Sozialnormen sei, die nicht immer für jeden einsehbar seien.[154]

Eine Theorie des Rechtsverhältnisses vermeide gerade den Rückgriff auf nicht für alle Menschen gleich geltende Wertvorstellungen und könne so dadurch, dass die Beteiligten selbst als Beteiligte eines Bündnisses verstanden würden, Sanktionen einsichtiger und verständlicher machen.[155]

Das von den Betroffenen eingegangene Bündnis sei davon bestimmt, dass sie darin den Verzicht gegenseitiger Willkür geleistet hätten,[156] um ihre gleichbedeutende Selbständigkeit in der Gesellschaft zu dokumentieren und diese auch zu erhalten.[157] Die Beteiligten seien unmittelbar und selbstbestimmt miteinander ein Verhältnis eingegangen, in dem sie festgelegt hätten, die Freiheitssphäre des Anderen zu achten und auf Eingriffe in die Sphäre des Anderen zu verzichten.[158]

151 Harzer, S. 298.
152 Harzer, S. 187 ff.
153 Harzer, S. 184.
154 Harzer, S. 187.
155 Harzer, S. 187.
156 Vgl. Harzer, S. 200 f.
157 Harzer, S. 201 f.
158 Harzer, S. 201 f.

Wenn es dann zu Konfrontationssituationen, also zu Eingriffen in die Freiheit des jeweils Anderen komme, so sei damit das eigene unmittelbare Verhältnis der Beteiligten zueinander betroffen. Dies müsse gerade das Strafrecht den Beteiligten vor Augen führen und ihnen verdeutlichen, dass es in einer solchen Situation um sie und ihre eigene Freiheit gehe.[159] Es müsse den Beteiligten zeigen, dass gerade das zwischen ihnen geschlossene Bündnis und nicht irgendwelche von Außen auferlegten Wertvorstellungen durch den Täter missachtet wurden.

Wenn es um die Bewertung einer solchen Konfrontationssituation gehe, so müsse das eingegangene Bündnis und die darin wechselseitig eingegangenen Beziehungen zur Grundlage der Bewertung gemacht werden.

Bezogen auf die Situation einer unterlassenen Hilfeleistung bedeute dies, dass in dem Moment, in dem einer der am Bündnis Beteiligten nicht mehr in der Lage sei, seine Selbständigkeit zu gewährleisten, der andere am Bündnis Beteiligte etwas in Gang setzen müsse, was das zuvor verabredete personale Verhältnis der gleichbedeutenden Selbständigkeit bewahren könne.[160] Allerdings gelte dies nur dann, wenn er „die einzige Person ist, die das Rechtsverhältnis als ungebrochenes Weltverhältnis" aufrechterhalten könne.[161]

Die Beteiligten hätten durch die Eingehung ihres Bündnisses nämlich eine Situation der Selbständigkeit jedes Beteiligten herstellen wollen, und zwar zunächst insoweit, als der Eine nicht in die Freiheit des jeweils Anderen eingreifen dürfe, darüber hinaus aber auch dahingehend, dass diese Gleichwertigkeit, die im Falle einer Notsituation gerade nicht mehr gewährleistet sei, von dem anderen Teil des Rechtsverhältnisses wiederhergestellt werden solle.

Könne einer der Beiden sich nicht mehr selbst helfen, könne er also seinem Bündnispartner nicht mehr gleichwertig gegenübertreten, so ergebe sich für diesen aus dem wechselseitig eingegangenen Bündnis der Zuständigkeit auch für die Freiheit des Anderen die Pflicht, die in diesem Bündnis verabredete Gleichwertigkeit wiederherzustellen, das System der Gleichwertigkeit der Beteiligten also wieder ins Gleichgewicht zu bringen.[162] Der zur Hilfe Fähige

159 Harzer, S. 201 f.

160 Vgl. Harzer, S. 202.

161 Harzer, S. 202.

162 Dabei ist nach Ansicht Harzers aber der Bündnispartner immer nur dann zur Wiederherstellung der Gleichwertigkeit und damit zur Hilfeleistung verpflichtet, wenn er alleine und ohne Zuständigkeitskonkurrenz in dem betroffenen Rechtsverhältnis zuständig sei, S. 214, d.h. dass nur denjenigen eine Pflicht zur Hilfe treffen könne, der als Einziger die Lage bewusst erfassen und kraft eigener praktischer Vernunft zu einer Sachentscheidung gelangen könne. Ein so an der Situation Beteiligter werde hier quasi als „gesetzlicher Richter" eingesetzt, der die jeweils erforderlichen Entscheidungen treffen solle, S. 213 f. Das gelte allerdings auch nur dann, wenn es sich um einen Fall

werde also zur Bewahrung bzw. Wiederherstellung des ursprünglich geschlossenen Bündnisses der Beteiligten, zur Herstellung des Verhältnisses der Gleichwertigkeit, herangezogen.

Für die Frage, in welchen Fällen konkret eine Hilfeleistung gefordert werden dürfe, könne auch nur das zwischen den Beteiligten bestehende Bündnis die Grundlage bieten. Allein daraus ließen sich die Grenzen einer strafbewehrten rechtlichen Hilfeleistungspflicht absehen.
Das Bündnis ist nach Ansicht Harzers geprägt von der Bestimmung der wechselseitigen Freiheitlichkeit, so dass auch nur dieser Bereich der Freiheitlichkeit für eine Hilfeleistungspflicht Bedeutung haben könne.[163] Aber nur bei der Verletzung existenzieller Rechte des Einzelnen könne der Zustand der selbstbewussten und freiheitlichen Selbständigkeit des Einzelnen nicht mehr aufrechterhalten werden, so dass auch nur dann vom jeweiligen Bündnispartner eine Hilfe zur Wiederherstellung des ursprünglichen Verhältnisses verlangt werden könne.[164]

Faktische Grundlage der Selbständigkeit des Einzelnen sei zunächst allein das Leben, so dass auch nur die Gefährdung des Lebens eine Hilfeleistungspflicht zur Folge haben dürfe. Die körperliche Unversehrtheit sowie die Freiheitsrechte durchlaufen nach Ansicht Harzers diese Existenzgrundlage aber ebenfalls und könnten deshalb als Rechtsverletzung nicht hinweggedacht werden, sondern seien notwendiger Durchgang der Existenz, so dass auch ihre Verletzung eine Hilfeleistungspflicht begründe.[165] Für das Eigentum gelte dies gerade nicht, so dass eine drohende Verletzung des Eigentumsrechts eine Hilfeleistungspflicht nicht auslösen könne.

Nähme man statt des Bündnisses der Beteiligten dagegen die Aspekte der mitmenschlichen Solidarität und des Rechtsgüterschutzes zum Anknüpfungspunkt für eine Verpflichtung zur Hilfeleistung, so würde dies zwangsläufig zu einer viel allgemeineren Verpflichtung des zur Hilfe Fähigen und zu einer

---

handelt, bei dem eigentlich gesellschaftlich zuständige Hilfskräfte, wie Polizei, Notarzt o.ä., von der Notsituation gar nichts wüssten. Liege lediglich ein Mangel an Hilfskräften vor, d.h. die eigentlich zuständigen Hilfskräfte wüssten um den Notfall, hätten aber keine ausreichende Anzahl an Helfern, so stelle dies eine von Unglücksfall, gemeiner Gefahr oder Not nur abgeleitete Situation dar, die mit dem eigentlichen Bündnis der Beteiligten nichts mehr zu tun habe und damit auch eine strafrechtliche Hilfeleistungspflicht nicht begründen könne, S. 196 ff.

163 Harzer, S. 216.

164 Harzer, S. 216.

165 Harzer, S. 216.

Pflicht zu Handlungen jedweder Art führen.[166] Letztendlich hätte dies eine ständige gegenseitige Überwachung der Bürger untereinander und den Verlust jeden selbständigen Lebens der Mitglieder der Gesellschaft zur Folge, da jeder für jeden nahezu unbegrenzt verantwortlich werde.[167] Der Solidaritäts- und Rechtsgüterschutzgedanke dürfe bei der Begründung einer strafrechtlichen Hilfeleistungspflicht deshalb keine Rolle spielen.

bb) Kritik

Es erscheint zweifelhaft, ob die von Harzer favorisierte Rechtsverhältnistheorie zur Begründung strafrechtlicher Normen tatsächlich geeigneter ist als eine Rechtsgüterschutzlehre. Zwar liegen einer Rechtsgüterschutzlehre Wertvorstellungen zugrunde, die nicht immer und von jedermann gleich einsehbar sind. Es fragt sich jedoch, ob rechtliche Sanktionen einsichtiger und verständlicher werden, wenn sie mit einem Verstoß gegen ein Bündnis von Täter und Opfer erklärt werden. Wie dem Einzelnen verständlich gemacht werden soll, dass er, obwohl er dies bewusst nie getan hat, ein Bündnis mit einem anderen Mitglied der Gesellschaft eingegangen sein soll, das auch noch zu bedeutenden Sanktionen führen kann, wenn es nicht beachtet wird, erscheint fraglich.

Auch der Einwand, dass eine Legitimation einer strafrechtlichen Hilfeleistung im Rahmen einer Rechtsgüterschutzlehre nicht möglich sei, da insbesondere der Aspekt der mitmenschlichen Solidarität als Grundlage einer solchen Legitimation nicht tauge, da dieser zu einer allgemeinen Verpflichtung zu Handlungen jedweder Art führe,[168] überzeugt nicht.

Zunächst einmal ist zuzugeben, dass der Begriff der mitmenschlichen Solidarität es durchaus nahe legt, dass der Einzelne zu einer Vielzahl von Handlungen verpflichtet werden könnte, die gegenüber den anderen Mitgliedern der Gesellschaft eine solidarische Handlung darstellen würden. Eine so verstandene Solidarität könnte letztlich jedes strafrechtliche Gebot eines Handelns in Fällen, in denen ein Anderer der Hilfe bedarf, legitimieren.

Schaut man sich den Wortlaut der bestehenden Vorschrift einer strafrechtlichen Hilfeleistungspflicht des § 323 c StGB an, so könnte man den Verdacht haben, genau dies sei bei § 323 c StGB auch geschehen. Denn weder sind die Begriffe „Unglücksfall“ und „gemeine Gefahr“ noch der Begriff der „Not“ als die die Hilfeleistungspflicht auslösenden Situationen besonders deutliche und eng umrissene Begriffe. Unter all diesen Begriffen können die vielfältigsten

166 Harzer, S. 194.
167 Harzer, S. 194.
168 Harzer, S. 194.

Situationen verstanden und damit auch vielfältige Handlungen, sofern diese nur zur Hilfe erforderlich sind, verlangt werden.

Aber die Frage ist, ob eine Legitimation einer strafrechtlichen Hilfeleistungspflicht anhand der Aspekte des Rechtsgüterschutzes und der mitmenschlichen Solidarität deshalb scheitern muss. Man muss sich nur stets vor Augen führen, dass es sich um die Begründung einer strafbewehrten Rechtspflicht handelt und der Aspekt der mitmenschlichen Solidarität daher nicht so verstanden werden darf, dass er jede Form eines Gebots zum Helfen legitimieren kann. Es muss sich vielmehr stets um ganz bestimmte Situationen handeln, die mit den Begriffen des „Unglücksfalles", der „gemeinen Gefahr" sowie der „Not" – wenn man diese Begriffe auf ihren eigentlichen Kern zurückführt – durchaus beschrieben sein können. Die Verknüpfung von mitmenschlicher Solidarität und Rechtsgüterschutz und damit die Legitimationsgrundlage der rechtlichen Hilfeleistungspflicht muss nur stets im Blick gehalten werden.

Dafür gibt die Untersuchung Harzers – auch wenn sie von dem Gedanken des Rechtsverhältnisses und nicht des Rechtsgüterschutzes geleitet ist – durchaus einiges her. Die von ihr vorgenommene Einschränkung einer Hilfeleistungspflicht für den Fall einer Verletzung existenzieller Rechte kann auch für eine Legitimation im Rahmen der Rechtsgüterschutzlehre einen guten Ansatz liefern, führt man sich vor Augen, dass eben nur dann, wenn das Opfer sich tatsächlich nicht mehr selbst helfen kann, eine solidarische Hilfe eingefordert werden kann. Dies könnte gerade dann der Fall sein, wenn es sich bei den drohenden Beeinträchtigungen des Opfers um solche existenziell wichtiger Rechtsgüter des Opfers handelt.

Geht man davon aus, dass zwischen dem zur Hilfe Fähigen und dem Opfer ein, wenn auch dünnes, Band der gegenseitigen Solidarität vorhanden ist, das eine gewisse Beziehung zwischen Täter und Opfer erkennen lässt,[169] und diese Solidarität Ausdruck eines inneren Bedürfnisses des Menschen ist, Anderen – auch im Falle hoher eigener Kosten – in Notfällen Hilfe zu leisten, so kann in Fällen einer Hilfeleistung der Versuch erkannt werden, das Opfer in seiner, wie Harzer es ausdrückt,[170] „Gleichwertigkeit" anzuerkennen und diese wiederherstellen zu wollen. Dazu bedarf es eines „Bündnisses" zwischen den Beteiligten nicht, denn schon der Aspekt der Solidarität drückt aus, dass eine Gleichwertigkeit der Mitglieder der Gesellschaft rechtlich gewollt ist und auch besteht.

---

169 Kargl sieht die Solidarität als eine auf freier Entscheidung basierende soziale Bindung an, GA 1994, S. 264.

170 Harzer, S. 201 f.

Der Aspekt der Solidarität hat damit zum Inhalt mitzuhelfen, die Freiheitssphäre eines anderen Gesellschaftsmitglieds zu bewahren, wenn dieses selbst dazu nicht mehr in der Lage ist. Strafrechtlich darf diese Bewahrung aber immer nur dann gefordert werden, wenn so existenziell zur Freiheitsausübung wichtige Rechtsgüter des Opfers betroffen sind, dass das Opfer ohne Hilfe des Täters der Ausübung der persönlichen Freiheit quasi beraubt wäre. Unterlässt der Täter in diesen Fällen eine Hilfeleistung, so wird das Opfer im Kern seiner Rechtssubjektivität betroffen[171] und es wird ihm die Möglichkeit der Freiheitsausübung weitgehend genommen.

In diesen Fällen erstarkt das Band der Solidarität zwischen den Beteiligten zu einer rechtlichen und nicht mehr nur moralischen Verpflichtung des Täters. Und hier kann die Bewahrung dieses Kerns der Rechtssubjektivität durch eine – strafbewehrte – rechtliche Verpflichtung eines Anderen zur Hilfeleistung verlangt werden.

Legitimationsgrundlage des § 323 c StGB kann damit vor dem Hintergrund der mitmenschlichen Solidarität der Aspekt des Rechtsgüterschutzes sein, sofern existenziell zur Freiheitsausübung wichtige Rechtsgüter des Opfers betroffen sind.

c) Die mit einer Hilfeleistung zu schützenden Rechtsgüter

aa) Schutz des Lebens

Als existenziell zur Freiheitsausübung wichtiges Rechtsgut kommt zunächst das Leben des Opfers in Betracht. Ohne dieses wäre eine Freiheitsausübung niemals möglich. Der Kern der Rechtssubjektivität wird geradezu bestimmt vom Leben des Opfers.

bb) Körperliche Unversehrtheit und Freiheit

Aber auch die körperliche Unversehrtheit kann ein ganz wesentlicher Aspekt zur ungehinderten Ausübung der Freiheit des Opfers sein. Ebenso die Freiheit

171 Seelmann, JuS 1995, S. 284.

als solche,[172] d.h. der Zustand, in dem der Mensch seine natürliche Fähigkeit zur Selbstbestimmung eben auch körperlich ungehindert zur Geltung bringen kann.[173] Denn ohne die physische Möglichkeit, die eigene Freiheit ausüben zu können, liefe der Aspekt der persönlichen Freiheitsausübung und damit die Rechtssubjektivität des Opfers wiederum leer.

Allerdings ist zu beachten, dass hier solche Einwirkungen auf diese Rechtsgüter, die lediglich Bagatellcharakter aufweisen, eine strafrechtliche Reaktion auf einen Verstoß gegen die Hilfeleistungspflicht nicht legitimieren können.[174] Stellt man sich etwa eine leichte körperliche Schädigung in Form einer blutenden Wunde an der Hand des Opfers vor, so liegt hier, wenn der zur Hilfe Fähige die Hilfe unterlässt, zwar auch ein Verstoß gegen die Hilfeleistungspflicht vor, eine Bestrafung kann deshalb aber nicht erfolgen. Für eine strafrechtliche Reaktion muss wegen des damit verbundenen gewichtigen Vorwurfs immer auch ein hinreichend gewichtiger Normverstoß vorliegen.[175] Ein bloß geringfügiger Verstoß kann dafür nicht ausreichen. Im Falle einer leicht blutenden Wunde aber ist das Opfer nicht derart bedroht, dass es im Kern seiner Rechtssubjektivität berührt ist. Die Ausübung seiner persönlichen Freiheit wird hier allenfalls am Rande berührt. Das Unterlassen der Hilfe ist damit auch nicht so gewichtig, dass es eine strafrechtliche Reaktion nach sich ziehen kann.

Wenn die Beeinträchtigung der Rechtsgüter des Opfers dagegen den Eintritt eines besonders schwerwiegenden Schadens für die Ausübung der persönlichen Freiheit mit sich bringen kann und der Täter nunmehr die Hilfe unterlässt, so liegt ein hinreichend gewichtiger Normverstoß vor, der auch eine strafrechtliche Reaktion erfordert. Es handelt sich in diesen Fällen nicht mehr bloß um einen geringfügigen Normverstoß.

Als Maßstab zur Bestimmung der Grenze zwischen einem hinreichend gewichtigen und einem nicht hinreichend gewichtigen Normverstoß kann für die Beeinträchtigungen der körperlichen Unversehrtheit des Opfers dabei durchaus auf andere gesetzliche Regelungen zurückgegriffen werden. Von Bedeutung

---

172 Vgl. auch Kühl, ARSP-Beiheft, S. 80, der den von Kant benutzten Begriff des „Rechtes auf Willkür" (vgl. dazu schon oben, 1. Teil B) I)) mit den Rechtsgütern von Leben, körperlicher Unversehrtheit und der Freiheit der Willensbetätigung gleichsetzt. Er macht damit deutlich, dass es sich bei diesen Rechtsgütern um die zur Ausübung der persönlichen Freiheit existenziell wichtigen Rechtsgüter handelt.

173 Tröndle/Fischer (Tröndle), StGB-Komm., § 234 Rn. 1.

174 In diesem Sinne auch Geilen, Jura 1983, S. 85 f., der allerdings keine Einschränkung bei den durch § 323 c StGB geschützten Rechtsgütern vornimmt, S. 84.

175 Freund, Strafrecht AT, § 2, Rn. 37.

sind insoweit die §§ 223 ff. StGB, deren Wertungen hier Einfluss gewinnen können.[176]

Immer dann, wenn es sich um Beeinträchtigungen handelt, die den in §§ 224, 226 StGB beschriebenen Situationen entsprechen, handelt es sich in der Regel um Situationen in denen das Opfer derart in seinem Kern der Rechtssubjektivität betroffen ist, dass ein Verstoß gegen die Hilfeleistungspflicht auch für eine strafrechtliche Reaktion hinreichend gewichtig ist.

Die besondere Schwere der in § 226 StGB genannten Folgen hat eine erhebliche Einschränkung der Ausübung der persönlichen Freiheit zur Folge und betrifft damit in der überwiegenden Zahl der Fälle den Kern der Rechtssubjektivität des Opfers.

Auch die besonderen Begehungsweisen in § 224 StGB können eine schwere Einschränkung der persönlichen Freiheitsausübung zur Folge haben. Liegen also solche Beeinträchtigungen vor – etwa in der Form, dass das Opfer mittels einer Waffe oder von mehreren gemeinschaftlich bedroht oder verletzt wird – so muss ein hinzukommender Dritter, der die Hilfe unterlässt, mit einer strafrechtlichen Reaktion rechnen.[177]

Allein die besondere Gefährlichkeit schon der Ausführung der in § 224 StGB umschriebenen Handlungsweisen kann geeignet sein, eine derartige Gefahr für die Freiheitsausübung des Opfers hervorzurufen, dass seine Rechtssubjektivität als solche betroffen ist.

Überschreiten die in den §§ 224, 226 StGB beschriebenen Fälle in der Regel die Schwelle zu einem für eine strafrechtliche Reaktion hinreichend gewichtigen Normverstoß im Rahmen von § 323 c StGB, so ist auch dann, wenn es sich nicht um einen der dort ausdrücklich beschriebenen Fälle handelt, zu prüfen, ob nicht dennoch auf einen Verstoß gegen die Hilfeleistungspflicht eine strafrechtliche Reaktion erfolgen muss. §§ 224, 226 StGB liefern gewisse Anhaltspunkte, gegebenenfalls können jedoch auch in anderen Fällen erhebliche Beeinträchtigungen des Opfers vorliegen, die bei einem Nichteingreifen des zur Hilfe Fähigen eine solche Reaktion erfordern.

Auch im Falle der Beeinträchtigung des Rechtsgutes der Freiheit müssen die Beeinträchtigungen von hinreichendem Gewicht sein.

In solchen Fällen wird zumeist das Zeitmoment eine Rolle bei der Frage spielen, ob es sich um eine solche Beeinträchtigung der Freiheit handelt, dass bei einer Nichthilfe eine strafrechtliche Reaktion gerechtfertigt ist. Insoweit

176 So auch Geilen, Jura 1983, S. 86, für die §§ 223 a, 224 aF StGB.

177 In diesen Fällen wird vielfach wohl auch schon eine drohende Beeinträchtigung des Lebens gegeben sein.

kann auch hier zunächst wieder eine an anderer Stelle im Gesetz zu findende Wertung herangezogen werden. Jedenfalls im Falle des § 239 Abs. 3 Nr. 1 StGB, d.h. wenn es sich bei der Beeinträchtigung der Freiheit des Opfers um mehr als eine Woche handelt, ist ein Verstoß gegen die Hilfeleistungspflicht hinreichend gewichtig. Allerdings wird je nach den Umständen auch bei einem sehr viel kürzeren Zeitraum schon ein hinreichend gewichtiger Normverstoß angenommen werden können. Letztlich muss der jeweilige Einzelfall betrachtet und entschieden werden, ob die Beeinträchtigung der Freiheit nicht bloß unerheblich und der Normverstoß damit für eine strafrechtliche Reaktion nicht hinreichend gewichtig ist.

An dieser Stelle sei kurz noch auf ein auch in der Regelung des § 323 c StGB enthaltenes Merkmal hingewiesen, das die Hilfeleistungspflicht in gewissen Situationen einschränken soll, und zwar das der „Zumutbarkeit".

Der zur Hilfe Fähige braucht eine Hilfe stets nur im Rahmen des Zumutbaren zu leisten. So muss er insbesondere dann keine Hilfe leisten, wenn seine eigenen Rechtsgüter dadurch erheblich in Gefahr geraten würden.[178] Gerade in dem zuvor beschriebenen Fall der Bedrohung des Hilfsbedürftigen mit einer Waffe durch einen Dritten ist dem Hilfsfähigen ein direktes Eingreifen in der Regel gerade nicht zuzumuten, da er sich selbst in erhebliche Gefahr begeben müsste.

Er wird damit aber von der Pflicht zur Hilfeleistung nicht frei, sondern muss vielmehr andere Hilfe leisten, etwa andere Rettungskräfte wie die Polizei benachrichtigen.[179] Seine Hilfeleistungspflicht kann allenfalls dann entfallen, wenn sie nicht (mehr) erforderlich ist, etwa weil bereits von anderer Seite Hilfe erfolgt ist.

Dass ein Verstoß gegen das Hilfeleistungsgebot gerade dann nicht vorliegt, wenn dem Hilfsfähigen ein Eingreifen nicht zugemutet werden kann, ist, wie der gerade geschilderte Fall zeigt, richtig und notwendig. Auch wenn die Verpflichtung zur Hilfeleistung auf der Grundlage des Solidargedankens und des Schutzes existenzieller Rechtsgüter des Opfers legitimierbar ist, so kann dies doch nicht uneingeschränkt für jeden Fall gelten. Auch der Schutz der Rechtsgüter des Hilfsfähigen muss in die Beurteilung mit einbezogen werden. Eine solidarische Hilfeleistung darf nicht unter Preisgabe wesentlicher eigener Güter erfolgen müssen.

Auch das Merkmal der „Erforderlichkeit der Hilfe" muss im Rahmen eines Gebotes zur solidarischen Hilfeleistungspflicht seinen Platz haben. Wenn zur Sicherung der persönlichen Freiheit des Einzelnen eine Hilfeleistung nicht mehr

178 Vgl. LK/Spendel, StGB-Komm., § 323 c Rn. 158.

179 So für einen ähnlichen Fall auch LK/Spendel, StGB-Komm., § 323 c, Fn. 160.

erforderlich ist, so kann eine solche Hilfe eben nicht mehr eingefordert werden. Moralisch richtig kann in solchen Situationen ein Eingreifen des Hilfsfähigen weiterhin sein. Zu denken ist dabei etwa an Fälle, in denen dem Opfer bereits durch einen Dritten geholfen wird. Hier kann eine zusätzliche Hilfe moralisch durchaus gewünscht und richtig sein. Rechtlich – und gar strafrechtlich – verlangt werden kann sie indes nicht mehr. Eine Gefahr für die persönliche Freiheit des Opfers besteht dann nämlich nicht mehr.

cc) Kein Schutz von Sachwerten

Lässt sich eine rechtliche – auch strafrechtliche – Hilfeleistungspflicht zum Schutz von Leben, körperlicher Unversehrtheit und Freiheit mit dem Gedanken des Rechtsgüterschutzes rechtfertigen, so bleibt noch zu untersuchen, ob auch der vielfach angenommene Schutz von Sachwerten[180] eine Legitimationsgrundlage für eine solche Pflicht bieten kann. Fraglich ist, ob wie bei den zuvor dargestellten Rechtsgütern Schäden im Bereich des Eigentums das Opfer so bedrohen können, dass es an der Ausübung der persönlichen Freiheit in ähnlicher Weise gehindert wird.

Bei der Sicherstellung der Freiheitssphäre des Opfers durch die Verpflichtung eines Anderen zur Hilfe vor dem Hintergrund des Solidargedankens geht es um die Verhütung von Gefahren oder Schäden, die das Opfer nicht durch irgendwelche Vorsorgemaßnahmen selbst abwenden oder mildern kann. Erst wenn ein eigener Schutz der betroffenen Rechtsgüter für das Opfer nicht mehr möglich ist, kann über die Verpflichtung einer solidarischen Hilfeleistung eines Anderen nachgedacht werden. Denn zunächst einmal ist auch in einer solidarisch geprägten Gemeinschaft jeder für sich und den Schutz seiner Rechtsgüter selbst verantwortlich, wenn dafür geeignete Maßnahmen, etwa der Abschluss bestimmter Versicherungen, zur Verfügung stehen.

Im Rahmen von Eigentumsgefährdungen oder -verletzungen kann das Opfer nun insbesondere durch die vielfältigen Möglichkeiten des Versicherungsschutzes selbst dafür sorgen, dass eine Gefährdung oder Schädigung seines Eigentums gemildert oder ausgeglichen wird.[181] Sachschäden sind damit wieder

---

180 Vgl. nur LK/Spendel, StGB-Komm., § 323 c, Rn. 29; Lackner/Kühl, StGB-Komm., § 323 c, Rn. 2; Tröndle/Fischer (Fischer), StGB-Komm., § 323 c, Rn. 2, wo von „beliebigen Rechtsgütern" die Rede ist; Geilen, Jura 1983, S. 87, spricht von „schwerwiegenden wirtschaftlichen Folgen". Nur bei gemeiner Gefahr oder Not will dagegen Sch/Sch/Cramer, StGB-Komm., § 323 c, Rn. 5, Sachwerte durch § 323 c StGB geschützt sehen.

181 So auch Frellesen, S. 154.

gutzumachen,[182] und können schon deshalb die persönliche Freiheit des Opfers nicht entscheidend beeinträchtigen. Das Opfer kann vielmehr selbst das Risiko von Gefährdungen oder Verletzungen seiner Sachwerte in Grenzen halten. Im Rahmen der existenziell wichtigen Rechte zur Freiheitsausübung wie Leben, körperliche Unversehrtheit und Freiheit kann das Opfer dies aber gerade nicht. Beeinträchtigungen dieser Rechtsgüter sind insoweit irreparabel. Das Risiko eines Verlustes der Freiheitsausübung kann hier gerade nicht durch das Opfer, sondern nur durch die solidarische Hilfe des Hilfsfähigen gemindert werden. Zwar können auch hier die finanziellen Folgen von Gefährdungen oder Verletzungen im Rahmen eines Versicherungsschutzes gemildert werden. Zu denken ist dabei etwa an Versicherungen für den Fall einer Berufsunfähigkeit, wenn das Opfer schwere körperliche Verletzungen davongetragen hat, die eine weitere Berufsausübung unmöglich machen. Die unmittelbare, sogar körperlich wirkende Beeinträchtigung der persönlichen Freiheit kann aber durch kein Verhalten des Opfers beeinflusst oder abgemildert werden. Hier ist es allein von der Solidarität des zur Hilfe Fähigen abhängig.

Nur zur Sicherung existenzieller Rechte des Opfers in Fällen, in denen das Opfer sich selbst nicht mehr helfen kann, kann die Rechtsordnung daher eine Hilfeleistung verlangen. Eine moralische Verpflichtung des Einzelnen kann in Fällen der Bedrohung von Sachwerten des Opfers durchaus weiterhin bestehen, eine rechtliche Verpflichtung zur Hilfe kann hier indes nicht verlangt werden.[183]

Der Solidargedanke kann also nur dort zu einer rechtlichen Pflicht führen, wo es allein in der Macht des zur Hilfe Fähigen steht, die Situation des Opfers zu ändern. Unterlässt er in diesen Fällen die erforderliche Hilfehandlung, so muss er sich dafür rechtlich verantworten. Insofern ist es richtig, wenn davon gesprochen wird, dass der Täter im Rahmen von § 323 c StGB dafür zur Verantwortung gezogen wird, dass er „eine Rettungschance für das betroffene Rechtsgut nicht wahrgenommen habe“[184]. Aber diese „Rettungschance“ kann immer nur dann eingefordert werden, wenn das Opfer zum Schutz seiner Rechtsgüter auf die Solidarität des Täters angewiesen ist.

---

182 Frellesen, a.a.O.

183 Gegen eine Einbeziehung von Sachgefahren in den Bereich des § 323 c StGB auch Frellesen, S. 154 f. Blindauer, S. 31 ff. sieht nur das Leben und die Gesundheit als durch die Vorschrift geschützt an. Auch Arzt/Weber sprechen sich dagegen aus, das Eigentum in den Schutz des § 323 c StGB mit einzubeziehen, Strafrecht BT/LH 2, Rn. 376.

184 So schon Gallas im Rahmen der Diskussion um die Weitergeltung der Vorschrift nach der nationalsozialistischen Herrschaft, JZ 1952, S. 396, sowie Niederschriften Bd. 9, S. 375; vgl. auch LK/Spendel, StGB-Komm., § 323c, Rn. 26; Lackner/Kühl, § 323c, Rn.1; Vermander, S. 46; Kreuzer, NJW 1967, S. 279.

Als Fälle von § 323 c StGB kommen daher nicht solche in Betracht, in denen der „Täter“ etwa beobachtet, wie eine wertvolle Vase des Opfers zu Boden zu fallen droht, er aber nichts dagegen unternimmt. Eine rechtliche Verpflichtung zum Handeln kann in diesen Fällen nicht angenommen werden.

Auch im Fall eines drohenden Verlustes unersetzlicher Kunstwerke, der vielfach als wichtiges Argument für eine Einbeziehung von Sachwerten in den von § 323 c StGB geschützten Bereich herhalten soll,[185] gilt nichts anderes. Auch hier kann das Opfer sich vor den drohenden Gefahren selbst schützen; es muss eben in besonderen Fällen, auch einen besonderen Schutz dieser Sachen veranlassen. Tut das Opfer dies nicht, so liegt ein Verlust der Sache in seinem eigenen Risikobereich. Sicherlich ist es moralisch zu verurteilen, wenn in solchen Fällen ein zur Hilfe Fähiger die Bewahrung des Kunstwerkes nicht zu unterstützen hilft. Eine rechtliche Pflicht zur Hilfe besteht jedoch nicht.

Überdies fragt es sich, ob die Empörung darüber, dass bedeutende Kunstwerke nicht in den Schutzbereich einer Hilfeleistungspflicht fallen sollen – Spendel etwa findet es „seltsam“, dass nicht einmal ein Rembrandt-Gemälde gerettet werden sollte[186] –, nicht auf Überlegungen zurückzuführen ist, die mit der Frage nach den durch eine strafrechtliche Hilfeleistungspflicht zu schützenden Rechtsgütern eigentlich nichts zu tun haben dürfen. Hier werden nämlich allgemein gewünschte und für die Allgemeinheit als wichtig empfundene Vorstellungen über die Bewahrung bedeutender Kunstschätze dazu benutzt, die Frage nach den mit einer Hilfeleistungspflicht zu schützenden Rechtsgütern des Opfers zu beantworten. Auf ein allgemein bestehendes Interesse an der Bewahrung dieser Schätze kann es aber nicht ankommen für die Frage, ob Gefahren oder Verletzungen für Sachwerte es generell rechtfertigen, dass von einem anderen Mitglied der Gesellschaft eine solidarische Hilfeleistung unter Androhung von strafrechtlichen Sanktionen gefordert werden kann.[187] Allenfalls dann, wenn man ein „allgemeines Interesse der Allgemeinheit“ an bedeutenden Kunstschätzen selbst zu einem schützbaren Rechtsgut erklärt. Ob ein solches Interesse aber als strafrechtlich zu schützendes Rechtsgut taugt, erscheint zweifelhaft.

Allerdings lassen sich auch im Bereich von Beeinträchtigungen für Sachwerte Fälle denken, in denen das gefundene Ergebnis jedenfalls auf den ersten Blick nicht gerechtfertigt erscheint. Zu denken ist dabei an solche Fälle, in denen das Opfer durch das Unterlassen der Hilfe in einer Notlage seiner wirtschaftlichen Existenzgrundlage nahezu völlig beraubt wird. Man stelle sich nur die Zer-

---

185 Vgl. etwa LK/Spendel, StGB-Komm., § 323 c, Rn. 43 sowie Fn. 60.

186 LK/Spendel, StGB-Komm., § 323 c, Fn. 60.

187 Frellesen, S. 155 weist darauf hin, dass insoweit die Einführung eines Sondertatbestandes zu überlegen wäre.

störung eines Bauernhauses nebst Ställen und Wirtschaftsgebäuden vor, bei dem sowohl sämtliche zum Lebensunterhalt dienenden Gebäude als auch die Wohngebäude des Opfers zerstört werden. Hier ist jedenfalls dann, wenn das Opfer keine weiteren Geldwerte besitzt, seine gesamte Lebensgrundlage zerstört.

Teilweise wird deshalb die Verpflichtung zur Hilfeleistung auch dann für legitim gehalten, wenn es zwar nur um die Beeinträchtigung von Sachwerten geht, dadurch aber die „bürgerliche Existenz" des Opfers in Gefahr gerate.[188] Jedenfalls soweit Sachwerte die bürgerliche Existenz des Einzelnen derart berührten, dass sie die persönliche Freiheit des Einzelnen erst ermöglichten, müssten sie dieser Ansicht nach durch eine solche Pflicht geschützt sein.[189]

Auch hier muss jedoch zunächst darauf verwiesen werden, dass das Opfer für eine solche Situation vorsorgen und die finanziellen Einbußen durch geeignete Absicherungen in Grenzen halten kann.

Solange es sich um Fälle handelt, in denen das Opfer seine Schäden jedenfalls größtenteils durch geeignete eigene Maßnahmen ausgleichen kann, was bei Sachwerten auch dann der Fall sein kann, wenn die „bürgerliche Existenz" zerstört scheint, kann kein Anderer zur solidarischen Hilfeleistung verpflichtet werden. Nur dann, wenn die Zerstörung der „bürgerlichen Existenz" gleichzeitig die *Ausübung der persönlichen Freiheit* des Opfers entscheidend mit bedroht, kann eine Hilfeleistung gefordert werden. Bei der völligen Zerstörung der Lebensgrundlagen des Opfers, wie in dem geschilderten Fall der Zerstörung sämtlicher Gebäude, kann dies der Fall sein.

Der *bloße* Schutz von Sachwerten kann aber eine strafrechtliche Hilfeleistungspflicht nicht legitimieren.[190] Dies gilt für jegliche Form einer strafrechtlichen Hilfeleistungspflicht, so dass auch solche Ansichten abzulehnen sind, die eine Legitimation einer strafrechtlichen Hilfeleistungspflicht in den Fällen der gemeinen Gefahr oder Not mit Gefährdungen oder Verletzungen von Sachwerten begründen wollen.[191]

---

188 Seelmann, JuS 1995, S. 284.

189 Seelmann, JuS 1995, S. 284.

190 So auch Frellesen, S. 154; Vermander, S. 24 ff.

191 Dies wird teilweise auch von denjenigen angenommen, die im Rahmen der Situation des Unglücksfalles den Schutz von Sachgefahren verneinen, vgl. Sch/Sch/Cramer, StGB-Komm., § 323 c, Rn. 5, 8.

C) Die Legitimierbarkeit der bestehenden strafrechtlichen Hilfeleistungspflicht des § 323 c StGB

Lässt sich eine strafrechtliche Verpflichtung zu einer solidarischen Hilfeleistung also nur für wenige Fälle legitimieren, so fragt es sich, ob die bestehende Vorschrift einer strafrechtlichen Hilfeleistungspflicht des § 323 c StGB diesen Einschränkungen auch gerecht werden kann oder ob sie in der vorliegenden Form den zuvor beschriebenen Legitimationsgrundlagen zuwider läuft.

I) Vereinbarkeit der Vorschrift mit der Beschränkung auf einige wenige Rechtsgüter

§ 323 c StGB beschreibt lediglich drei verschiedene Situationen, in denen der zur Hilfe Fähige Hilfe zu leisten hat. Irgendein bestimmtes Rechtsgut wird von der Norm nicht genannt.

1) Der Wille des Gesetzgebers

Schaut man sich die Entstehungsgeschichte der Vorschrift des § 323 c StGB an, so fällt auf, dass bei der Diskussion über die Fortgeltung einer Vorschrift der unterlassenen Hilfeleistung nach Ende der nationalsozialistischen Herrschaft und damit bei der Entstehung der Regelung in ihrer heutigen Form die Frage nach den mit der Vorschrift geschützten Rechtsgütern gar nicht erörtert wurde. Es ging allein darum, den gewandelten sozialen Anschauungen gerecht zu werden[192] und eine solidarische Hilfeleistungspflicht in Notfällen als strafrechtliche Pflicht zu statuieren. Ein Wille des Gesetzgebers, möglicherweise alle denkbaren Rechtsgüter als durch § 323 c StGB geschützt wissen zu wollen, lässt sich den damaligen Überlegungen nicht entnehmen.

Die Beschränkung des Schutzbereiches der Norm auf die zur Freiheitsausübung existenziell wichtigen Rechtsgüter steht damit auch nicht im Widerspruch zum Willen des Gesetzgebers.

2) Fehlende Nennung eines Rechtgutes im Wortlaut

Betrachtet man weiterhin den Wortlaut der Norm, so ist es jedenfalls auf den ersten Blick nicht möglich zu sagen, ob der Wortlaut der Vorschrift des § 323 c StGB die Beschränkung auf die existenziell zur Freiheitsausübung wichtigen

192 Verh. d. Dt. BT I, Wahlperiode 1949, Anl. zu den stenographischen Berichten, Nr. 3713 (1952), S. 44.

Rechtsgüter mitträgt oder nicht. Allein dass die erforderliche und zumutbare Hilfe in den Fällen des „Unglücksfalles", der „gemeinen Gefahr" und „Not" zu leisten ist, drückt der Wortlaut aus. Was genau unter den Begriffen „Unglücksfall", „gemeine Gefahr" und „Not" zu verstehen ist, bleibt offen und lässt sich ohne weiteres nicht erkennen. Es wird allenfalls deutlich, dass das Opfer sich in irgendeiner Notlage befinden muss, in der es Hilfe von anderer Seite benötigt.

Generell sind alle diese beschriebenen Fälle einer Notsituation des Opfers geeignet, darunter jeweils eine Notlage für alle denkbaren Rechtsgüter zu verstehen. Der Schutz nur bestimmter Rechtsgüter lässt sich daraus nicht entnehmen.

Da § 323 c StGB darüber hinaus auch das Eintreten irgendeines Erfolges für die Strafbarkeit des Täters nicht voraussetzt, kann auch insoweit aus dem Wortlaut des § 323 c StGB kein Rückschluss auf die durch die Norm geschützten Rechtsgüter gezogen werden.

Gerade weil § 323 c StGB kein einziges Rechtsgut nennt, wird nun teilweise angenommen, dass grundsätzlich jedes Rechtsgut vom Schutzbereich der Norm umfasst sei,[193] § 323 c StGB damit den Effekt einer „allgemeinen Beistandspflicht" in Notlagen habe.[194] Dieser Effekt könne allenfalls über das im Wortlaut des § 323 c StGB ebenfalls enthaltene Merkmal der „Zumutbarkeit" ausgeglichen werden, eine Einschränkung der verschiedenen Rechtsgüter sei nicht möglich.[195]

Folgte man dieser Ansicht, so wäre § 323 c StGB in der bestehenden Form nicht legitimierbar und bedürfte einer Änderung. Denn wie gesehen lässt sich eine strafrechtliche Hilfeleistung nur in einigen wenigen Fällen legitimieren. Nur zum Schutz existenziell zur Ausübung der persönlichen Freiheit wichtiger Rechtsgüter ist eine strafrechtliche Verpflichtung zur solidarischen Hilfeleistung überhaupt möglich. Sollte sich aus dem Wortlaut allein ein umfassender Schutz aller Rechtsgüter ergeben, so kann die Norm in ihrer heutigen Fassung nicht bestehen bleiben.

Allerdings fragt es sich, ob nur wegen der fehlenden Nennung eines Rechtsgutes im Wortlaut des § 323 c StGB tatsächlich alle Rechtsgüter vom Schutz der Norm umfasst sind. Es ließe sich auch vertreten, dass die in § 323 c StGB genannten Notlagen nur solche sind, in denen personale Rechtsgüter des Opfers betroffen sind. Die Begriffe „Unglücksfall", „Gefahr" und „Not" können ebenso

193 Schöne, S. 51; ebenso Geilen, Jura 1983, S. 84.
194 Schöne, S. 56.
195 Schöne, S. 56.

gut allein einen Bezug zu persönlichen Gütern des bzw. der Opfer aufweisen. Eindeutig bestimmen lässt sich dies anhand der Begrifflichkeiten nicht.

Ist der Wortlaut aber nicht eindeutig, was die Bestimmung des durch die Norm geschützten Rechtsgutes angeht, so ist er mit Hilfe anderer Methoden auszulegen. Es darf nicht nur wegen des Fehlens einer ausdrücklichen Nennung eines Rechtsgutes von einem Schutz aller Rechtsgüter ausgegangen werden.

3) Die systematische Stellung der Norm als Hinweis auf die geschützten Rechtsgüter

Von besonderer Bedeutung sind an dieser Stelle nun Überlegungen, die die systematische Stellung der Vorschrift im Gesetz betreffen. Denn auch aus dem systematischen Zusammenhang einer Norm können Rückschlüsse auf die durch sie geschützten Rechtsgüter gezogen werden.

§ 323 c StGB ist dem achtundzwanzigsten Abschnitt des Strafgesetzbuches zugewiesen, der gemeingefährliche Straftaten zum Inhalt hat. Der Begriff des „gemeingefährlichen Deliktes" gibt für die Bestimmung der durch die jeweiligen Normen zu schützenden Rechtsgüter allerdings nichts Konkretes her, anders als etwa die Überschrift des vorhergehenden siebenundzwanzigsten Abschnitts, der von der Sachbeschädigung spricht und damit den Schutz von Sachwerten durch die in diesem Abschnitt enthaltenen Vorschriften deutlich macht. Auch andere Abschnitte des Strafgesetzbuches machen sofort deutlich, welche Rechtsgüterbeeinträchtigungen durch die in ihnen enthaltenen Delikte erfasst sind. So der sechzehnte Abschnitt über die Straftaten gegen das Leben oder der siebzehnte Abschnitt über die Straftaten gegen die körperliche Unversehrtheit. Der Begriff des „gemeingefährlichen Deliktes" sagt dagegen nur insoweit etwas aus, als hier die Qualität der Beeinträchtigung für die betroffenen Rechtsgüter beschrieben wird, nichts jedoch über das betroffene Rechtsgut als solches. Es wird lediglich deutlich, dass es hier um Delikte gehen soll, bei denen der Täter Kräfte in Bewegung setzt, die er nicht mehr beherrschen kann und die eine Vielzahl unbestimmter Gefahren mit sich bringen können.[196]

Schaut man sich weiter die im achtundzwanzigsten Abschnitt enthaltenen einzelnen Delikte an, so stellen sich diese als sehr verschiedenartig dar. Teilweise setzen sie nicht einmal die in der Überschrift genannte Gemeingefahr voraus.[197] So setzt etwa § 306 a Abs. 2 StGB für eine Strafbarkeit allein die

196 Tröndle/Fischer (Fischer), StGB-Komm., Vor § 306, Rn. 1.
197 Tröndle/Fischer (Fischer) a.a.O., Rn. 1.

konkrete Gefahr der Gesundheitsschädigung eines anderen Menschen voraus. Eine Gefahr für eine unbestimmte Vielzahl von Menschen fordert er nicht. Auch § 323 c StGB, der als einzige Vorschrift des achtundzwanzigsten Abschnittes wenigstens den Begriff der „gemeinen Gefahr" enthält, setzt eine solche Gefahr nicht notwendigerweise voraus. Denn auch ein „Unglücksfall" kann ja für eine Verpflichtung zur Hilfeleistung ausreichen. Ein solcher lässt aber einen Bezug zu einer Gemeingefahr nicht notwendigerweise erkennen, schon deshalb nicht, weil der Begriff neben dem Begriff der „gemeinen Gefahr" in den Tatbestand mit aufgenommen wurde und daher eben auch etwas anderes bedeuten soll. So wird darunter auch richtigerweise allein ein „plötzlich auftretendes Ereignis verstanden, das Beeinträchtigungen für Rechtsgüter mit sich bringen kann",[198] ohne dass es dabei auf eine Beeinträchtigung einer unbestimmten Vielzahl von Menschen ankäme.

Der in der Überschrift des Abschnittes genannte Begriff der „gemeingefährlichen Straftaten" hilft für eine Bestimmung der durch die in diesem Abschnitt geschützten Rechtsgüter nicht weiter. Ebenso wenig hilft auch ein Blick auf die übrigen Delikte des Abschnittes, um die von § 323 c StGB geschützten Rechtsgüter zu erkennen. Denn die einzelnen Delikte stellen sich als ausgesprochen unterschiedlich und vielfältig dar. So reichen die durch sie geschützten Rechtsgüter von dem Schutz von Sachwerten in § 306 StGB[199] über den Schutz von Leib und Leben in § 306 a StGB[200] bis zum Schutz der Durchführung einer behördlichen Entziehungskur in § 323 b StGB[201], um nur einige wenige der in diesem Abschnitt geschützten Rechtsgüter zu nennen.

Die durch § 323 c StGB geschützten Rechtsgüter sind daher weder durch die systematische Stellung der Norm noch durch ihren Wortlaut festgelegt.

4) Überlegungen zum Zweck einer strafrechtlichen Hilfeleistungspflicht

Lässt die bestehende Fassung des § 323 c StGB aber von ihrer Entstehungsgeschichte, ihrem Wortlaut und ihrer systematischen Stellung eine eindeutige Bestimmung der durch sie geschützten Rechtsgüter nicht zu, so können Überlegungen zur Möglichkeit einer Legitimierbarkeit strafrechtlicher Hilfeleistungspflichten zur Bestimmung der geschützten Rechtsgüter herangezogen werden.

198 Vgl. nur BGHSt (GrS) 6, S. 147 (152); LK/Spendel, StGB-Komm., § 323 c, Rn. 42.
199 Tröndle/Fischer (Fischer), StGB-Komm., § 306, Rn. 1.
200 Tröndle/Fischer (Fischer), StGB-Komm., § 306 a, Rn. 1.
201 Tröndle/Fischer (Fischer), StGB-Komm., § 323 b, Rn. 1.

Es wurde bereits festgestellt,[202] dass eine strafrechtliche Hilfeleistungspflicht sicherstellen soll, dass eine solidarische Hilfeleistung für denjenigen, der sich in einer Notlage befindet, geleistet wird. Eine solche Notlage, die eine solidarische Hilfe erforderlich macht, besteht aber immer nur dann, wenn das Opfer im Kern seiner Rechtssubjektivität betroffen ist und Gefährdungen oder Verletzungen seiner Rechtsgüter nicht selbst verhindern kann.[203]

Kann es die Beeinträchtigungen für seine Rechtsgüter – sei es auch durch Versicherungen für besondere Wertsachen – aber selbst abwenden oder ausgleichen, so befindet es sich nicht in einer Lage, in der es solidarische Hilfe beanspruchen kann. Erhebliche Beeinträchtigungen für die Rechtsgüter Leben, körperliche Unversehrtheit sowie Freiheit kann das Opfer jedoch zumeist weder abwenden noch können sie jemals ausgeglichen werden. In diesen Fällen ist zur Sicherstellung der persönlichen Freiheit des Opfers eine solidarische Hilfeleistung gefordert, was mit der Regelung des § 323 c StGB bewirkt werden soll.

§ 323 c StGB dient in der bestehenden Form damit dem Schutz des Lebens, der körperlichen Unversehrtheit sowie der Freiheit.

II) Hinreichend gewichtige Beeinträchtigungen der Rechtsgüter als Voraussetzung für die Legitimation einer strafbewehrten rechtlichen Hilfeleistungsverpflichtung und der Wortlaut des § 323 c StGB

Schaut man sich den Wortlaut des § 323 c StGB weiter an, so lässt sich dort die Einschätzung, dass nur hinreichend gewichtige Beeinträchtigungen eine Hilfeleistungspflicht auslösen können,[204] durchaus finden.

Die Norm verlangt eine Hilfeleistung nämlich nur in den drei schon beschriebenen Situationen. Es muss ein Unglücksfall, eine gemeine Gefahr oder Not vorliegen, um die Hilfeleistungspflicht entstehen zu lassen. Die Situation des Unglücksfalles ist dabei die wohl wichtigste und am häufigsten anzutreffende Variante, und gerade sie lässt die Überlegung, dass es sich um Beeinträchtigungen von einer gewissen Erheblichkeit handeln muss, auch erkennen.

Auch wenn unter einem „Unglücksfall“ bei oberflächlicher Betrachtung zunächst vieles verstanden werden kann, was durch welches Ereignis und welche Form auch immer über das Opfer hereingebrochen ist, so besagt der Begriff doch mehr.

Es ist richtig, wenn allgemein unter einem „Unglücksfall“ ein „plötzlich

---

202 Vgl. dazu oben, 1. Teil B) III) 4) b) bb).

203 Vgl. oben, 1. Teil B) III) 4) b) bb).

204 Vgl. dazu oben, 1. Teil B) III) 4) c) bb).

auftretendes Ereignis"[205] verstanden wird, doch zeigt allein das Wortteil „Unglück", dass es sich nicht um sämtliche und alltägliche Fälle eines plötzlich eintretenden Ereignisses handeln kann. Der Begriff des „Unglücks" ist mit einer gewissen Tragik und Dramatik verbunden. Mit einem „Unglück" gehen stets schwere Nachteile für das Opfer einher, unter denen es wenigstens eine Zeitlang erheblich zu leiden hat. Im Vergleich dazu könnte man bei alltäglicheren Ereignissen mit leichteren Folgen etwa den Begriff des „Pechs" heranziehen. Hat das Opfer „Pech gehabt", so hat es zwar auch gewisse nachteilige Folgen zu erleiden, jedoch nicht von derselben Stärke und Intensität wie im Falle eines „Unglücks".

So wird ein plötzlicher Todesfall – sei es durch einen Verkehrsunfall, Flugzeugabsturz o.ä. – stets als „Unglück" bezeichnet werden.

Die allgemein übliche vollständige Definition des Begriffes des Unglücksfalles als ein „plötzlich auftretendes Ereignis, das eine erhebliche Gefahr bringt oder zu bringen droht",[206] ist daher auch insoweit richtig, als sie von „erheblichen" Beeinträchtigungen[207] für ein Rechtsgut spricht.[208]

Die Begriffe der gemeinen Gefahr oder Not beschreiben durch das Merkmal „gemein"[209] Fälle, in denen anders als bei der Situation des Unglücksfalles nicht ein bestimmter Einzelner betroffen ist, sondern es geht hier um Fälle, in denen Rechtsgüter eines noch nicht bestimmten Einzelnen, der repräsentativ für die Allgemeinheit steht, beeinträchtigt sind, bzw. um Beeinträchtigungen für eine bestimmte oder unbestimmte Vielzahl von Menschen oder für Rechtsgüter der Allgemeinheit.[210]

Dabei drückt der Begriff der „Not" ähnlich wie der des „Unglücksfalles" eine besondere Situation des Opfers oder der Opfer aus, die wiederum nicht alltäglich ist und nicht nur mit leichten Folgen einhergeht.

---

205 Vgl. nur BGHSt (GrS) 6, S. 147 (152) sowie Sch/Sch/Cramer, StGB-Komm., § 323 c, Rn. 5.

206 BGHSt (GrS) 6, S. 147 (152).

207 Wie diese Beeinträchtigungen beschaffen sein müssen, d.h. ob hier bereits eine Gefahr für ein Rechtsgut ausreicht oder ob es bereits zu einer Verletzung gekommen sein muss, dazu sogleich, 1. Teil D).

208 Zur unglücklichen Begriffswahl („...zu bringen droht") vgl. LK/Spendel, StGB-Komm., § 323 c, Rn. 42.

209 Vgl. dazu, dass das Merkmal „gemein" sich auch auf den Begriff der Not bezieht LK/Spendel, StGB-Komm., § 323 c, Rn. 70. Den Begriff der Not sieht Spendel, Rn. 74, nicht nur dann als erfüllt an, wenn eine Gefahr für die bedrohten Rechtsgüter besteht, sondern schon dann, wenn eine „gewisse Beengung und Bedrängung" vorliegt, vgl. dazu noch unten, 1. Teil D) III).

210 LK/Spendel, StGB-Komm., § 323 c, Rn. 58 ff.

Der Begriff der „gemeinen Gefahr“ drückt diese Einschätzung nun selbst nicht zwangsläufig aus, da unter einer „Gefahr“ auch solche Fälle verstanden werden können, die lediglich leichte Folgen nach sich ziehen können. „Gefahr“ bedeutet ja nur die „Möglichkeit einer Verletzung“.[211] Über die Erheblichkeit der Gefahr sowie der Verletzung sagt der Begriff nichts aus.
Da die Situationen des „Unglücksfalles“, der „gemeinen Gefahr“ und der „gemeinen Not“ jedoch nebeneinander und gleichwertig eine Hilfeleistungspflicht begründen können, müssen sie in ihrer Bedeutung, jedenfalls was die Intensität der Beeinträchtigung der Rechtsgüter des Opfers angeht, ebenfalls von gleicher Güte sein. Diese ist aber nur dann gegeben, wenn es sich bei der Situation der „gemeinen Gefahr“ ebenfalls um eine solche handelt, in der erhebliche Beeinträchtigungen für die betroffenen Rechtsgüter drohen.

Insgesamt kann die Vorschrift des § 323 c StGB damit den zu einer Legitimierbarkeit einer strafrechtlichen Hilfeleistungspflicht angestellten Überlegungen gerecht werden und ist über den Aspekt des (Individual-) Rechtsgüterschutzes zu legitimieren.
Eine Änderung des § 323 c StGB ist daher nicht notwendig. Wegen der vielfältigen Interpretationen der Vorschrift, gerade auch im Hinblick auf die geschützten Rechtsgüter, wäre dies zur Klarstellung und zur Beendigung der vielfältigen Diskussionen über die durch sie geschützten Rechtsgüter jedoch zu überlegen.

Ansätze dafür könnten etwa die in Österreich oder der Schweiz bestehenden Regelungen einer unterlassenen Hilfeleistung bieten, die Ähnlichkeit zum Alternativentwurf von 1962[212] aufweisen.
So ist in § 95 Abs. 1 des österreichischen Strafgesetzbuches die Situation, in der der Hilfsfähige Hilfe zu leisten hat, auf die Gefahr des Todes oder einer beträchtlichen Körperverletzung oder Gesundheitsbeschädigung beschränkt.

> „Wer es bei einem Unglücksfall oder einer Gemeingefahr (...) unterlässt, die zur Rettung eines Menschen aus der Gefahr des Todes oder einer beträchtlichen Körperverletzung oder Gesundheitsbeschädigung offensichtlich erforderliche Hilfe zu leisten, ist mit Freiheitsstrafe bis zu sechs Monaten oder mit Geldstrafe bis zu 360 Tagessätzen zu bestrafen (...).“

Art. 128 des schweizerischen Strafgesetzbuches verlangt gar in den Fällen, in denen der Hilfsfähige nicht selbst für die Situation des Opfers verantwortlich ist, ausschließlich eine unmittelbare Lebensgefahr.

---

211 LK/Spendel, StGB-Komm., § 323 c, Rn. 59.
212 AE (1962), § 115, S. 58 f.

„Wer einem Menschen, den er verletzt hat, oder einem Menschen, der in unmittelbarer Lebensgefahr schwebt, nicht hilft, obwohl es ihm den Umständen nach zugemutet werden könnte, (...),wird mit Gefängnis oder Buße bestraft.“

D) Entstehung der Hilfeleistungspflicht – Erst bei Verletzungen oder schon bei Gefährdungen der Rechtsgüter

Dient § 323 c StGB nun dem Schutz der Rechtsgüter Leben, körperliche Unversehrtheit und Freiheit, so ist weiterhin zu überlegen, wann genau die Pflicht zur Hilfeleistung überhaupt entsteht.

Die Frage ist dabei, ob der zur Hilfe Fähige schon dann eingreifen muss, wenn das Opfer sich in einer Gefahr für sein Leben, seine körperliche Unversehrtheit oder seine Freiheit befindet, oder ob diese Rechtsgüter bereits verletzt sein müssen, damit die Pflicht zur Hilfe entstehen kann. Es ist also zu überlegen, ob bereits die Möglichkeit eines (kommenden) Schadenseintritts[213] für die Entstehung der Hilfeleistungspflicht ausreicht oder ob nicht wenigstens teilweise ein Rechtsgut des Opfers bereits geschädigt sein muss.

I) Die gemeine Gefahr

Der Wortlaut der Vorschrift mit der Benennung der drei Situationen des Unglücksfalles, der gemeinen Gefahr oder Not sagt darüber nicht für alle Fälle etwas aus. Die Situationen des Unglücksfalles und der gemeinen Not sind sowohl als solche denkbar, in denen die Rechtsgüter des Opfers bereits erheblich verletzt sind, als auch als solche, in denen die Rechtsgüter des Opfers sich lediglich in erheblicher Gefahr befinden.

Allein der Begriff der „gemeinen Gefahr“ lässt eindeutig für die darunter zu fassenden Fälle eine Gefahr für die Entstehung der Hilfeleistungspflicht genügen.[214] Denn hier verwendet schon das Gesetz den Begriff der Gefahr, so dass es ausreicht, wenn die Möglichkeit einer Verletzung der Rechtsgüter des Opfers besteht,[215] um eine strafrechtliche Verpflichtung zur Hilfe des zur Hilfe Fähigen entstehen zu lassen.

---

213 So die allgemein übliche Umschreibung des Begriffs der Gefahr, vgl. nur LK/Spendel, StGB-Komm., § 323 c, Rn. 42 sowie 58.

214 Zur Definition des Begriffes der gemeinen Gefahr vgl. oben, 1. Teil C) I) 3).

215 LK/Spendel, StGB-Komm., § 323 c, Rn. 59.

II) Der Unglücksfall

Für die Fälle des „Unglücksfalles“ sah die Rechtsprechung dies zunächst anders und beschrieb einen Unglücksfall allein als ein „plötzlich eintretendes Ereignis, das einen erheblichen Schaden verursacht *hat* und weiteren Schaden zu verursachen droht.[216] Damit sollte wenigstens ein Teilschaden für ein Rechtsgut des Opfers eingetreten sein, um die Hilfeleistungspflicht des § 323 c StGB entstehen zu lassen.

Nach einer Entscheidung des Großen Senats aus dem Jahre 1954 genügt es nach Ansicht des Bundesgerichtshofes jedoch nunmehr auch für die Situation des Unglücksfalles, dass ein erheblicher Schaden *droht*, mithin allein eine *Gefahr* für die Rechtsgüter des Opfers bereits besteht.[217] Auf die Verwirklichung eines Teilschadens kommt es damit nicht mehr an.

Ob diese Einschätzung richtig ist, kann nur in Verbindung mit den Überlegungen zu dem mit der Vorschrift bezweckten Rechtsgüterschutz beantwortet werden.

Für den Bereich einer Lebensgefährdung lässt sich die Frage, ob schon Gefahren für das Leben des Opfer ausreichen, um den zur Hilfe Fähigen zu einer Hilfe strafrechtlich verpflichten zu können, leicht beantworten. Eine Hilfeleistung kann hier überhaupt nur dann Sinn ergeben, wenn schon eine unmittelbare, erhebliche Lebensgefährdung die Hilfeleistungspflicht entstehen lässt. Eine Verletzung des Rechtsgutes „Leben“ würde ja zwangsläufig den Tod des Opfers bedeuten; eine Hilfeleistung hätte dann keinen Sinn mehr. Sie würde vielmehr stets zu spät kommen, wollte man die Hilfeleistungspflicht erst durch eine Verletzung des Rechtsgutes Leben entstehen lassen.[218]

Aber auch im Rahmen der Beeinträchtigungen der körperlichen Unversehrtheit sowie der Freiheit des Opfers reicht es aus, dass eine unmittelbare, erhebliche Gefährdung dieser Rechtsgüter vorliegt, um die Hilfeleistungspflicht des Hilfsfähigen entstehen zu lassen.

Da es im Rahmen des § 323 c StGB um den Schutz existenziell zur Freiheitsausübung wichtiger Rechtsgüter geht, kann ein solcher Schutz sinnvoll nur gewährleistet sein, wenn schon eine drohende Gefahr für die Rechtsgüter des Opfers abzuwenden ist. Wäre ein Unglücksfall erst bei einer Verletzung der

---

216 RGSt 77, S. 301 (303); OLG Breslau, HRR 1928, Nr. 2240; BGHSt 2, S. 150 f.; 3, S. 65 (66).

217 BGHSt (GrS) 6, S. 147 (152); vgl. auch BGH, NStZ 1985, S. 122.

218 Damit, dass eine Hilfe unter Umständen zu spät kommt, wenn erst eine Verletzung eines Rechtsgutes die Hilfeleistungspflicht entstehen lässt, hat auch der Bundesgerichtshof die Änderung seiner Rechtsprechung erklärt, BGHSt (GrS) 6, S. 147 (152).

körperlichen Unversehrtheit oder Freiheit des Opfers anzunehmen, so wäre das Opfers bereits im Kern seiner Rechtssubjektivität getroffen und zu einer Freiheitsausübung schon nicht mehr in der Lage. Die Vorschrift des § 323 c StGB soll aber gerade bewirken, dass dieser Kernbereich des Opfers möglichst bestehen bleibt, und zwar durch die solidarische Hilfe eines Anderen. Damit es also gar nicht erst zu Verletzungen des Kernbereichs und zum Verlust der persönlichen Freiheitsausübung kommen kann, muss der Schutz des § 323 c StGB derart vorverlagert werden, dass schon erhebliche Gefahren für die körperliche Unversehrtheit oder Freiheit des Opfers die Hilfeleistungspflicht auslösen.[219] Die allgemein übliche und mit der Entscheidung des Großen Senats auch in der Rechtsprechung anerkannte Definition des Unglücksfalles ist daher auch insoweit richtig, als sie davon spricht, dass es sich dabei um ein „plötzliches Ereignis handelt, das *erhebliche Gefahren* für ein Rechtsgut des Opfers hervorruft“[220].

III) Die gemeine Not

Zuletzt bleiben noch die Fälle der „gemeinen Not“ zu betrachten. Zunächst einmal muss auch hier zum Zwecke eines sinnvollen Rechtsgüterschutzes der Eintritt einer unmittelbaren, erheblichen Gefahr für die betroffenen Rechtsgüter ausreichen, um die Hilfeleistungspflicht entstehen zu lassen.

Spendel will für den Begriff der „gemeinen Not“ die Entstehung der Hilfeleistungspflicht darüber hinaus aber noch weiter vorverlagert wissen.[221] Anders als bei dem Begriff der „gemeinen Gefahr“ sei hier auch schon eine „schwere Bedrängnis“ für die Entstehung der Hilfeleistungspflicht ausreichend.[222] Unter Fällen mit einer solchen „Bedrängnis“ versteht er solche, in denen noch nicht unmittelbar eine Gefahr für die betroffenen Rechtsgüter bestehe, sondern bei denen lediglich eine entfernte, latente Gefährdung für bestimmte Rechtsgüter vorhanden sei.[223] Es müsse lediglich die Möglichkeit bestehen, dass es „leicht *nicht nur* zu einer erheblichen unmittelbaren Gefährdung, sondern *auch* zu einer *Schädigung*“ der Rechtsgüter kommen könne.[224]

---

219 Vgl. dazu auch die Beispiele von LK/Spendel, StGB-Komm., § 323 c, Rn. 40 f., die verdeutlichen, dass nur dann, wenn bereits erhebliche Gefahren die Hilfeleistungspflicht auslösen, ein sinnvoller Rechtsgüterschutz möglich ist.

220 So die nunmehr allgemein übliche Definition, vgl. nur LK/Spendel, StGB-Komm., § 323 c, Rn. 42; Tröndle/Fischer (Fischer), StGB-Komm., § 323 c Rn. 2a; Wessels/Hettinger, Strafrecht BT/1, Rn. 1044; Schöne, S. 79; Seelmann, JuS 1995, S. 284.

221 LK/Spendel, StGB-Komm., § 323 c, Rn. 78.

222 Spendel, a.a.O.

223 LK/Spendel, StGB-Komm., § 323 c, Rn. 74, 76.

224 LK/Spendel, StGB-Komm., § 323 c, Rn. 78.

Unabhängig davon, wie schwer es zuweilen sein kann, eine solche latente Gefahr überhaupt auszumachen, wird hier die strafrechtliche Verantwortung des Hilfsfähigen zu weit vorverlagert. Eine strafbewehrte rechtliche Hilfeleistungspflicht kann nur in besonderen Fällen überhaupt legitimiert werden, und zwar dann, wenn es sich um Situationen handelt, in denen das Opfer sich nicht mehr selbst helfen kann, um den Kern seiner persönlichen Freiheitsausübung zu schützen.[225] Bei einer bloß latenten Gefahr für die Rechtsgüter des Opfers ist noch nicht einmal sicher, ob die Rechtsgüter des Opfers tatsächlich in eine unmittelbare Gefahr geraten, aus der sich das Opfer nicht mehr befreien kann. Hier schon eine solidarische Hilfeleistung zu verlangen, ist allenfalls unter moralischen Gesichtspunkten möglich, nicht jedoch mit den Mitteln des Strafrechts.

Die Rechtsgüter müssen sich also auch bei der „gemeinen Not“ in unmittelbarer, erheblicher Gefahr befinden, damit die strafbewehrte rechtliche Pflicht zur solidarischen Hilfeleistung entstehen kann. Aber diese Gefahr reicht auch aus, es muss nicht schon zu einer Schädigung der betroffenen Rechtsgüter gekommen sein.

E) Zusammenfassung des 1. Teils

Eine strafbewehrte Hilfeleistungspflicht ist unter dem Gesichtspunkt des Individualrechtsgüterschutzes legitimierbar, jedoch nur in besonderen Fällen.

Dies liegt zum einen daran, dass es sich bei einer Hilfe für Andere zunächst einmal um eine rein moralische Verpflichtung handelt, die nicht ohne weiteres in den Bereich rechtlicher Pflichten einbezogen werden kann.

Zum anderen liegt dies an der geringeren Verantwortlichkeit des Hilfsfähigen für die Rechtsgüter des Opfers. Diese Verantwortung ergibt sich nicht aus einer speziellen Beziehung des Hilfsfähigen zum Opfer, wie im Rahmen der Garantenverhältnisse, sondern allein aus dem Gedanken der mitmenschlichen Solidarität innerhalb der Gesellschaft.

Eine solche Verantwortung kann nur dann zu einer Rechtspflicht des Hilfeleistens „erstarken“, wenn der Hilfsbedürftige sich in einer Situation befindet, in der der Kern seiner Rechtssubjektivität betroffen ist und er selbst sich aus dieser Gefahr nicht mehr retten kann.

Konnte er sich vor den eingetretenen Gefahren jedoch schützen, etwa durch den Abschluss entsprechender Versicherungen für bestimmte Sachwerte, so kann eine solidarische Hilfeleistung eines Anderen rechtlich nicht verlangt werden. Insoweit bleibt jeder Einzelne für sich selbst verantwortlich. Ein Ein-

225 Vgl. dazu oben, 1. Teil B) III) 4) b) bb).

griff in die Freiheitssphäre des Hilfsfähigen in Form einer Verpflichtung zur Hilfe ist in diesen Fällen nicht möglich.

Eine rechtliche Hilfeleistungspflicht ist daher nur zum Schutz existenziell zur Freiheitsausübung wichtiger Rechtsgüter legitimierbar und damit nur zum Schutz des Lebens, der körperlichen Unversehrtheit sowie der Freiheit.

Verstößt ein zur Hilfe Fähiger gegen diese Pflicht, so kann, wenn der Normverstoß hinreichend gewichtig ist, eine strafrechtliche Reaktion darauf erfolgen. Anhaltspunkte für einen hinreichend gewichtigen Normverstoß können dabei andere gesetzliche Regelungen wie §§ 224, 226, 239 Abs. 3 Nr. 1 StGB geben.

Der bestehende § 323 c StGB wird einer so verstandenen Hilfeleistungspflicht gerecht, da er die Beschränkung auf einige Rechtsgüter sowohl seinem Wortlaut wie seiner systematischen Stellung nach zulässt.
Die Norm ist also über den Aspekt des Individualrechtsgüterschutzes legitimierbar. Sie erfasst Verstöße gegen rechtliche Verhaltensnormen, die das Leben, die körperliche Unversehrtheit sowie die Freiheit schützen und dient so mittelbar[226] dem Schutz dieser Güter.

---

226 Vgl. dazu Freund, Strafrecht AT, § 1, Rn. 9 mit Fn. 11.

2. Teil: Grundsätzliche Überlegungen zur Folgenverantwortlichkeit

Nachdem sich die Vorschrift des § 323 c StGB als durch den Individualrechtsgüterschutz legitimierbar herausgestellt hat, soll sich das Augenmerk nunmehr auf die Frage der Folgenverantwortlichkeit richten.

Dabei fragt es sich zunächst, wie die allgemeine Systematik des Strafgesetzbuches hinsichtlich der Bedeutung von Folgen einer Tat für deren Bewertung aussieht, also inwieweit das Gesetz einen Täter für die Folgen seiner Tat zur Verantwortung zieht.

Neben der bloßen Erläuterung der gesetzlichen Systematik soll diese darüber hinaus auch auf ihre Überzeugungskraft hin überprüft werden. Denn wenn sich herausstellen sollte, dass eine Systematik, bei der die eingetretenen Folgen bei der Bewertung einer Tat eine Rolle spielen, nicht überzeugen kann, so könnte sich die Fragestellung der Arbeit geradezu umdrehen. Nicht mehr die Vereinbarkeit von § 323 c StGB mit dem strafrechtlichen System wäre zu hinterfragen, vielmehr wäre zu fragen, ob § 323 c StGB nicht gerade der Prototyp eines richtig verstandenen gesetzlichen Systems wäre.

A) Die gesetzliche Systematik des Strafgesetzbuches

Die Bedeutung, die der Gesetzgeber den Folgen eines Fehlverhaltens beimisst, zeigt sich im Strafgesetzbuch an mehreren Stellen. Sowohl im Rahmen des Besonderen Teils des Strafgesetzbuches, also bei der Beschreibung der einzelnen Tatbestände, als auch im Allgemeinen Teil des Strafgesetzbuches finden sich Hinweise darauf, wie das Gesetz die Folgen eines Fehlverhaltens in die strafrechtliche Bewertung mit einbezogen wissen will.

I) Die Bedeutung der Folgen eines Fehlverhaltens in den einzelnen Tatbeständen des Besonderen Teils

Die Anerkennung einer Folgenverantwortlichkeit des Täters in der Systematik des Strafgesetzbuches wird besonders deutlich, schaut man sich die Strafdrohungen einiger Delikte an. Bei einer Vielzahl von Delikten erhöht sich die Strafdrohung nämlich gerade dann, wenn das Verhalten des Täters besondere Folgen beim Opfer nach sich gezogen hat. Das Gesetz bewertet also Taten verschieden, je nachdem, ob sie folgenreich oder mehr oder weniger folgenlos geblieben sind.

1) Die erfolgsqualifizierten Delikte des Besonderen Teils des Strafgesetzbuches

Besondere Bedeutung kommt in diesem Zusammenhang den sogenannten erfolgsqualifizierten Delikten zu. Bei diesen erhöht sich die gesetzlich vorgesehene Strafdrohung jeweils dann, wenn durch das im entsprechenden Grundtatbestand beschriebene Verhalten besondere, also die qualifizierenden, Folgen eingetreten sind. Das Verhalten des Täters kann dabei genau das Gleiche sein. Allein der tatsächliche Eintritt der besonderen Folgen zieht die Verschärfung des Strafrahmens nach sich.

Bei einer Körperverletzung etwa sieht das Strafgesetzbuch für eine schwere Körperverletzung i.S. von § 226 Abs.1 StGB, also für den Fall des Eintritts besonderer Folgen wie dem Verlust des Sehvermögens oder des Gehörs des Opfers, eine Strafdrohung von einem Jahr Freiheitsstrafe bis zu fünf Jahren Freiheitsstrafe vor. Für den Fall einer einfachen Körperverletzung i.S. von § 223 Abs. 1 StGB reicht die Strafdrohung dagegen lediglich von Geldstrafe bis zur Freiheitsstrafe von fünf Jahren. Das Gesetz sieht somit die folgenreiche Tat i.S. von § 226 StGB als gewichtiger und damit härter zu bestrafen an als die im Verhältnis dazu mit nur leichten Folgen einhergehende Tat i.S. von § 223 Abs. 1 StGB.

Diese Wertung setzt sich fort, wenn die Körperverletzung sogar den Tod des Opfers nach sich gezogen hat. Gemäß § 227 Abs.1 StGB ist dann nämlich eine Freiheitsstrafe nicht unter drei Jahren zu verhängen. Die unterschiedliche Bewertung der Taten und daher die unterschiedliche Höhe der Strafdrohungen ergibt sich auch hier wieder allein aus der besonderen Folge des Todes des Opfers. Das tatbestandlich relevante Verhalten des Täters kann wiederum genau gleich beschaffen sein; zieht es aber die besondere Folge des Todes nach sich, so wertet das Gesetz die Tat als schwerwiegender.

Das Strafgesetzbuch misst also den tatsächlich eingetretenen Folgen einer Tat im Bereich der erfolgsqualifizierten Delikte eine ganz entscheidende Bedeutung für die Bewertung der Tat zu. Allein der Eintritt besonderer Folgen lässt die Tat erheblicher werden und hat eine zum Teil deutlich höhere Bestrafung des Täters zur Folge. Das Gesetz sieht das Gewicht einer Tat in diesen Fällen also immer dann als gesteigert an, wenn durch das unwertige Verhalten des Täters besondere Folgen auf Seiten des Opfers eintreten, und macht den Täter dafür auch in besonderer Weise verantwortlich.

2) Weitere Beispiele des Besonderen Teils, die die Systematik der Bedeutung der Folgen für die Bewertung einer Tat erkennen lassen

Aber nicht nur die erfolgsqualifizierten Delikte lassen eine gesetzliche Systematik dahingehend erkennen, dass neben dem Fehlverhalten des Täters auch die Folgen dieses Verhaltens bei der Frage, wie der Täter für die Tat verantwortlich gemacht werden kann, eine Rolle spielen.

a) Der Eintritt von Folgen als Bestrafungsvoraussetzung bei den Fahrlässigkeitsdelikten

So hängt bei den Fahrlässigkeitsdelikten gar die gesamte Strafbarkeit einer sorgfaltswidrigen Handlung vom tatsächlichen Eintritt bestimmter Folgen ab. Hier ist der jeweilige tatbestandliche Erfolg zwingende Voraussetzung für eine Bestrafung des Täters. Denn der Täter macht sich wegen der gesetzlichen Ausgestaltung der Fahrlässigkeitsdelikte als Erfolgsdelikte und mangels einer Versuchsstrafbarkeit der Fahrlässigkeitsdelikte nur dann strafbar, wenn sein sorgfaltswidriges Verhalten auch tatsächlich die tatbestandlich umschriebenen Folgen nach sich zieht.

Der Täter einer im Hinblick auf die körperliche Unversehrtheit des Opfers sorgfaltswidrigen Handlung bleibt also solange straffrei[227], wie beim Opfer nicht eine körperliche Misshandlung oder Gesundheitsbeschädigung i.S. von § 229 StGB festgestellt werden kann. Ebenso verhält es sich etwa bei einer fahrlässigen Tötung. Für eine Strafbarkeit des Täters ist der Eintritt des Todes des Opfers zwingend erforderlich.

Im Bereich der Fahrlässigkeitsdelikte hängt daher schon das „Ob“ der Strafbarkeit von dem Eintreten oder Ausbleiben der entsprechenden Folgen ab. Die Wertung des Gesetzes geht hier also so weit, dass nicht nur die Höhe der Strafbarkeit, also das „Wie“ der Bestrafung von den Folgen der Tat beeinflusst wird, wie dies bei den erfolgsqualifizierten Delikten gegenüber den jeweiligen Grundtatbeständen der Fall ist, sondern schon die Frage nach der Strafbarkeit überhaupt. Das Gesetz bewertet ein Verhalten des Täters als *strafrechtlich irrelevant*, wenn es nicht die entsprechenden Folgen nach sich gezogen hat.

---

227 Unbeachtet soll hier eine mögliche Verantwortlichkeit im Rahmen des Ordnungswidrigkeitenrechts bleiben.

b) Die Abhängigkeit der Strafdrohung vom Grad der Verletzung eines Rechtsgutes

Wieder in den Bereich der Frage nach dem „Wie“ der Bestrafung des Täters fallen die Konstellationen, in denen das Gesetz die Strafdrohungen je nach Grad der Verwirklichung der Verletzung eines Rechtsgutes jeweils höher bzw. niedriger ausfallen lässt.

So sieht etwa § 221 Abs. 1 StGB eine Freiheitsstrafe von drei Monaten bis zu fünf Jahren vor, wenn der Täter das Opfer in eine hilflose Lage versetzt bzw. im Stich gelassen hat und das Opfer dadurch in die *Gefahr* des Todes oder einer schweren Gesundheitsschädigung gekommen ist. Tritt der Tod aber tatsächlich ein, so ist der Täter gemäß § 221 Abs. 3 StGB nicht unter drei Jahren zu bestrafen, bei Eintritt der schweren Gesundheitsschädigung sieht das Gesetz eine Strafe von 6 Monaten bis fünf Jahren vor, § 221 Abs. 2 Nr. 2 StGB.

Die Tathandlung kann in all diesen Fällen jedes Mal die gleiche sein, allein die stärkere bzw. weniger starke Intensität der Einwirkung auf das Rechtsgut „Leben“ beziehungsweise „körperliche Unversehrtheit“ beeinflussen die Höhe der Strafdrohung.

An all diesen Beispielen wird deutlich, dass der Gesetzgeber also eine Verantwortlichkeit des Täters für die tatsächlichen Folgen seiner Tat anerkennt und die Tat beim Eintritt von Folgen strenger einstuft, als wenn ein gleiches Verhalten des Täters folgenlos bleibt.

II) Die Folgenverantwortlichkeit im Rahmen der Vorschriften des Allgemeinen Teils des Strafgesetzbuches, insbesondere die Regelungen über die Strafzumessung

Die besondere Bedeutung, die das Strafgesetzbuch den tatsächlichen Folgen einer Tat bei deren Bewertung beimisst, findet sich nicht nur in den einzelnen Tatbeständen des Besonderen Teils des Strafgesetzbuches, sondern auch in den Vorschriften des Allgemeinen Teils.

1) Die Milderungsmöglichkeit des § 23 Abs. 2 i.V.m. § 49 Abs. 1 StGB

Zunächst ist dabei die Möglichkeit der milderen Bestrafung des Versuchsdeliktes gemäß §§ 23 Abs. 2 i.V.m. 49 Abs. 1 StGB zu nennen. Tritt der Erfolg einer Tat nicht ein, bleibt also etwa bei einem vorsätzlichen Tötungsdelikt der Tod des Opfers aus, so kann die Bestrafung des Täters wegen des Ausbleibens des Erfolges gemildert werden.

Hier hat das Ausbleiben der Folgen also konsequenterweise[228] genau andersherum als der Eintritt der besonderen Folgen bei den erfolgsqualifizierten Delikten nicht eine Strafschärfung, sondern eine Strafmilderung zur Folge.

2) Die „verschuldeten Auswirkungen" i.S. von § 46 Abs. 2 Satz 2 StGB

Nicht nur bei der Bestimmung des jeweiligen Strafrahmens sind die Folgen einer Tat von Bedeutung, sondern auch über den eigentlichen tatbestandlichen Bereich hinaus. Denn das Strafgesetzbuch sieht auch für den Bereich der Strafzumessung, und damit bei der Bestimmung der konkreten Strafe des Täters innerhalb des durch den Tatbestand festgelegten Strafrahmens, eine Beachtung der tatsächlich eingetretenen Folgen vor.

§ 46 Abs. 2 Satz 2 StGB spricht ausdrücklich davon, dass die *verschuldeten Auswirkungen der Tat* bei der konkreten Straffindung zu berücksichtigen sind.

Damit geht die Verantwortlichkeit des Täters für die Folgen seiner Tat weiter als bei den bisher dargestellten Beispielen. Nicht nur ausdrücklich in einem Tatbestand benannte Folgen werden relevant für die Bestrafung des Täters, sondern auch darüber hinausgehende.[229] Denn sofern der Tatbestand die Folgen einer Tat selbst umschreibt, sind sie schon vom Tatbestand selbst als relevant für die Strafzumessung bestimmt worden. Sind die Folgen der Tat aber schon durch den Tatbestand selbst als für die Strafzumessung maßgeblich erklärt worden, so können sie wegen des in § 46 Abs. 3 StGB statuierten Doppelverwertungsverbotes in § 46 Abs. 2 Satz 2 StGB nicht mehr gemeint sein. Allein ihre Quantität und Qualität kann hier noch eine Rolle spielen.[230] Diese (tatbestandlichen) Folgen können also mit den „verschuldeten Auswirkungen der Tat" nicht gemeint sein.

Auch solche Folgen aus anderen Tatbeständen, die idealkonkurrierend gegeben sind, können mit den „verschuldeten Auswirkungen der Tat" bei § 46 Abs. 2 Satz 2 StGB nicht gemeint sein, da sie bereits über § 52 StGB in die Strafzumessung einfließen.[231]

---

228 Dazu, dass bei den Erfolgsdelikten eine obligatorische Milderung zu erfolgen hat und die Systematik des Gesetzes trotz der bloß fakultativen Milderungsmöglichkeit in §§ 23 Abs. 2 i.V.m. 49 Abs. 1 StGB konsequent ist, später, 2. Teil D) III) 1).

229 Puppe, FS für Spendel, S. 451. Vgl. auch Bruns, S. 151.

230 LK/Gribbohm, StGB-Komm., § 46, Rn. 146 sowie LK/Hirsch, StGB-Komm., 10. A., § 46 Rn. 51; Bruns, S. 151; Bloy, ZStW 107 (1995), S. 580.

231 Puppe, FS für Spendel, S. 451; Bloy, ZStW 107 (1995), S. 584.

§ 46 Abs. 2 StGB hat also noch andere Folgen der Tat im Blick: Die Vorschrift lässt auch solche Folgen, die für sich genommen im Zusammenhang mit dem pflichtwidrigen Verhalten des Täters keinen gesetzlich vertypten Straftatbestand erfüllen, von Belang für die Bestrafung des Täters werden.[232]

Damit ist an einer ganz zentralen Stelle des Gesetzes, die für die Straffindung im Rahmen *aller* Delikte gilt, die Folgenverantwortlichkeit des Täters in ganz besonderem Maße hervorgehoben und sogar über die tatbestandlich umschriebenen Folgen hinaus erweitert worden.

III) § 323 c StGB als Ausnahme von der gesetzlichen Systematik?

Das Gesetz erkennt also in vielen Bereichen an, dass die tatsächlich eingetretenen Folgen einer Tat sowohl für die Frage *ob* überhaupt eine Straftat vorliegt als auch für die Frage *wie* das Verhalten (nebst Folgen) des Täters zu bestrafen ist, von besonderer Bedeutung sind.

Allerdings scheint das Strafgesetzbuch auch Ausnahmen von dieser Systematik zu kennen.

So sieht § 306 a Abs. 2 StGB etwa die gleiche Strafdrohung (Freiheitsstrafe nicht unter einem Jahr) wie § 306 a Abs. 1 StGB vor, obwohl hier, nachdem der Täter die entsprechenden Räumlichkeiten in Brand gesetzt hat, tatsächlich ein Mensch in die Gefahr einer Gesundheitsbeschädigung gekommen ist.[233] Bei § 306 a Abs. 1 StGB wird lediglich eine generelle Gefährlichkeit der Tathandlung angenommen. Auf die Anwesenheit eines Opfers kommt es dabei überhaupt nicht an.[234] Ob es sich hierbei nur um eine scheinbare Ausnahme von der sonstigen gesetzlichen Systematik handelt, kann hier freilich nicht vertieft werden.

Die zu § 323 c StGB gemachten Aussagen, die davon ausgehen, dass die Folgen einer unterlassenen Hilfeleistung bedeutungslos seien, deuten nun darauf hin, dass diese Vorschrift der vorgestellten Systematik (ebenfalls) nicht entspricht. Denn sie scheinen davon auszugehen, dass den Folgen einer unterlassenen Hilfeleistung noch nicht einmal über die allgemeine strafzumessungsrechtliche Vorschrift des § 46 Abs. 2 Satz 2 StGB Bedeutung zukommen darf.

---

232 Dabei soll zunächst außer Acht bleiben, welche Folgen hier tatsächlich nur in Betracht kommen können, insbesondere in welchem (Zurechnungs-) Zusammenhang sie zur begangenen Normverletzung stehen müssen, vgl. dazu 3. Teil B) I).

233 Zur Problematik des Verhältnisses von § 306 a Abs. 1 und § 306 a Abs. 2 StGB vgl. nur SK/Horn, StGB-Komm., § 306 a, Rn. 23 ff.

234 Wessels/Hettinger, Strafrecht BT/1, Rn. 961/968.

Trotzdem wird die Frage der Folgenverantwortlichkeit bei § 323 c StGB kaum näher beleuchtet und auch die vorgestellten Äußerungen begründen die Feststellung, dass die Folgen hier unbeachtlich seien, nicht. Auch in den Ausführungen bezüglich der Weitergeltung der Vorschrift nach der nationalsozialistischen Herrschaft lässt sich nichts über die Frage der Folgenverantwortlichkeit des Täters im Rahmen von § 323 c StGB finden.

Dennoch kann dieses Problem nicht unberücksichtigt bleiben, da eine solche Abweichung von der Systematik des Gesetzes doch auffällig und näher zu untersuchen sein muss. Eine unterlassene Hilfe kann darüber hinaus teilweise zu erheblichen Folgen bei dem oder den Opfer/n führen, was die Frage nach der Behandlung der Folgen bei der Bewertung der Tat umso wichtiger macht. Eindrucksvoll sind insoweit besonders Fälle, in denen viele Opfer betroffen sind, so der Fall eines Schiffers, der trotz polizeilicher Aufforderung sein Boot nicht herausgegeben hat, so dass 18 hilflos im Wasser treibende Menschen ertranken,[235] oder Fälle in denen aus nichtigen Anlässen die Hilfe verweigert wird, so die Weigerung eines Kutschers, aus Angst vor Beschmutzung seiner Polster eine aus dem Kanal gezogene hilflose Person ins Krankenhaus zu fahren,[236] oder die Weigerung zweier Polizeibeamter, auf Ersuchen einer Passantin einem in der Nähe zusammengebrochenen Mann zu helfen, da sie nicht zuständig seien[237].

Ob bzw. wie sich die teilweise erheblichen Folgen solch eines Unterlassens im Bereich der Bestrafung des Täters auswirken, wird in den Untersuchungen zu § 323 c StGB nach wie vor zumeist vernachlässigt oder nur am Rande behandelt.

Der Wortlaut des § 323 c StGB gibt zur Frage der Bedeutung der Folgen der Tat für die Bestrafung des Täters zunächst nur insoweit Auskunft, als er eine Bestrafung (anders als die Entwürfe aus den Jahren 1913, 1919 oder der Alter-

235 Bsp. nach OLG Darmstadt, DJZ 1901, S. 512, 1. Spalte: bei LK/Spendel, StGB-Komm., § 323 c, Rn. 17; vgl. auch die übrigen Beispiele dort.

236 Bsp. bei Spendel, a.a.O.

237 Vgl. AG Tiergarten, NStZ 1991, S. 236 ff. Das AG hat hier allerdings die Eröffnung des Hauptverfahrens abgelehnt, da eine Verurteilung nicht mit hinreichender Sicherheit zu erwarten gewesen wäre. Es sei nicht sicher gewesen, ob der Hilfsbedürftige noch gelebt habe, als die Beamten um Hilfe gebeten wurden, zu ihren Gunsten sei daher vom Tod des Mannes auszugehen und damit ein Unglücksfall abzulehnen gewesen. Das Gericht geht dabei davon aus, dass es sich bei § 323 c StGB nicht um ein sog. „unechtes Unternehmensdelikt" sondern eher um ein Gefährdungsdelikt handele, bei dem eine Strafbarkeit dann abzulehnen sei, wenn das Opfer bereits tot ist, da dann die für § 323 c StGB erforderliche „Krisensituation" nicht mehr bestehe.

nativentwurf aus dem Jahre 1962[238]) zu ermöglichen scheint, ohne jeglichen Blick auf den Eintritt oder das Ausbleiben möglicher Folgen. Der Eintritt irgendeines tatbestandlichen (Verletzungs-) Erfolges wird nicht verlangt. Allein das Unterlassen der Hilfeleistung selbst reicht aus, um eine Strafbarkeit begründen zu können. Damit wäre für das *Ob* der Strafbarkeit der Eintritt oder das Ausbleiben von Folgen nicht von Bedeutung.

Das allein ist nun nicht ungewöhnlich, da das Gesetz an vielen Stellen die Folgen einer Tat nicht als relevant für die Erfüllung eines Tatbestandes ansieht. Als deutlichstes Beispiel seien insoweit die schlichten Tätigkeitsdelikte genannt, bei denen sich allein aus der Vornahme einer bestimmten Handlung die Strafbarkeit des Täters ergeben kann.

Vergessen werden darf aber nicht, dass nachdem die Frage, „ob" der Täter sich mit einem Verhalten eines im Besonderen Teil des Strafgesetzbuches umschriebenen Deliktes schuldig gemacht hat, stets noch die Frage zu beantworten ist, „wie" er wegen dieses Verhaltens konkret zu bestrafen ist. Wenigstens in diesem Bereich könnten die Folgen einer unterlassenen Hilfeleistung durchaus eine Rolle spielen, schaut man sich nur die für die Strafzumessung *aller* Delikte geltende allgemeine Vorschrift des § 46 StGB an. § 46 Abs. 2 Satz 2 StGB spricht davon, dass die „verschuldeten Auswirkungen der Tat" die Bestimmung der konkreten Strafe mit beeinflussen sollen. Dies könnte auch für eine Bestrafung im Rahmen von § 323 c StGB von Bedeutung sein. Allerdings eben nur dann, wenn die Vorschrift des § 323 c StGB dies auch zulässt, sie also bei der Frage der Strafzumessung anders als auf der tatbestandlichen Ebene den Folgen Bedeutung zukommen lässt. Die eingangs erwähnten Feststellungen[239] scheinen genau dies aber zu leugnen.

Im Folgenden soll daher näher beleuchtet werden, ob ein solches Verständnis der Vorschrift des § 323 c StGB richtig ist oder ob nicht auch im Rahmen einer Strafbarkeit des § 323 c StGB den Folgen der unterlassenen Hilfeleistung jedenfalls im Rahmen der Strafzumessung Bedeutung zukommt.

Dabei stellt sich allerdings zunächst die grundsätzliche Frage, ob die im Gesetz jedenfalls in vielen Bereichen zu findende Systematik der Verantwortlichkeit des Täters für die Folgen seiner Tat überhaupt überzeugen kann. Denn gegen die Beachtung der Folgen bei der Bestrafung einer Tat findet sich schnell jedenfalls ein gewichtiges Bedenken.

Wird der Täter auch für die Folgen seines Verhaltens verantwortlich gemacht, so wird seine strafrechtliche Verantwortlichkeit auch durch von ihm nicht beherrschbare äußere Einflüsse mitbestimmt. Das heißt, dass nicht nur sein

---

238 Vgl. zu den einzelnen Entwürfen oben, 1. Teil A).

239 Vgl. oben, Einleitung.

(selbstbestimmtes und selbststeuerbares) Verhalten, sondern auch davon unabhängige Geschehnisse berücksichtigt werden, deren Eintritt oder Ausbleiben letztlich für den Täter zufällig scheinen. Gerade die schon angesprochenen Fahrlässigkeitsdelikte mit der anschaulichen Alternative Strafbarkeit oder Straffreiheit, da hier ja auch eine Strafbarkeit nach den Versuchsregeln nicht in Betracht kommt, verdeutlichen diese Problematik.

Unternimmt der Täter eine im Hinblick auf das Leben des Opfers sorgfaltswidrige Handlung, hat diese aber etwa deshalb nicht den Tod des Opfers zur Folge, weil zufällig (und vom Täter unbemerkt) ein Dritter in der Nähe ist, der lebensrettende Maßnahmen einleiten kann, so wird der Täter durch diesen für ihn nicht beherrschbaren äußeren Umstand begünstigt und macht sich nicht gemäß § 222 StGB strafbar.

Andererseits kann aber auch der Eintritt des Todes des Opfers auf mehr oder weniger unglückliche Umstände zurückzuführen sein, die dann aber wiederum eine Bestrafung gemäß § 222 StGB nach sich ziehen. So etwa der zugespitzte Fall, dass zwei Personen je einen gleichartigen Unfall herbeiführen und ihre Opfer gleich schwer verletzen, der hilfsfähige Dritte nunmehr aber eine Münze wirft, da er nur einem Opfer helfen kann.[240] Der eine Unfallverursacher, dessen Opfer dank der Hilfe überlebt, entgeht damit einer Strafbarkeit gemäß § 222 StGB, der andere jedoch wird aufgrund dieser für ihn unglücklichen Konstellation nach § 222 StGB zur Verantwortung gezogen.

Gerade bei den zuletzt gezeigten Beispielen tritt die Problematik einer Folgenverantwortlichkeit verschärft zu Tage. Der eine Unfallverursacher wird durch das zufällige Ausbleiben des Todes des Opfers begünstigt, obwohl ihm ein gleich schwerwiegendes Verhalten[241] vorgeworfen werden kann.

Mag eine Strafschärfung wegen eingetretener Folgen jedenfalls dem Empfinden nach noch vorstellbar und richtig sein, so erscheint die Begünstigung des Täters bei gleich schwerwiegendem Verhalten nicht so einfach nachzuvollziehen, wenn nicht gar unerklärlich.[242] Eine solche Konzeption scheint einer bloßen Zufallshaftung Tür und Tor zu öffnen.[243]

Fragwürdig erscheinen in diesem Zusammenhang zudem Fälle, in denen die Folgen einer Tat erst lange nach der Tat überhaupt erkennbar werden. So etwa wenn das Opfer eines sorgfaltswidrigen Verhaltens des Täters erst lange nach der Tat im Krankenhaus verstirbt. Hier herrscht (sowohl für den Täter wie auch für alle von der Tat Betroffenen, aber auch für die Rechtsgemeinschaft

240 Beispiel von Burkhardt, bei Maiwald, S. 77.

241 Im Hinblick auf das zu schützende Rechtsgut „Leben".

242 Vgl. auch die Bedenken von Burkhardt, a.a.O., S. 77.

243 So beispielsweise Zielinski, S. 142, 197, 214 f.; Dornseifer, GS für Kaufmann, S. 439.

insgesamt) über die gesamte Zeit die Unsicherheit, ob es überhaupt zu einer Strafbarkeit – jedenfalls wegen eines Tötungsdeliktes – kommt oder nicht.[244] Dabei ist für den Täter ungewiss, wie seine Zukunft beschaffen sein wird, etwa ob ihm eine erhebliche Strafe in Form einer Haftstrafe droht. Für alle Anderen ist ungewiss, ob das entsprechende Verhalten überhaupt strafrechtliche Konsequenzen nach sich zieht oder ob es von der Strafrechtsordnung als – im Hinblick auf ein Tötungsdelikt – rechtlich nicht relevant eingestuft wird.

Es stellt sich deshalb die Frage, ob die vom Strafgesetzbuch verfolgte Systematik nicht zweifelhaft, wenn nicht gar verfehlt ist. Gerade die weite Einbeziehung von nahezu jeglichen Auswirkungen einer Tat[245] im Rahmen des § 46 Abs. 2 Satz 2 StGB scheint doch mehr und mehr Zufälligkeiten zu provozieren. Diese Zufälligkeiten werden letztlich dem Täter zugerechnet (oder sie begünstigen ihn), obwohl sie von ihm sämtlich unmittelbar nicht beherrschbar scheinen.

B) Kollision mit dem Schuldprinzip als Bedenken gegen die gesetzliche Systematik der Folgenverantwortlichkeit

Das entscheidende Argument gegen die Systematik des Strafgesetzbuches, die bei der Bestrafung des Täters auch die Folgen der Tat Einfluss gewinnen lässt, könnte der soeben angesprochene Einwand einer sich daraus ergebenden Zufallshaftung sein.

Das Eintreten oder Ausbleiben der Folgen einer Tat ist zumeist tatsächlich von vielfältigen Umständen abhängig, die der Täter nicht beeinflussen kann. Erkennt man nun aber dennoch die Folgen als bedeutsam für die Bewertung der Tat an, könnte sich daraus tatsächlich eine Kollision mit dem Schuldprinzip als leitender Maxime des Strafrechts ergeben. Denn das Schuldprinzip besagt gerade, dass der Täter nur dafür verantwortlich gemacht werden darf, wofür er sich persönlich frei und selbstbestimmt entscheiden konnte. Das heißt, ihm kann nur insoweit ein strafrechtlicher Vorwurf gemacht werden, wie er sich bei der Wahl zwischen verschiedenen ihm zur Verfügung stehenden Verhaltensmöglichkeiten gerade für die entschieden hat, die rechtlich missbilligt wird. Der (zurechnungsfähige/schuldfähige) Täter kann damit also nur für solche Vorgänge verantwortlich gemacht werden, die er auch anders hätte bestimmen

244 Bei einer vorsätzlichen Tötung stellt sich insoweit jedenfalls die Frage nach einer Versuchs- bzw. einer Vollendungsstrafe.

245 Zu beachten ist allerdings, dass die Folgen noch immer im Schutzbereich der betroffenen Norm liegen müssen, Frisch, ZStW 99 (1987), S. 754; ders. GA 1993, S. 344 f.; vgl. dazu unten, 3. Teil B) I).

können.[246] Hergeleitet wird dieses Prinzip aus dem Verständnis des Menschen als einem freiverantwortlich handelnden Wesen, das in der Lage ist, selbstbestimmt Entscheidungen zu treffen, insbesondere auch die, zwischen Recht und Unrecht wählen zu können.[247] Seine Freiheit nimmt der Mensch wahr, indem er die ihm in einer bestimmten Situation zur Verfügung stehenden Verhaltensmöglichkeiten überdenkt, sich für eine entscheidet und sein Verhalten an dieser Entscheidung ausrichtet.

Die dem selbstgewählten Verhalten des Menschen nachfolgenden äußeren Ereignisse kann er nun aber nicht in dem gleichen Maße bestimmen, wie die Wahl eines bestimmten Verhaltens. Nach dem „Abschluss" seines Verhaltens erlangen vielmehr auch äußere Einflüsse und Gegebenheiten Bedeutung, die er möglicherweise nicht einmal überblickt hat. Zu denken ist dabei nur an das – zwar überspitzte, das Problem aber gut verdeutlichende – oben[248] genannte Beispiel des Werfens einer Münze durch den zur Rettung eines von zwei Opfern fähigen Dritten.

Wenn der Eintritt oder Nichteintritt bestimmter Folgen aber nach vollständigem Vollzug des frei gewählten Verhaltens nicht mehr vom steuernden verantwortlichen Ich des Täters, sondern von anderen Instanzen (Handeln Dritter, Natureinflüsse usw.) abhängig ist, die sich der Macht des Täters entziehen, so stellt sich die Frage, wie er dafür – gemessen am Schuldprinzip – überhaupt verantwortlich gemacht werden kann.[249]

C) Die Konzeption einer Unrechtslehre ohne Folgenverantwortlichkeit – Die monistisch-subjektive Theorie

Die Gegner einer Verantwortlichkeit des Täters auch für die Folgen seiner Tat greifen die Problematik der Kollision mit dem Schuldprinzip denn auch auf und stützen ihre Ablehnung einer Folgenverantwortlichkeit gerade auf das Bestehen dieser Kollision.
Besonders verwiesen sei hier auf Zielinski[250], der sich mit der Problematik der Folgenverantwortlichkeit im Rahmen seiner Untersuchung über den Inhalt des strafrechtlichen Unrechtsbegriffes[251] ausführlich auseinander gesetzt hat.

246 BGHSt 2, S. 194 (200); BVerfGE 20, S. 323 (331); Sch/Sch/Lenckner, Vorbem. § 13, Rn. 103/104; LK/Jescheck, Vor § 13, Rn. 73; Mylonopoulos, S. 71.
247 BGHSt 2, S. 194 (200)
248 2. Teil A) III).
249 Dencker, GS für Kaufmann, S. 445.
250 Zielinski, Handlungs- und Erfolgsunwert im Unrechtsbegriff.
251 Bezogen auf die Erfolgsdelikte.

I) Das Handlungsunrecht als alleiniger Bestandteil des Unrechts

Im Rahmen seiner sog. monistisch-subjektiven Unrechtslehre[252] kommt Zielinski zu dem Schluss, dass der Erfolg einer Tat, sollte er für das „Ob“ und das „Wie“ einer Strafe Bedeutung erlangen, als unzulässige schuldunabhängige Bestrafungsvoraussetzung angesehen werden müsste.[253] Ein solches Verständnis dürfte daher keinen Bestand haben.

Seiner Ansicht nach liegen nämlich Inhalt und Umfang der Schuld schon in dem Moment voll vor, in dem der eigentlich verbotene Akt beendet ist. Alles Dahinterliegende könne für das Schuldurteil gar keine Bedeutung mehr erlangen.[254] Verbotener Akt im Sinne strafrechtlichen Unrechts sei aber *allein* das verwirklichte sogenannte Handlungsunrecht:

„Unrecht ist jedes Delikt, d.h. jede entgegen einem zur Pflicht konkretisierten Verbot vorgenommene bzw. entgegen einem zur Pflicht konkretisierten Gebot unterlassene finale Handlung.“[255]

Mangels jeglicher Brücke zwischen diesem finalen Akt und einem eingetretenen oder ausgebliebenen Erfolg könne der Erfolg keine das Unrecht mitbestimmende Funktion haben.[256] Vielmehr würde gerade dessen Anerkenntnis als Element des strafrechtlichen Unrechts dem Sinn einer Verhaltensordnung, wie sie das Strafrecht darstellen soll, entgegenwirken. Denn die Regeln einer solchen Ordnung sollten wenigstens potenziell dazu in der Lage sein, die Rechtsgenossen zu motivieren, ihr Verhalten anhand dieser Ordnung auszurichten, d.h. sich normgemäß zu verhalten.

Nach Ansicht Zielinskis würde aber eine Anerkennung des Erfolges als Unrechtselement eine solche Motivation gerade nicht bewirken können. Das Recht würde dann nämlich an Situationen anknüpfen, die der Täter nicht erkennen und überschauen könne. Damit könne es dem Täter auch nicht einsichtig (weil letztlich tatsächlich gar nicht machbar) sein, sein Verhalten so auszurichten, dass unerwünschte Erfolge nicht (zufällig) einträten bzw. ausblieben.[257]

---

252 Befürworter dieser Lehre sind im Grundsatz auch Freund, Strafrecht AT, § 8, Rn. 56 f; Dornseifer, GS für Kaufmann, S. 435.

253 Zielinski, S.146 f.

254 Ders., S. 146.

255 Ders., S. 141; die gleiche Ansicht findet sich auch bei SK/Horn, StGB-Komm., § 46, Rn. 47.

256 Dieses Verständnis vom Mangel jeglichen Zusammenhangs zwischen Fehlverhalten und Fehlverhaltensfolgen findet jedoch nicht bei allen Befürwortern der monistischen Lehre Anerkennung. So sieht Freund, Strafrecht AT, § 8, Rn. 12, durchaus einen spezifischen Bezug zwischen Fehlverhalten und Fehlverhaltensfolgen.

257 Zielinski, S. 142 f.

Die Schuld eines Täters knüpfe nun aber gerade an seiner Motivation an. D.h. ihm werde hier vorgeworfen, dass er sich nicht der Norm gemäß, sondern zu einem unwertigen Verhalten habe motivieren lassen. Wenn der Erfolg aber eine Motivation gerade nicht bewirken könne, so könne er damit auch keine Bedeutung für die Schuld des Täters erlangen.[258] Da aber eine unmittelbare Relation zwischen Schuld und Unrecht bestehe, da jede Schuld Unrecht voraussetze,[259] könne ihm damit ebenso wenig Bedeutung für den Bereich des Unrechts zukommen.

Denn wenn der Erfolg nicht in der Lage sei, eine motivierende und schulderhöhende Funktion zu übernehmen, so könne er auch keine erhöhende Wirkung für das Unrecht hervorrufen, da erhöhtes Unrecht auch erhöhte Schuld indiziere.[260] Eine Erhöhung des Unrechts durch den Erfolg, ohne dass eine Erhöhung der Schuld dadurch überhaupt möglich sei, sei in einem auf Relation von Unrecht und Schuld ausgerichteten Strafrecht nicht möglich.

II) Exkurs: Die traditionellen Lehren

Diese Argumentation der fehlenden Motivationswirkung des Erfolges findet sich auch schon im Rahmen der Diskussion über die traditionellen Unrechtslehren wieder, die gerade wegen ihrer alleinigen Ausrichtung auf die Folgen einer Tat statt auf das Verhalten des Täters deutlichen Widerspruch erfahren haben.

1) Die klassische und neoklassische Lehre

Das klassische Unrechtsverständnis ging davon aus, dass allein der sogenannte Erfolgsunwert entscheidend für das strafrechtliche Unrecht sei.

Der Tatbestand galt als eine rein äußerliche Beschreibung eines Geschehens ohne jedes Werturteil.[261] Die Rechtswidrigkeit einer Tat wurde als formeller Verstoß gegen eine Rechtsnorm aufgefasst, das Unrecht damit ebenfalls rein formal,[262] als *Verletzung rechtlich geschützter Interessen* betrachtet.[263] Der

---

258 Ders., S. 146.
259 Ders., S. 145.
260 Zielinski, S. 148.
261 Beling, S. 147.
262 So auch Kratzsch, S. 88; Jescheck-Weigend, Strafrecht AT, S. 206.
263 v. Liszt, S. 119.

Blick richtete sich also stets auf das Opfer und die Auswirkungen der Tat auf das Opfer.

Sämtliche subjektiven Merkmale einer Tat wurden der Schuld zugewiesen.[264]

Zwar erfuhr dieses klassische Unrechtsverständnis bald entscheidende Umbildungen, es entstand eine als „neoklassisch" bezeichnete[265] Lehre, die die vom Strafrecht verfolgten Zwecke und dem Recht zugrundeliegenden Wertvorstellungen mit in den Blick nahm. Dies führte dazu, dass sich ein teleologischer Unrechtsbegriff bildete, der das Unrecht in seiner Sozialschädlichkeit bewertete.[266] Die Rechtswidrigkeit wurde damit nicht mehr rein formell betrachtet, sondern materiell ausgefüllt. Der Blick blieb dabei aber noch immer auf die Auswirkungen der Tat auf den Verletzten gerichtet.

Der Verletzte und seine Interessen galten weiterhin als Angelpunkt des ganzen Rechts,[267] so dass eine Beurteilung des Unrechts auch weiterhin nur aus diesem Blickwinkel erfolgte.

Die „neoklassische" Lehre erweiterte die Kategorie des strafrechtlichen Unrechts zwar um subjektive Elemente[268] und nahm damit auch Aspekte des Täterverhaltens mit in den Blick. Dennoch wurde das Hauptaugenmerk weiter auf den Verletzten gelegt. Die Aufgabe des Rechts sei es nun einmal, ein äußerlich geordnetes Zusammenleben in der Gesellschaft zu gewährleisten, was zweckmäßigerweise auch eine Orientierung allen Rechts an objektiven Gesichtspunkten nach sich ziehen müsse.[269] Ein übertriebener Subjektivismus wurde als für die „Eigenart und Klarheit des Aufbaus des Rechts" störend empfunden.[270] Insbesondere wurde eine Konfundierung von Unrecht und Schuld befürchtet, deren Trennung doch als gesicherte Erkenntnis der Wissenschaft galt.[271]

---

264 Beling, S. 178/180; Nowakowski, ZStW 63 (1951), S. 326: „Das Recht bewertet nicht nur das äußere, sondern auch das innere Geschehen. Jene Bewertung betrifft die Rechtswidrigkeit, diese die Schuld."

265 Jescheck-Weigend, Strafrecht AT, S. 204; Kratzsch, S. 87.

266 v. Liszt-Schmidt, S. 6, S. 176: „... antisoziale Bedeutung des Unrechts..."; Kohlrausch-Lange, Syst. Vorb., III 2), S.15.

267 Mezger, GS 89, S. 249.

268 Mezger, a.a.O.; anders jedoch nach wie vor Nowakowski, a.a.O., mit seiner extrem objektiven Ansicht.

269 Mezger, GS 89, S. 242 (Beginn der Zweckmäßigkeitsüberlegungen S. 241); vgl. auch Würtenberger, S. 59.

270 Mezger, a.a.O.; auch Kohlrausch-Lange halten die Unterscheidung von Handlungs- und Erfolgsunwert als gefährlich für die Einheit der Rechtsordnung, Syst. Vorb., III 1), S. 13/14.

271 Würtenberger, der sich gegen Bestrebungen der personalen Unrechtslehre wendet, die die Schuld dem Unrecht zuzählen wollen, S. 51, 57.

Diese Lehre erkannte somit zwar durchaus subjektive Unrechtselemente an, erkannte ihnen aber für die Bewertung des Unrechts ebenso wenig wie die traditionelle Lehre eine Rolle zu.

Der Unrechtsvorwurf wurde weiterhin allein in der Verletzung menschlicher Interessen erblickt[272] und damit im sogenannten Erfolgsunwert[273]. Die Handlung des Täters wurde dagegen lediglich als „gewillkürtes Verhalten des Verbrechers zur Außenwelt“ und zwar als „Veränderung der Außenwelt“ bedeutsam.[274]

Unrecht war damit „Widerspruch gegen das Recht als Bewertungsnorm, Veränderung eines rechtlich gebilligten bzw. Herbeiführung eines rechtlich mißbilligten Zustandes, nicht rechtlich mißbilligte Veränderung eines Zustandes.“[275]

Im Rahmen dieser Unrechtskonzeption kommt den Folgen einer Tat entscheidende Bedeutung zu. Das Ausmaß etwa des konkret verschuldeten Personen- oder Sachschadens ist der entscheidende Anknüpfungspunkt bei der Bestimmung des vom Täter verwirklichten Unrechts und somit bei der Suche nach der angemessenen Bestrafung.

2) Bedenken gegen die klassische und die neoklassische Lehre

Von entscheidender Bedeutung für die Ablehnung der klassischen wie der neoklassischen Lehre ist die auch bei Zielinski zu findende Erkenntnis, dass das Recht bestimmte Erfolge nicht einfach ver- oder gebieten kann, sondern es sich im Rahmen von Rechtsnormen um das Ver- oder Gebot eines bestimmten Verhaltens handeln muss.[276]

Denn das Recht dient, wie richtigerweise auch die neoklassische Lehre schon bemerkte, dem Zweck eines geordneten sozialen Zusammenlebens. Die Interessenkonflikte, die bei der Ausübung der Freiheit der einzelnen Bürger entstehen, sollen für alle bestmöglich gelöst werden.[277] Diese Aufgabe kann eine Rechtsordnung aber nur erfüllen, wenn sie auch in der Lage ist, die

---

272 Mezger, GS 89, S. 248.

273 Dieser Begriff geht auf Welzel, ZStW 58 (1939), S. 524: Sachverhaltsunwert = Erfolgsunwert, zurück.

274 v. Liszt-Schmidt, S. 143; ähnlich auch Nowakowski, ZStW 63 (1951), S. 312.

275 Mezger, GS 89, S. 245/246.

276 Stratenwerth, FS für Schaffstein, S. 182.

277 So das traditionelle, an der Philosophie Kants orientierte Verständnis des Strafrechts: „Recht ist der Inbegriff der Bedingungen, unter denen die Willkür des einen mit der Willkür des anderen nach einem allgemeinen Gesetz der Freiheit zusammen vereinigt werden kann“, Metaphysik, S. 31. Dazu bereits bei der Frage der Einbeziehung von Moralpflichten in ein System strafrechtlicher Pflichten, 1. Teil B) I).

Rechtsgenossen in der hierfür erforderlichen Weise zu motivieren, d.h. sie dazu anzuhalten, rechtlich geschützte Interessen zu beachten, einzuhalten und zu sichern.[278]

Eine solche Motivation kann aber nur erfolgen, wenn die Rechtsordnung auf Verhaltensweisen einwirkt, denn genau diese liegen im menschlichen Einflussbereich.[279] Erreicht werden kann eine Motivation zu normgemäßem Verhalten dadurch, dass Appelle an handlungs- und steuerungsfähige Menschen gesendet werden.[280] Diese Handlungs- und Steuerungsfähigkeit zeichnet den Menschen ja gerade aus. Sie ermöglicht es ihm auf der einen Seite, seine Freiheit zu gebrauchen, auf der anderen Seite aber eben auch, sich durch Appelle beeinflussen zu lassen, die Freiheit anderer nicht zu verletzen. Die Vorschriften des Rechts sind damit zunächst als Bestimmungsnormen zu verstehen, die als Imperative motivierend auf den Rechtsgenossen wirken sollen, was durch die dazugehörigen Sanktionsanordnungen unterstützt werden soll.[281]

Allein mit einem Ver- oder Gebot bestimmter Erfolge, wie dies die traditionelle Lehre versuchte, kann eine solche Motivation zur Rechtstreue aber gerade nicht erreicht werden. Ein sinnvoller Rechtsgüterschutz ist dadurch nicht möglich. Denn „wie sollen die Rechtsnormen ihre Motivationsaufgabe wahrnehmen können, wenn erst der Eintritt des Erfolges, der aus der Sicht des Täters zum Zeitpunkt der Tat nicht sicher zu prognostizieren ist, und in diesem Sinne „Zufall“ ist, die Rechtswidrigkeit begründen?“[282] Eine solche Ansicht verführt vielmehr dazu, beim Handlungsvollzug darauf zu hoffen, der das Unrecht tragende Erfolg werde durch einen glücklichen Zufall ausbleiben. Damit wird aber die Befolgungsbereitschaft der Normen gerade nicht gestärkt, sondern geschwächt.[283]

Dem Verhalten kann somit im Gegensatz zu den klassischen Lehren nicht bloß eine Bedeutung als „gewillkürtem Verhalten“ zukommen, sondern es muss *die* entscheidende Komponente bei der Aufstellung von Rechtsnormen und der Bewertung einer Tat anhand dieser Rechtsnormen sein. Das Verhalten muss in seiner ganzen Dimension als vom Menschen beeinflussbar und auf ein Ziel hin

---

278 Dornseifer, GS für Kaufmann, S. 434.

279 Kratzsch, S. 89.

280 Dornseifer, a.a.O. In diesem Sinne auch Mir Puig, GS für Kaufmann, S. 263.

281 Gallas, FS für Bockelmann, S. 158.

282 Schünemann, FS für Schaffstein, S. 174; wobei dieser Einwand vielfach gegen jegliche Einbeziehung des Erfolges bei der Bewertung strafrechtlichen Unrechts vorgebracht wird und damit einer dualistischen Unrechtskonzeption, bei der neben dem Handlungsunrecht auch ein Erfolgsunrecht als Bestandteil des strafrechtlichen Unrechts anerkannt wird, ebenfalls widersprechen könnte, dagegen aber Schünemann, a.a.O., S. 174.

283 Dornseifer, GS für Kaufmann, S. 438, der als Konsequenz den Erfolg generell aus dem Unrechtsbereich ausschließt.

steuerbar erkannt werden[284] und wesentlicher Anknüpfungspunkt strafrechtlicher Normen sein.

Damit ist auch ein Wechsel in der Blickrichtung bei der Beurteilung einer Tat vollzogen: weg vom Verletzten, den die traditionelle Lehre in den Vordergrund stellte, hin zum Täter und seinem Verhalten.

III) Die Argumente der monistisch-subjektiven Theorie

Zielinski führt diese Argumentation nun konsequent fort und kommt dazu, das vom Täter verwirklichte Unrecht allein in dessen Verhalten zu erblicken und dem Erfolg[285] der Tat für das strafrechtliche Unrecht keinerlei Bedeutung beizumessen. Die mangelnde Brücke zwischen Verhalten und Erfolg führe dazu, dass eine Motivationswirkung einer Norm immer schon dann nicht mehr gegeben sein könne, wenn der Erfolg für die Bemessung des Unrechts – auch neben dem Verhalten – von irgendeiner Bedeutung sei.[286]

Die Folgen einer Tat haben im Rahmen der monistisch-subjektiven Lehre nur in einer einzigen Beziehung Einfluss auf die strafrechtliche Bewertung einer Tat.

Ohne einen Erfolgsunwert, auf den ein Verhalten gerichtet ist, kann nach dieser Lehre auch ein Handlungsunwert nicht möglich sein. Denn das Verhalten erhalte seinen Wert oder Unwert nicht aus sich selbst heraus, sondern aus seiner Bezogenheit auf ein Ziel.[287]

Die tatsächlichen Folgen einer Tat sind danach für den Bereich des Unrechts ohne jegliche Bedeutung; Bedeutung erlangen immer nur die vom Täter mit seinem Verhalten *angestrebten* Folgen.

Dass ein Verhaltensunwert nicht aus sich selbst heraus seinen Wert oder Unwert erhält, dies ergibt sich für Zielinski aus dem Aufbau des Normensystems und dem diesem zu Grunde liegenden Wertesystem. Durch dieses würden bestimmte Rechtsgüter als „werthaft“ festgelegt, was für die weitere Bewertung eines Verhaltens den Maßstab abgebe.

---

284 Insbesondere der Begriff der Finalität des Verhaltens macht dies deutlich, vgl. Gallas, FS für Bockelmann, S. 156.

285 Unter „Erfolg“ sind hier immer die tatsächlich eingetretenen Folgen zu verstehen; Zielinski untersucht den Begriff des Unrechts anhand der Erfolgsdelikte, bei denen als „Erfolg“ immer der Eintritt des tatbestandlich umschriebenen Erfolges in Form etwa einer tatsächlich eingetretenen Körperverletzung, des Todes oder ähnlichem, also der Eintritt tatsächlicher Folgen gemeint ist.

286 Zielinski, S. 142 f.

287 Zielinski, S. 124.

So gebe es zunächst primäre Werturteile über konkrete Gegenstände und Zustände im sozialen Raum, in denen sich Rechtsgüter wie Leib, Leben oder Eigentum konkretisierten, die Rechtsgutsobjekte. Störungen oder Beeinträchtigungen solcher Rechtsgutsobjekte, die Rechtsgutsverletzungen, würden dementsprechend als nicht „werthaft" und damit negativ beurteilt.[288]

Daraus folgten dann sekundäre Werturteile über die menschlichen Akte, die die Gegenstände des primären Werturteils realisierten. Danach würden dann gerade solche Verhaltensweisen negativ bewertet, die darauf *gerichtet* seien, positiv bewertete Zustände bzw. Rechtsgutsobjekte zu beeinträchtigen und etwa eingetretene negativ bewertete Störungen zu erhalten.[289]

Der so gefundene Handlungsunwert besteht nach Zielinski also allein aus der *Intention* des wertwidrigen Erfolges. Zwar könne ein Verhalten (zufällig) ohne Erfolg bleiben, die unwertbegründende Intention bliebe aber dennoch bestehen.[290] Dabei komme es nicht einmal auf eine irgendwie geartete Gefährlichkeit des Verhaltens des Täters an. Eine solche „Erfolgsfähigkeit/Erfolgsmächtigkeit", wie Zielinski sie nennt, sei ebenfalls nicht von Bedeutung.[291] Denn schon sie entbehre jeden Bezuges zur handelnden Person.[292]

Allein die Wahrnehmung und Vorstellung des Täters ist für die monistisch-subjektive Lehre entscheidend, d.h. für das Vorliegen strafrechtlichen Unrechts reicht es bereits aus, dass der Täter lediglich annimmt, die Handlungsmodalitäten und das Handlungsobjekt, also die Tatbestandsmerkmale, lägen vor, auch wenn dies tatsächlich nicht der Fall ist. Denn nur auf die sich in der eigenen Wahrnehmung und Vorstellung des Täters widerspiegelnde Wirklichkeit kann der Täter handelnd einwirken und nur zu solchem Handeln kann der menschliche Wille nach dem Verständnis der monistisch-subjektiven Lehre durch Rechtsnormen auch veranlasst werden.[293]

Prototyp des strafrechtlichen Unrechts ist in Zielinskis Konzeption damit der beendete Versuch,[294] und zwar schon in Form des untauglichen beendeten Versuchs.[295] In diesem Stadium ist bereits der die Rechtsgutsverletzung intendie-

---

288 Ders,. S. 123
289 Zielinski, S. 123 f.
290 Zielinski, S. 124.
291 Zielinski, S. 139.
292 Insoweit anders Freund: „...eben doch nicht blanker Zufall, sondern eine spezifische Folge des Fehlverhaltens und damit seinerseits störende Manifestation des Verhaltensnormbruches in der Außenwelt", Strafrecht AT, § 8, Rn. 12.
293 Zielinski, S. 144.
294 So auch Freund, Strafrecht AT, § 8, Rn. 11 ff.; Dornseifer, GS für Kaufmann, S. 438 f.
295 So auch die Interpretation von Gallas, FS für Bockelmann, S. 159 sowie Stratenwerth, FS für Schaffstein, S. 192.

rende finale Akt voll zur Ausführung gelangt, womit nach dieser Lehre strafrechtliches Unrecht voll begründet ist.[296] Die tatsächlichen Folgen der Tat spielen dann für die Bestimmung des Unrechtsgehaltes der Tat keine Rolle mehr.

Auch für den Bereich der Unterlassungsdelikte gilt das soeben Beschriebene. Die Tauglichkeit des Verhaltens i.S. einer Erfolgsmächtigkeit kann nach Ansicht Zielinskis auch hier nicht sinnvoller Bestandteil der Verbotsmaterie sein, da sie auf ein außerhalb des Verhaltens liegendes Zufallsmoment abstelle.[297] Daher hätten auch die Gebote nur die Erreichung finaler Handlungen zum Gegenstand, die einen positiven Erfolg *intendierten*. Im Übrigen sollen die Folgen eines Unterlassens auch hier im Bereich des Unrechts außer Betracht bleiben.

IV) Die Folgen der Tat als Kriterium des Strafbedürfnisses

Die tatsächlichen Folgen einer Tat sind aber dennoch auch im Rahmen der monistisch-subjektiven Lehre Zielinskis nicht ganz außer Acht zu lassen. Der Erfolg einer Tat kann auch bei diesem Unrechtsverständnis sowohl bei den Ver- als auch bei den Geboten beachtlich sein, nämlich unabhängig von Unrecht und Schuld, insoweit als objektive Bedingung der Strafbarkeit.[298] Hier, außerhalb von Unrecht und Schuld, trägt das Argument der fehlenden Motivationswirkung und damit die Problematik einer Kollision mit dem Schuldprinzip nicht mehr, so dass eine Beachtung der tatsächlichen Folgen bei der Bewertung einer Tat durchaus möglich wird.[299]

Nach Ansicht Zielinskis kann es aus Gründen des Strafbedürfnisses in einigen Fällen nötig sein, den Erfolg einer Tat als entscheidendes Kriterium bei der Beurteilung der Strafbarkeit des Täters heranzuziehen. Denn auch wenn der Täter ein missbilligtes Verhalten gezeigt habe, so hieße das noch nicht, dass er auch stets zu bestrafen sei. Es könnten Gründe gegeben sein, die es angeraten erscheinen ließen, gerade dann von einer Bestrafung abzusehen, wenn das Verhalten keine Folgen nach sich gezogen habe. Insoweit sei dann kein Strafbe

---

296 Zielinski, S. 144.

297 Zielinski, S. 196.

298 So auch Freund, Strafrecht AT, § 8, Rn. 56 f.; Dornseifer, GS für Kaufmann, S. 435.

299 Damit ist jedoch noch nichts darüber gesagt, ob eine Einbeziehung der Folgen in die Bewertung einer Tat auch sachlich legitimierbar ist. Dazu unten, 2. Teil, E).

dürfnis zu erkennen.[300] Die Folgen einer Tat, bzw. in diesem Fall das Ausbleiben der Folgen einer Tat können damit also schon entscheidend dafür sein, ob der Täter überhaupt strafrechtlich für sein Verhalten zur Verantwortung gezogen wird.

Allerdings betont Zielinski, dass in diesem Zusammenhang immer daran gedacht werden müsse, dass der Eintritt eines Erfolges eines missbilligten Verhaltens zumeist gerade ein Indiz für das Vorliegen eines Strafbedürfnisses sein könne. Zum einen, da der Erfolg einer Tat in spezifischer Weise die Erfahrbarkeit begangenen Unrechts vermittele.[301] So könne der Eintritt bestimmter, möglicherweise besonders schwerwiegender Folgen eine besondere Erschütterung des Rechtsfriedens hervorrufen, der doch gerade durch das Gesetz erhalten werden solle.[302]
Zum anderen sei der Eintritt eines Erfolges vielfach überhaupt erst ein (und oft auch das gewichtigste[303]) Indiz dafür, dass eine Unrechtshandlung vorgenommen wurde. Durch den Eintritt von Folgen sei das missbilligte Verhalten oft leichter beweisbar und ermittelbar.[304]

Damit kommt in der Konzeption Zielinskis den Folgen einer Tat zwar für den Bereich des Unrechts keine Bedeutung zu, jedoch beeinflussen sie die Überlegungen zur jeweiligen Vorschrift hinsichtlich der Frage, wann ein Bedürfnis besteht, das Verhalten des Täters zu sanktionieren. Sie werden also im Rahmen von generalpräventiven Überlegungen bedeutsam, wenn es darum geht zu überlegen, inwieweit die Rechtsordnung gegen ein solches Verhalten zu verteidigen ist.[305]

V) Auswirkungen für die Strafzumessung

Die Konsequenzen des Unrechtsverständnisses der monistisch-subjektiven Lehre werden auch im Bereich der Strafzumessung und damit bei der Festlegung der konkreten Strafe für eine Tat deutlich.

---

300 Zielinski, S. 205 f.; in Fn. 22 äußert sich Zielinski zur Bedeutung der Begriffe „Strafwürdigkeit“ und „Strafbedürftigkeit“. Zum Begriff der Strafwürdigkeit vgl. auch Langer, S. 327 ff., 360 ff. Strafwürdig ist seiner Ansicht nach ein Verhalten dann, wenn es einen „gemeinschaftszerstörenden Angriff auf die Grundlagen des gedeihlichen Zusammenlebens“ darstellt, S. 275.

301 Zielinski, S. 208.

302 Ders., S. 207.

303 Anmerkung der Verfasserin.

304 Zielinski, S. 210/211.

305 Ders., S. 214.

1) Der Zusammenhang zwischen Straftatsystem und Strafzumessungssystem

Die Strafzumessung dient ganz allgemein dazu, eine schuldangemessene Strafe für die Tat des Täters zu finden. Dabei orientiert sie sich zunächst an dem durch den Täter *verschuldeten Unrecht*. Haben die Folgen einer Tat aber für das *Unrecht* keine Bedeutung, so können sie auch bei der Suche nach der konkreten Strafe jedenfalls anhand des Kriteriums des verschuldeten *Unrechts* keine Bedeutung erlangen.

Das Straftatsystem mit den Kategorien Unrecht und Schuld (sowie den davon unabhängigen Kategorien, wie etwa objektive Bedingungen der Strafbarkeit) und das Strafzumessungssystem stehen nämlich nicht losgelöst voneinander, sondern die Strafzumessung ist quasi die „Fortführung" der im Straftatsystem enthaltenen Aspekte.[306] Freilich geht es dabei nicht mehr um das „Ob" des Vorliegens von Unrecht und Schuld, sondern darum, wie schwer solches Unrecht, solche Schuld wiegt.[307] Die Strafzumessung muss also die unterschiedlichen Ausprägungen des Unrechts, seine verschiedenen Graduierungen erfassen können, und zwar innerhalb des von der betroffenen Norm festgelegten Strafrahmens.

Das führt nun nicht zu einer gänzlich anderen Unrechtskonzeption gegenüber der des Straftatsystems, sondern allein die Fragestellung ändert sich. Die Systeme stehen nicht eigenständig nebeneinander, sondern bauen aufeinander auf.

Auch wenn im Strafzumessungssystem zusätzliche Aspekte in den Blick kommen – wie die verschiedenen Strafzwecke, das Nachtatverhalten, etwa eingetretene Folgen für den Täter und anderes[308] – ist zunächst eine (quantitative) Einordnung des Unrechts von Bedeutung, das durch das Straftatsystem seine Beschreibung gefunden hat. Nur so kann eine schuldangemessene Strafe gefunden werden, da die Schuld eben vom Unrecht mitbestimmt wird.[309]

Hier wird nun deutlich, dass verschiedene Konzeptionen einer Unrechtslehre gerade im Bereich der Strafzumessung besondere Bedeutung erlangen. Die vielfältigen Überlegungen um die richtige Definition des Unrechtsbegriffs werden im Rahmen der Strafzumessung damit praktisch.[310]

---

306 Vgl. hierzu die ausführliche Begründung von Frisch, GA 1993, S. 113 ff.; ergänzend Freund, GA 1999, S. 526 ff.

307 Maihofer, FS für Henkel, S. 81 f.; Frisch, GA 1993, S. 12.

308 Vgl. die weitere Aufzählung bei Frisch, GA 1993, S. 13.

309 Vgl. Wolter, S. 42: Die Untersuchung von Handlungs-, (...) und Erfolgsunwerten bei der Unrechtsbegründung (...) dient vornehmlich der Vorbereitung und Grundlegung einer rationalen Strafzumessung.

310 Maiwald, S. 65.

2) Strafzumessung anhand des Kriteriums des verschuldeten Unrechts in der Konzeption Zielinskis

Auch Zielinski hat die Auswirkungen seiner Lehre für den Bereich der Strafzumessung aufgezeigt. Dabei ist er konsequenterweise zu dem Ergebnis gelangt, dass auch im Rahmen der konkreten Straffindung den Folgen der Tat, jedenfalls über den Aspekt des verschuldeten Unrechts, keine Bedeutung zukommen dürfe.[311]

Für die Strafzumessung sei ebenfalls nur die intendierte Rechtsgutsverletzung, nicht eine wirklich eingetretene Folge von Bedeutung.[312] Denn das Recht ist nach Ansicht Zielinskis ja eben nur durch die Missachtung des Verbots/Gebots des in Frage stehenden Verhaltens und nicht durch den – zufälligen – Erfolgseintritt verletzt. Nur gegen diese Missachtung sei die Rechtsordnung zu verteidigen[313] und nur dagegen könne sie auch verteidigt werden, da dem Erfolg einer Tat eben keine motivierende Wirkung zur Normeinhaltung innewohne.

Somit kommt es auch bei der Strafzumessung nicht darauf an, welche Gefährlichkeit oder Bedrohung dem Verhalten tatsächlich innegewohnt hat,[314] und auch nicht darauf, welche Folgen durch das Verhalten hervorgerufen worden sind.

Für Zielinski bedeutet dies etwa, dass der beendete Versuch als der Prototyp strafrechtlichen Unrechts im Strafmaß dem vollendeten Delikt gleichgestellt werden müsse. Eine Strafmilderungsmöglichkeit gegenüber dem vollendeten Delikt komme nicht in Frage[315], denn der strafrechtlich verbotene Akt sei eben mit dem beendeten Versuch voll zur Ausführung gelangt. In der Konzeption Zielinskis stellt der beendete Versuch ja das eigentliche vollendete Delikt dar. Allein dem unbeendeten Versuch bleibt danach eine Strafmilderung vorbehalten,[316] weil hier der Handlungsvollzug nicht zur vollen Ausführung gelangt ist.

Allgemein ist für die Quantifizierung des verschuldeten Unrechts im Rahmen der Strafzumessung jeweils allein der vom Täter *intendierte* Erfolg maßgeblich. Allein dieser kann je nach Grad der angestrebten Verletzung oder Gefährdung unterschiedliche Bewertungen im Bereich der Straffindung nach sich ziehen.[317]

---

311 Zielinski, S. 215.

312 So auch SK/Horn, StGB-Komm., § 46, Rn. 46 f.

313 Zielinski, a.a.O.

314 Die Erfolgsfähigkeit/-mächtigkeit ist ja gerade nicht von Belang.

315 So auch die Einschätzung von Mylonopoulos, S. 56.

316 Zielinski sieht eine Scheidelinie zwischen beendetem und unbeendetem Versuch, S. 144; ebenso Kaufmann, ZStW 80 (1968), S. 51 f.

317 SK/Horn, StGB-Komm., § 46, Rn. 47.

Die *tatsächlich* eingetretenen Folgen sind in ihrer Qualität oder Quantität jedoch auch im Bereich der Strafzumessung keine Anhaltspunkte für die Bestimmung der konkreten Strafe anhand des verschuldeten *Unrechts*.

3) Der generalpräventive Zweck der Folgenberücksichtigung bei der Strafzumessung

Allerdings sind die tatsächlichen Folgen einer Tat in der Konzeption Zielinskis auch im Rahmen der Strafzumessung wiederum nicht ganz außer Acht zu lassen. Als Kriterium des Strafbedürfnisses können sie auch hier in die Bewertung einer Tat mit einfließen.

Dies geschieht nach dem Verständnis Zielinskis über die in der Strafzumessung mit zu beachtenden Strafzwecke, die bei der Bewertung einer Tat innerhalb eines gesetzten Strafrahmens auch zu einer je nach Fall höheren oder niedrigeren Bestrafung des Täters führen können.

Da die tatsächlichen Folgen Einfluss auf die Bewährung bzw. Verteidigung der Rechtsordnung zeigten und dies gerade den Strafzweck der Generalprävention berühre, könnten sie über den Aspekt der Generalprävention in die Strafzumessung mit einfließen.[318]

Ob eine Strafe verhängt werden solle, aber auch *wie viel*[319] im Rahmen der Schuld des Täters möglich sei, hänge eben auch vom Bestehen eines Strafbedürfnisses ab, gemessen an den verschiedenen Strafzwecken.[320] Zwar sei zunächst allein das Maß der Schuld (bzw. des verschuldeten Unrechts) ausschlaggebend für die Höhe der Strafe. Sei damit aber festgelegt, wie viel Strafe maximal verhängt werden dürfe, so erfolge im Rahmen des nach der Schuld höchstzulässigen Strafmaßes die Bestimmung der genauen Strafe auch anhand von Strafzwecküberlegungen. Bei diesen erhielten dann die tatsächlichen Folgen der Tat über den schon angesprochenen generalpräventiven Aspekt Bedeutung für die Strafzumessung.

VI) Die monistisch subjektive Lehre und das Strafgesetzbuch[321]

Mit der Anerkennung der Folgen einer Tat jedenfalls als Kriterium des Strafbedürfnisses befindet sich die monistisch-subjektive Lehre auch mit der bereits

318 Zielinski, S. 214.
319 Hervorhebung durch Verfasserin.
320 Zielinski, a.a.O.
321 Es sollen hier nicht alle Konsequenzen aufgezeigt werden. Die Arbeit beansprucht insoweit keine Vollständigkeit.

vorgestellten Systematik des Strafgesetzbuches zumindest in weiten Teilen in Einklang.

So kann die Abhängigkeit einer Strafbarkeit im Rahmen der Fahrlässigkeitsdelikte vom Eintritt des tatbestandlichen Erfolges eben mit Gründen des Strafbedürfnisses erklärt werden.[322] Auch hier liegt das Unrecht nach dem Verständnis der monistisch-subjektiven Lehre allein in der sorgfaltswidrigen Handlung, der Erfolg der Tat hat für das Unrecht keine Bedeutung.[323] Aber nur bei seinem Eintritt besteht auch das gesetzlich anerkannte Bedürfnis, die sorgfaltswidrige Handlung als Straftat zu ahnden.

Andere gesetzliche Regelungen dagegen bedürfen einer genaueren Betrachtung, um das System Zielinskis mit ihnen in Einklang zu bringen.
Vielfach wird die Regelung des § 23 II i.V.m. §§ 22, 49 Abs. 1 StGB so verstanden, dass sie aus Sicht der monistischen Lehre keine geglückte Norm sein könne. Insoweit soll vielmehr eine Regelung, die für den unbeendeten Versuch eine Milderungsmöglichkeit vorsieht, eine dem Unrechtsverständnis der monistisch-subjektiven Lehre angemessene Regelung darstellen.[324]
Der beendete (untaugliche) Versuch ist ja bei diesem Verständnis gerade der Prototyp des strafrechtlichen Unrechts und wiegt daher im Unrechtsvorwurf nicht weniger schwer als ein vollendetes Delikt.
Eine Milderungsmöglichkeit kann, wie bereits angesprochen, nur für den unbeendeten Versuch in Frage kommen, da das Verhalten des Täters hier noch nicht den von ihm vorgesehenen und beeinflussbaren Abschluss gefunden hat. Damit ist auch das von ihm begangene Unrecht geringer zu bewerten als solches, bei dem das Verhalten zum Abschluss gelangt ist.
In Anlehnung an die im Strafgesetzbuch enthaltenen Deliktsgruppen ist damit der beendete (untaugliche) Versuch quasi das „vollendete“ Delikt, der unbeendete Versuch dagegen das „Versuchsdelikt“ in der Konzeption Zielinskis. Beim ersten ist das Unrecht voll verwirklicht, beim zweiten dagegen fehlt zur vollständigen Unrechtsverwirklichung noch etwas, da das Verhalten des Täters nicht zum Abschluss gekommen ist.

---

322 Nicht unproblematisch sind dabei jedoch die im Gesetz enthaltenen Strafdrohungen. Es ist fraglich, ob diese tatsächlich noch tatangemessen sind, wenn die Strafdrohung sich allein am Handlungsunwert zu bemessen hat. Insbesondere der Vergleich zu den bestehenden abstrakten Gefährdungsdelikten, die ja ebenfalls Vertypungen allein sorgfaltswidrigen Verhaltens sind, gibt hier zu denken. Vgl. dazu näher Hirsch, ZStW 94 (1982), S. 256.

323 Zielinski, S. 191.

324 Kaufmann, ZStW 80 (1968), S. 52 f.

Zielinski versteht denn auch die im (damaligen) § 44 StGB vorgesehene Milderungsmöglichkeit des Versuchs als obligatorische, ausschließlich für den unbeendeten Versuch vorgesehene Regelung.[325]

Dennoch könnte auch eine Regelung wie § 23 i.V.m. §§ 22, 49 Abs. 1 StGB in einem nach dem Verständnis der monistischen Lehre konzipierten Strafgesetzbuch Bestand haben. Denn auch hier kann eine Strafmilderung beim Fehlen von bestimmten Folgen aus Gründen des Strafbedürfnisses zu einer Strafmilderung führen, auch wenn das Handlungsunrecht voll verwirklicht ist.

Die Einbeziehung erfolgsqualifizierter Delikte in ein der monistischen Lehre entsprechendes System kann ebenso mit Gründen des Strafbedürfnisses erklärt werden.[326]

Problematisch dagegen scheint die Vorschrift des § 46 Abs. 2 Satz 2 StGB, sofern sie die verschuldeten Auswirkungen der Tat als für die Strafzumessung relevant erklärt. Nicht nur, dass das Merkmal des Verschuldens bei einem Verständnis der Folgen als außerhalb von Unrecht und Schuld stehend nicht von Bedeutung sein kann. Im Zusammenspiel mit § 46 Abs. 1 Satz 1 StGB soll die Regelung nach allgemein üblicher Deutung überdies zeigen, dass hier das Strafgesetzbuch den Folgen einer Tat gerade eine Bedeutung für den Bereich des *Unrechts* beimisst. Denn § 46 Abs. 1 Satz 1 StGB beziehe sich nicht bloß auf die Schuld des Täters, vielmehr sei hiermit das verschuldete Unrecht gemeint,[327] und § 46 Abs. 2 Satz 2 sei lediglich als (unvollständige) katalogisierte Form der nach § 46 Abs. 1 StGB zu berücksichtigenden Aspekte zu verstehen.[328] Damit werde zugleich deutlich, dass das Gesetz selbst hier die Folgen einer Tat als *unrechts*relevant versteht. Gerade dies soll bei der Konzeption Zielinskis jedoch nicht der Fall sein.

Aber es ist fraglich, ob die allgemein übliche Deutung des § 46 Abs. 2 Satz 2 StGB überhaupt die einzig mögliche Deutung ist. Es ließe sich jedenfalls überlegen, ob nicht § 46 Abs. 2 Satz 2 StGB auch eine Regelung sein könnte, die für die Fälle, in denen dies aus Gründen des *Strafbedürfnisses* nötig ist, eine Einbeziehung von Folgen in die Bestrafung des Täters ermöglichen soll. Der Wortlaut jedenfalls schließt eine solche Deutung nicht aus. Er spricht nämlich ausdrücklich nicht davon, dass das „verschuldete Unrecht" Anknüpfungspunkt für die Bestrafung und die verschuldeten Auswirkungen damit Bestandteil des *Unrechts* sein sollen.

325 Zielinski, S. 217.
326 Zielinski, S. 217.
327 So die allgemein übliche Deutung, vgl. nur LK/Gribbohm, StGB-Komm., § 46, Rn. 9.
328 LK/Gribbohm, StGB-Komm., § 46 Rn.74; Sch/Sch/Stree, StGB-Komm., § 46, Rn. 52.

VII) Die unterlassene Hilfeleistung in der Konzeption Zielinskis

Führt man sich im Zusammenhang mit der monistisch-subjektiven Lehre die eingangs erwähnten Aussagen noch einmal vor Augen, die davon sprechen, dass die Folgen einer unterlassenen Hilfeleistung weder den Unrechtsgehalt der Tat noch die Schuldfrage[329] berührten, so könnte man meinen, darin genau die von Zielinski vertretene Ansicht wiederzufinden, die den Folgen einer Tat tatsächlich für den Unrechts- und Schuldbereich keine Bedeutung beimisst. Allerdings handelt es sich bei den hinter den vorgestellten Äußerungen zu § 323 c StGB Stehenden nicht um Vertreter der monistisch-subjektiven Lehre. Wäre dies der Fall, wären die Aussagen durchaus verständlich. So aber muss sich die Richtigkeit der Aussagen erst noch erweisen.

In der Konzeption Zielinski könnte die unterlassene Hilfeleistung ohne weiteres einen Platz finden. Sie erfordert ihrem Wortlaut nach nicht, dass für die Strafbarkeit der Eintritt eines Erfolges vonnöten ist. Allein die Nichthilfe bei Unglücksfällen, gemeiner Gefahr oder Not reicht aus, um eine Strafbarkeit im Sinne der Vorschrift zu begründen.[330] Für das „Ob" der Strafbarkeit spielen daher mögliche Folgen einer unterlassenen Hilfeleistung keine Rolle,[331] allein der Handlungsunwert ist hier gesetzlich umschrieben. Damit bestehen keine Schwierigkeiten, die Vorschrift in eine monistische Unrechtskonzeption zu integrieren.

Inwieweit im Rahmen der Strafzumessung die Folgen einer unterlassenen Hilfeleistung über den Aspekt des Strafbedürfnisses Bedeutung erlangen können, kann ohne weiteres nicht beantwortet werden. Dazu muss der genaue Inhalt der Norm erst noch untersucht werden.[332]

D) Die dualistische Unrechtslehre

Der monistisch-subjektiven Lehre gegenüber steht eine dualistische Unrechtskonzeption.

---

329 Vgl. oben, Einleitung. Mit „Schuldfrage" ist hier die Relevanz der Folgen für den Schuldspruch gemeint.

330 Selbstverständlich müssen auch die weiteren tatbestandlichen Merkmale vorliegen, sowie die Rechtswidrigkeit und die Schuld.

331 Aber auch wenn, wie dies teilweise über den Wortlaut hinaus und entgegen der oben vorgestellten Aussagen zu § 323 c StGB angenommen wird, für das Vorliegen einer Strafbarkeit ein Erfolg im Sinne einer objektiven Bedingung der Strafbarkeit zu fordern sei (so Blindauer, S. 35), könnte dies aus Gründen des Strafbedürfnisses auch im Sinne der monistisch-subjektiven Lehre sein.

332 Dazu unten, 4. Teil A).

I) Darstellung und Argumente innerhalb der dualistischen Unrechtslehre

Die dualistische Unrechtslehre geht grundsätzlich von den gleichen Erwägungen wie Zielinski aus, wenn es darum geht, dass das Recht den Einzelnen zu normgemäßem Verhalten motivieren können muss, und dass daher auf jeden Fall das Verhalten des Täters von entscheidender Bedeutung für das strafrechtliche Unrecht sein muss.

Sie sieht im Gegensatz zur monistisch-subjektiven Lehre eine Kollision mit dem Schuldprinzip aber nicht gegeben, wenn dem Täter daneben auch die tatsächlichen Folgen seiner Tat vorgeworfen werden.

Anders als die monistisch-subjektive Lehre versteht sie das Unrecht daher zweidimensional. Es bestehe nicht allein aus dem Verhaltensunwert, vielmehr gehöre auch der Erfolg zum vom Täter verwirklichten Unrecht.[333]

Begründet wird dies damit, dass der Erfolg eben nicht nur rein zufällig neben dem Verhalten stehe, sondern dass es durchaus einen Zusammenhang zwischen Verhalten und Erfolg gebe.[334] Denn auch wenn der Täter den Erfolg im letzten Moment vielleicht nicht beherrschen könne, so sei doch nicht jeder Zusammenhang mit seinem Verhalten zu leugnen.[335]

II) Bestehen einer Verbindung zwischen Fehlverhalten und Fehlverhaltensfolgen

Richtigerweise erkennt diese Ansicht, dass ein Zusammenhang zwischen dem Fehlverhalten des Täters und den Verhaltensfolgen besteht. Denn wenigstens ist

---

333 Gallas, FS für Bockelmann, S. 155 ff.; Stratenwerth, FS für Schaffstein, S. 177 ff.; Maiwald, S. 64 ff.; Würtenberger, S. 47 ff.; Krauß, ZStW 76 (1964), S. 19 ff. Unbeachtet sollen hier die unterschiedlichen Ausgestaltungen dieser Lehre dahingehend bleiben, wie sie Erfolgs- und Handlungsunwert gegeneinander abgrenzen: Einmal wird der Handlungsunwert wie von der monistisch-subjektiven Lehre auch als reiner Intentionsunwert verstanden, einmal werden ihm darüber hinaus auch objektive Merkmale zugeordnet. Vgl. hierzu die Darstellung bei Gallas, FS für Bockelmann, S. 155 ff.; für eine Einbeziehung des vom Vorsatz umfassten tatbestandlichen Erfolges in das Handlungsunrecht: Hirsch, ZStW 94 (1982), S. 248.

334 Stratenwerth, FS für Schaffstein, S. 183 f. Gegen das Zufallsargument auch Wolter, Bottke, Wieacker, Kreuzer, Maiwald, bei Maiwald, S. 75; Freund, Erfolgsdelikt und Unterlassen, S. 101.

335 Überdies merkt Jakobs, Strafrecht AT, 6/73, zurecht an, dass das angesprochene Zufallsmoment auch darüber entscheiden kann, ob eine (auch für Zielinski in der Regel straflose) Vorbereitungshandlung überhaupt bis zum Versuchsbeginn (und damit zum unbeendeten Versuch als Prototyp strafrechtlichen Unrechts nach der monistischen Lehre) gelangen kann.

der Täter für die Situation verantwortlich, die den Eintritt oder das Ausbleiben bestimmter Folgen erst ermöglicht. Diese Situation entsteht ja gerade erst aufgrund des vom Täter eigenverantwortlich vorgenommenen Verhaltens. Daher kann nicht davon gesprochen werden, dass es keinerlei Brücke zwischen Fehlverhalten und Fehlverhaltensfolgen gebe,[336] wie dies Zielinski tut.[337] Vielmehr schließt sich der Erfolgsunwert als Realisierung des mit dem Verhalten des Täters verbundenen Risikos einer Rechtsgutsverletzung oder –gefährdung an den Verhaltensunwert an.[338]

Ist nun aber ein Zusammenhang zwischen Verhalten und Erfolg erkennbar, so ist eine Kollision mit dem Schuldprinzip nicht mehr vorhanden. Denn dem Täter wird nur etwas vorgeworfen, was er auch selbst anders hätte bestimmen können. Hätte er sich anders verhalten, wäre auch nicht eine Situation eingetreten, in der die spezifischen Folgen eintreten (oder ausbleiben) konnten. Dem Täter war es nicht nur möglich, das Unrecht des sorgfaltswidrigen Verhaltens einzusehen, sondern auch die sich daraus ergebenden Möglichkeiten, wie den Eintritt eines entsprechenden Erfolgsunwertes.[339] Er hätte sich daher motivieren können, sein normwidriges Verhalten zu unterlassen und damit auch die drohenden Folgen zu vermeiden.[340]

Nach Ansicht der dualistischen Lehre folgt daraus, dass das vom Täter verwirklichte Unrecht nicht nur durch sein Verhalten bestimmt wird, sondern auch durch die sich daraus ergebenden Folgen.

Das bedeutet jedoch nicht, dass sämtliche Delikte nun eines Erfolges in Form einer Rechtsgutsverletzung oder Rechtsgutsgefährdung bedürfen.[341] Primäres

336 Stratenwerth, a.a.O. Dies sieht im Übrigen auch Freund, Strafrecht AT, § 8, Rn. 12 so, der dennoch zur monistischen Lehre tendiert. Vgl. auch Freund, Strafrecht AT, § 2, Rn. 60 f., wo Zweifel an einer Gleichbehandlung von folgenlosem und folgenreichem Verhalten angemeldet werden.

337 Vgl. oben, 2. Teil C) III).

338 Hirsch, ZStW 94 (1982), S. 254 f.

339 Hirsch, a.a.O., S. 255.

340 Hirsch, a.a.O.; s. auch Freund, Erfolgsdelikt und Unterlassen, S. 101.

341 Es muss also nicht stets ein den materiellen Gehalt der Tat beeinflussendes Erfolgsunrecht gegeben sein. Etwas anderes gilt hingegen, wenn man den Erfolgsunwert formal betrachtet. Ein solcher ist stets für die Deliktsbegehung gefordert. Damit ist gemeint, dass bei den Erfolgsdelikten zur Strafbarkeit des Täters (nach dem vollendeten Delikt) der Eintritt des tatbestandlichen Erfolges zwingend notwendig ist. Für eine Versuchsstrafbarkeit ist ein Erfolg i.S. jedenfalls eines Handlungsvollzuges erforderlich. Bei schlichten Tätigkeitsdelikten etwa ist ebenfalls ein formeller Erfolg und zwar in Form der Vollendung des Handlungsvollzuges für die Bestrafung aus dem vollendeten Delikt erforderlich. Vgl. dazu Roxin, Strafrecht AT, § 10, Rn. 88. Ein solch formaler Erfolg ist daher für jedes Delikt auffindbar und notwendig. Dieser formale Erfolgs-

Element des strafrechtlichen Unrechts ist stets auch hier das Verhaltensunrecht, ohne das strafrechtliches Unrecht niemals gegeben sein kann.[342] Denn wie schon gesehen, muss der Bezug des strafrechtlichen Unrechts zum Verhalten des Täters stets vorliegen. Erwächst daneben aber aus dem Verhalten auch ein unwertiger Erfolg, so soll dieser nach Ansicht der dualistischen Lehre den Unrechtsvorwurf mitbestimmen.

III) Die dualistische Lehre und das Strafgesetzbuch[343]

Die dualistische Lehre steht mit dem Strafgesetzbuch in weiten Teilen in Einklang.

So lässt sich die Abhängigkeit der Fahrlässigkeitsdelikte vom Eintritt eines Erfolges damit erklären, dass hier eben erst der durch den Eintritt des Erfolges gesteigerte Unrechtsgehalt eine Strafbarkeit ermöglicht.

1) Die fakultative Milderung der §§ 23 Abs. 2, 22, 49 Abs. 1 StGB

Auch die Vorschriften bezüglich des Versuchsdeliktes lassen sich mit dieser Konzeption ohne weiteres erklären. Denn wie schon erwähnt ist es ja nicht so, dass der Erfolg unbedingte Voraussetzung für das Vorliegen strafrechtlichen Unrechts ist. Sein Fehlen bedeutet nicht gleichzeitig das Fehlen strafrechtlichen Unrechts. Zwingender Bestandteil ist insoweit allein der Verhaltensunwert, da ohne einen Verhaltensnormverstoß durch ein menschlich gesteuertes Verhalten ein Strafrecht, das den Menschen zu normgemäßem Verhalten motivieren soll, nicht möglich ist. Dagegen muss ein (materieller) Erfolg der Tat nicht unbedingt gegeben sein.

Problematisch erscheint hier allerdings die bloß fakultative Milderungsmöglichkeit im Rahmen der Versuchsbestrafung gemäß §§ 23 Abs. 2, 22, 49 Abs. 1 StGB. Denn wird der Erfolg als Kriterium des Unrechts anerkannt, so scheint eine obligatorische Milderung beim Versuch erforderlich zu sein. So wie der Eintritt des Erfolges nämlich auf der einen Seite das Unrecht erhöht, so

---

begriff sagt aber nichts darüber aus, inwieweit auch der materielle Gehalt einer Tat durch einen Erfolg beeinflusst wird, Frisch, FS für Spendel, S. 397 f.

342 „Es gibt keine Unrechtstatbestände, die allein auf die Verursachung eines Erfolges abstellen.(...) Die systematische Bedeutung des Handlungsunwertes geht insofern über die des Erfolgsunwertes hinaus, als sich das Unrecht einzelner Tatbestände allein als Handlungsunwert darstellt." Krauß, ZStW 76 (1964), S. 66. So auch Langer, S. 282. Vgl. auch Freund, GA 1999, S. 527: grundlegende Voraussetzung sei das „tatbestandsspezifische personale Fehlverhalten" sowie ders., AT, § 2, Rn. 8 ff., 43 ff.

343 Es sollen hier nur einige Aspekte herausgestellt werden, eine umfassende Würdigung soll hier nicht geleistet werden.

müsste sein Ausbleiben bei den Versuchsdelikten doch zwangsläufig eine geringere Strafe nach sich ziehen.[344]

Diese Einschätzung ist insbesondere für die Erfolgsdelikte auch zutreffend. Die Strafrahmenmilderung will die geringere Strafwürdigkeit einer Tat im Verhältnis zu der mit dem Normalstrafrahmen versehenen Tat berücksichtigen, die gerade dadurch entsteht, dass die Tat nur im Versuch stecken bleibt.[345] Eine Milderung ist daher immer dann vorzunehmen, wenn Elemente der vollendeten Tat fehlen, die „die Rechtfertigung der Ahndung aus dem Strafrahmen für die vollendete Tat entscheidend mittragen."[346]
Bei den Erfolgsdelikten ist der Erfolg im bestehenden Strafgesetzbuch neben dem Verhalten das entscheidende, den Strafrahmen mitbestimmende Element. Er hat einen eigenständigen Unwertgehalt, der neben dem Verhaltensunwert für die Bestimmung des Strafrahmens des entsprechenden Erfolgsdelikts eine entscheidende Rolle spielt[347] und daher die entsprechende Strafe mit rechtfertigt[348]. Dem Täter wird hier nicht nur sein missbilligtes Verhalten vorgeworfen, sondern zusätzlich noch der sich daraus in der Wirklichkeit ergebende schadensträchtige Verlauf.[349] Bei dem bloßen Versuch eines Erfolgsdelikts fehlt nun stets dieses mitbestimmende Element (die Vollendung scheitert ja gerade am Ausbleiben des Erfolges), so dass hier tatsächlich prinzipiell eine Strafrahmenverschiebung im Sinne des § 49 Abs.1 StGB zu erfolgen hat.[350]

Die im Gesetz vorgesehene bloß fakultative Milderungsmöglichkeit der §§ 23 Abs. 2, 22, 49 Abs. 1 StGB ließe sich aber trotzdem erklären, nämlich dann, wenn sich Fälle finden ließen, in denen der Unwert einer Tat durch den Erfolg gerade nicht in der beschriebenen Weise beeinflusst wird. Das ist dann der Fall, wenn der Handlungsunwert allein geeignet ist, das „volle" strafrechtliche Unrecht zu verwirklichen, das Ausbleiben des Erfolges insoweit also keine Minderung des Unrechtsvorwurfs bewirkt. Solche Fälle gibt es durchaus, geht man von den klassischen Erfolgsdelikten weg und fasst auch die übrigen Deliktsgruppen ins Auge. Denn auch für diese gilt die Regelung der Milderungsmöglichkeit beim Vorliegen eines Versuchsdeliktes, was vielfach

---

344 Diese Linie verfolgt nach der Einschätzung Krümpelmanns, S. 103, auch die Rechtsprechung, die die fakultative Milderung tatsächlich wie eine obligatorische behandeln soll.

345 Frisch, FS für Spendel, S. 389.

346 Frisch, FS für Spendel, S. 394.

347 Frisch, a.a.O., S. 396. Vgl. auch Freund, GA 1999, S. 510, der von einem zusätzlichen Vorwurfsgegenstand bei den Erfolgsdelikten spricht.

348 Frisch, a.a.O., S. 395, zum Defizit im Bereich der Rechtfertigungsbasis der Strafe bei fehlender Vollendung bei bestimmten Delikten.

349 Freund, Strafrecht AT, § 2, Rn. 46 f.

350 Frisch, a.a.O., S. 401.

wohl aus dem Blick gerät, wenn darüber diskutiert wird, ob nicht die Einführung einer obligatorischen Milderung nötig sei.[351]

Jenseits der Erfolgsdelikte finden sich Deliktsarten, insbesondere etwa die reinen Tätigkeitsdelikte, abstrakten Gefährdungsdelikte oder die erfolgskupierten Delikte,[352] bei denen eine Milderung für den Versuch nicht allein durch das Ausbleiben der Vollendung erforderlich wird. Denn bei diesen Delikten spielt für die Frage, ob der Täter nach den entsprechenden Delikten bestraft werden kann, ein Erfolg eben keine entscheidende Rolle. Er ist nicht als gesondertes unwertiges Element von Bedeutung. Vielmehr ist die Vollendung bei diesen Delikten durch das Gesetz rein technisch festgelegt, ohne noch einen zusätzlichen materialen Unwertgehalt mitzubringen.[353] Hier ist also der Erfolg allein in seiner schon oben angesprochenen formalen Rolle[354] gemeint.[355] Daher kann auch allein durch das Ausbleiben der Vollendung kein wichtiges Element der den Strafrahmen mittragenden Überlegungen fehlen, was eine Milderung erforderlich machen würde. Der Unwert dieser Taten bestimmt sich vielmehr schwerpunktmäßig durch das Verhalten des Täters, so dass alle weiteren Überlegungen bezüglich des Ausbleibens des Erfolgs innerhalb des Normalstrafrahmens zu erledigen sind und keine Strafrahmenverschiebung nach sich ziehen.

Bei den reinen Tätigkeitsdelikten fällt die Tatbestandserfüllung, die hier den formellen Erfolg darstellt, mit dem letzten Handlungsakt zusammen. In dem Moment, in dem der Täter alles zur Erfolgsherbeiführung Erforderliche getan hat, also im Moment des beendeten Versuchs, sind diese Delikte vollendet. Schon darin liegt schwerpunktmäßig der dem Delikt innewohnende Unwert.[356]

Auch bei den abstrakten Gefährdungsdelikten liegt der Schwerpunkt des Vorwurfs, der bei der Bestimmung des Strafrahmens von maßgeblicher Bedeutung ist, in der Vornahme der gefährlichen Handlung. Die typische Gefährlichkeit der Handlung ist hier der überwiegende Anlass für die Strafbarkeit des entsprechenden Verhaltens[357] und damit entscheidender Anknüpfungspunkt des Strafrahmens.

---

351 Vgl. etwa Hirsch, ZStW 94 (1982), S. 249, dort auch Fn. 124, der allerdings die fakultative Milderung für richtig hält, diese jedoch mit Extremfällen aus dem Bereich der Erfolgsdelikte erklärt, indem er für einige Fälle des beendeten Versuchs eine ebenso schwere Strafe für angemessen hält wie bei gelungener Erfolgsverwirklichung.

352 Frisch, a.a.O., S. 403.

353 Frisch, a.a.O., S. 397 f. vgl. auch die dort aufgeführten Beispiele.

354 2. Teil D) II), Fn. 341.

355 Vgl. dazu auch Jakobs, Strafrecht AT, 25/1g.

356 Roxin, Strafrecht AT, § 10, Rn. 103.

357 Vgl. Roxin, Strafrecht AT, § 10, Rn. 123.

Bei den erfolgskupierten Delikten handelt es sich um Delikte mit einer sogenannten „überschießenden Innentendenz“.[358] Dabei muss die subjektive Intention des Täters über den objektiven Tatbestand hinaus auf einen weiteren Erfolg gerichtet sein. Der Eintritt dieses Erfolges ist für die Vollendung der Tat aber nicht erforderlich. Vielmehr ist auch hier der Unwertgehalt der Tat schwerpunktmäßig schon mit dem auf diesen Erfolg hinzielenden *Verhalten* des Täters begründet.[359] Bei der Festlegung der Strafrahmen dieser Delikte war der (weitere) Erfolg für die Bestimmung des materialen Unwertgehaltes daher als eigenständiger Erfolgsunwert ebenfalls nicht von entscheidender Bedeutung.

Als Beispiel sei hier § 242 StGB genannt, bei dem die dauerhafte Enteignung lediglich beabsichtigt und gerade nicht eingetreten sein muss. Schon in der Wegnahme der Sache mit Zueignungsabsicht liegt hier schwerpunktmäßig der Unrechtsvorwurf. Die Gefahr der dauernden Enteignung ist damit schon hinreichend begründet, so dass es auf ihren tatsächlichen Eintritt für die Vollendung nicht mehr entscheidend ankommt. Dieselbe Gefahr der dauernden Enteignung kann jedoch auch in formellen Versuchsfällen gegeben sein. Dann wäre eine Rahmenmilderung verfehlt.

Im Rahmen der reinen Tätigkeitsdelikte und abstrakten Erfolgsdelikte kann also auch im Falle eines bloßen Versuchs durchaus der Normalstrafrahmen der entsprechenden Delikte zur Anwendung kommen. Auch der Nichteintritt des weitergehenden Erfolges bei den erfolgskupierten Delikten nötigt nicht zwangsläufig zu einer Strafmilderung. Denn der Strafrahmen ist hier eben nicht mitbestimmt von einem entsprechenden Erfolg. Vielmehr ist das jeweilige Verhalten der entscheidende Aspekt bei der Wahl der einzelnen Strafrahmen.[360]

Die Anwendung des Normalstrafrahmens widerspricht damit einer dualistischen Unrechtskonzeption keineswegs, vielmehr wird sie ein solches Verständnis mittragen, da auch sie für die hier angesprochenen Delikte keine Milderungsmöglichkeit allein wegen der fehlenden Vollendung annehmen kann.

---

358 Roxin, Strafrecht AT, § 10, Rn. 84.

359 Diese Delikte sind daher der Konzeption der monistisch-subjektiven Lehre, die den Unwert einer Tat ja in dem vom Täter verwirklichten Verhalten sowie einem intendierten Erfolg sieht, überaus nahe, sofern es um den weitergehenden angestrebten Erfolg geht.

360 Es ist jedoch stets zu beachten, dass auch bei diesen Delikten aufgrund anderer Umstände eine Strafmilderung in Betracht kommen kann. Auf diese Umstände soll hier jedoch nicht weiter eingegangen werden; verwiesen sei insoweit auf die Ausführungen von Frisch, a.a.O., S. 402 ff.

Die fakultative Milderung des § 49 Abs. 1 StGB ist daher im Sinne der dualistischen Lehre, es bedarf der vielfach geforderten obligatorischen Milderungsmöglichkeit nicht.

2) Die Vorschrift des § 46 Abs. 2 Satz 2 StGB

Im Bereich der Strafzumessung und damit der Vorschrift des § 46 StGB ergeben sich ebenfalls keine Schwierigkeiten, die dualistische Lehre mit dieser zu vereinbaren. Die tatbestandlich umschriebenen Folgen sind als Element des strafrechtlichen Unrechts schon durch den Tatbestand selbst als in qualitativer und quantitativer Art bedeutsam für die Strafzumessung festgelegt worden.
Die (weiteren) verschuldeten Auswirkungen der Tat werden nach allgemeiner üblicher Deutung über § 46 Abs. 2 Satz 2 StGB bei der Bestimmung der konkreten Strafe anhand des *verschuldeten Unrechts* dieser Kategorie mit zugeordnet, was einer zweidimensionalen Unrechtskonzeption, die den Unwert einer Tat eben auch durch die sich daraus ergebenden (weiteren) Folgen bestimmt, voll entspricht.

IV) Die dualistische Lehre und die unterlassene Hilfeleistung

Für die unterlassene Hilfeleistung gelten zunächst keine Besonderheiten. Wie schon dargestellt, setzt sie tatbestandlich nicht den Eintritt eines Erfolges voraus. Dies ist aber auch im Rahmen einer dualistischen Unrechtskonzeption durchaus möglich. Denn wie schon erwähnt,[361] ist zwingende Voraussetzung strafrechtlichen Unrechts auch bei dieser Konzeption allein der Handlungsunwert. Ein (materieller) Erfolgsunwert ist für das Vorliegen strafrechtlichen Unrechts, d.h. für die Frage, *ob* ein solches vorliegt, nicht zwangsläufig erforderlich.

Aber auch hier stellt sich die Frage, wie es zu bewerten ist, wenn nun tatsächlich Folgen durch das Unterlassen der erforderlichen Hilfe eingetreten sind. Zu untersuchen bleibt daher, ob diese für die Bestrafung des Täters aufgrund der fehlenden Erwähnung im Tatbestand gänzlich irrelevant sind oder ob sie nicht dennoch Bedeutung erlangen können. Zu denken wäre insoweit jedenfalls an eine Einbeziehung im Rahmen der Strafzumessung über die Vorschrift des § 46 Abs. 2 Satz 2 StGB.[362] Denn diese legt ja nach Ansicht der dualistischen Konzeption fest, dass die verschuldeten Auswirkungen als Aspekt des ver-

361 Oben, 2. Teil D) II).
362 Wenn nicht im Wege der Idealkonkurrenz bereits die eingetretenen Folgen erfasst sind, vgl. 2.Teil A) II) 2).

schuldeten Unrechts der Tat[363] die konkrete Straffindung beeinflussen können und sollen.

Dabei hat § 46 Abs. 2 Satz 2 StGB – wie schon dargestellt – gerade auch solche Auswirkungen im Blick, die nicht schon tatbestandlich irgendwie umschrieben sind, sondern darüber hinausgehen.[364] Ob über diese Vorschrift die Folgen einer unterlassenen Hilfeleistung in die Straffindung einzubeziehen sind oder nicht, muss aber im Wege einer genaueren Untersuchung der Vorschrift festgestellt werden. Denn bisher wurde nur allgemein überlegt, was strafrechtliches Unrecht ausmachen kann. Worin genau der Unrechtsgehalt der unterlassenen Hilfeleistung liegt, kann nur im Wege einer genaueren Untersuchung der Norm selbst bestimmt werden.

Zuvor jedoch drängt sich noch eine weitere Frage auf. Bei der bisherigen Darstellung der Unrechtskonzeptionen der monistisch-subjektiven sowie der dualistischen Lehre wurde noch nicht erörtert, wie es überhaupt zu legitimieren ist, dass die Folgen einer Tat – sei es über den Aspekt des Unrechts, sei es über den des Strafbedürfnisses – irgendeine Rolle bei der Bestrafung des Täters spielen können.

E) Zur Begründung einer strafrechtlichen Folgenverantwortlichkeit des Täters

Aus den vorangegangenen Darstellungen wird allein deutlich, dass die Problematik der Folgenverantwortlichkeit in erster Linie in einer gewissen Spannung zum Schuldprinzip gesehen wird. Dennoch sind die Folgen einer Tat bei beiden Lehren nicht ohne jede Bedeutung. Die monistisch-subjektive und die dualistische Lehre sind sich zwar bei der Bestimmung des Inhalts des strafrechtlichen Unrechts uneins, sie haben aber trotz der Schuldproblematik gemein, dass die Folgen eines unwerten Verhaltens durchaus eine gewisse Rolle bei der Bewertung einer Tat spielen.[365]

Es stellt sich daher unabhängig von der Schuldproblematik und der damit einhergehenden unterschiedlichen Verortung der Tatfolgen als Unrechtselement

---

363 Wegen der schon erwähnten auf § 46 Abs. 1 StGB bezogenen katalogisierten Aufzählung, vgl. oben, 2. Teil C) VI).

364 Vgl. oben, 2.Teil A) II) 2).

365 Freund, der der monistischen Lehre positiv gegenüber steht, aber deutliche Zweifel an einer Gleichstellung von folgenlosem und folgenreichem Verhalten anmeldet, Strafrecht AT, § 2, Rn. 57; 60 f., hält die Debatte denn auch nur für einen Streit terminologischer Natur. Überdies erkennt Freund anders als Zielinski auch einen spezifischen Zusammenhang zwischen Fehlverhalten und Fehlverhaltensfolgen an, § 8, Rn. 12.

bzw. Aspekt des Strafbedürfnisses die grundsätzliche Frage, wie eine Verantwortlichkeit des Täters für die Folgen seiner Tat überhaupt zu legitimieren ist. Denn ohne sachliche Legitimation können die Folgen einer Tat eine strafschärfende Wirkung, um die es in der Mehrzahl der Fälle geht, wenn dem Täter die Folgen seiner Tat angelastet werden, bei der Bestrafung des Täters nicht entfalten.[366]

Hier nun unterscheiden sich die dargestellten Lehren gar nicht wesentlich voneinander.

Zielinski erklärt die Einbeziehung der Folgen über den strafzumessungsrechtlichen Aspekt der Generalprävention damit, dass in Fällen mit (erheblichen) Folgen die Rechtsverletzung für die Rechtsgenossen erfahrbarer geworden sei und daher auch eine erhöhte Erschütterung des Rechtsfriedens vorliege, die ihrerseits mit erhöhten Sanktionen beantwortet werden müsse.[367]

Ähnliche Aussagen finden sich auch bei Vertretern der dualistischen Lehre wieder. So sprechen etwa Maiwald[368] und Stratenwerth[369] von der sozialen Bedeutung des Normbruchs. Der Täter habe in der sozialen Wirklichkeit einen Schaden angerichtet, der alle angehe, was auch dazu führen müsse, dass dieser Schaden in der Strafreaktion berücksichtigt werden müsse. Wo es nach einem erfolgreichen Delikt ein Opfer gebe, sei die Befriedungsfunktion des Strafrechts von besonderer Bedeutung.[370]

Allerdings wird diese Sicht teilweise auch damit kritisiert, dass hier letztlich allein sozial-psychologische Gegebenheiten und Wertvorstellungen als Erklärungen für eine Einbeziehung der Folgen bei der Bewertung einer Tat herangezogen würden und keine rationalen Erklärungen vorgestellt würden.[371]

Die Bedeutung eines folgenreichen Verhaltens gegenüber einem folgenlosen Verhalten ist daher näher zu beleuchten, um tatsächlich beantworten zu können, ob die Folgen eines Fehlverhaltens irgendeine Auswirkung auf die Strafbarkeit des Täters haben dürfen.

---

366 Dass sich das sachliche Legitimationsproblem unabhängig von dem terminologischen Streit um den „richtigen“ Unrechtsbegriff stellt, betont Freund, Strafrecht AT, § 2 Rn. 60.

367 Zielinski, S. 207 ff.

368 Maiwald, S. 71.

369 Stratenwerth, bei Maiwald, S. 78.

370 So auch Grünwald, bei Maiwald, S. 78; Kreuzer, a.a.O., S. 79; Dencker, GS für Kaufmann, S. 451.

371 Burkhardt, bei Maiwald, S. 74; 77. Vgl. zu den Versuchen, die sozial-psychologischen Gegebenheiten zu erforschen, die Darstellungen bei Degener, ZStW 103 (1991), S. 386 ff.

I) Gewichtigere Gefahr eines Normgeltungsschadens durch die Manifestation des Normbruchs in der Außenwelt im Falle des Eintritts von Folgen – Folgenverantwortung und angemessene Reaktion auf den Normbruch

Sicherlich ist es zunächst ein sozial-psychologisches Phänomen, dass gerade in Fällen mit erheblichen Folgen eine Straftat in der Gesellschaft als besonders schwerwiegend empfunden und der Ruf nach einer hohen Strafe laut wird. Auch bei der unterlassenen Hilfeleistung dürfte dies nicht anders sein. Zu bedenken sind dabei beispielsweise solche Fälle, in denen besonders viele Opfer betroffen sind. So der schon erwähnte Fall des Schiffers, der trotz polizeilicher Aufforderung[372] sein Boot nicht herausgegeben hat, so dass 18 hilflos im Wasser treibende Menschen ertranken.[373]

Doch als rational nicht zu erklärende Empfindung ist dieses Phänomen nicht abzutun. Denn auch wenn der Ruf nach einer hohen Strafe in Fällen wie dem dargestellten zunächst vielleicht aus einem diffusen und nicht zu erklärenden Gefühl heraus entsteht, so können unbewusst dahinter doch bestimmte (Wert-) Vorstellungen stehen. Und solche spielen gerade auch im Bereich des Strafrechts eine entscheidende Rolle. Zwar kann es nicht darum gehen, die Verletzung dieser Werte vergelten zu wollen und eine Strafe allein deshalb zu verhängen, um das begangene Unrecht ausgleichen zu wollen. Eine solche Strafe um der Strafe willen würde mit dem heutigen Verfassungsrecht auch nicht mehr in Einklang stehen.[374]

Dennoch findet sich der Gedanke der (gerechten) Vergeltung seit jeher als sachlicher Grund im Zusammenhang mit der Begründung von Strafe[375] und ist durchaus, jedenfalls als Teilmoment, auch heute noch bedeutsam[376] und akzeptabel.

Doch dieser Gedanke kann die Legitimation der Folgenverantwortlichkeit allein nicht leisten. Weiterführender ist insoweit die Überlegung, dass zum Zweck der Wiederherstellung des Rechtsfriedens nach begangener Tat, eine *an-*

372 Eine solche war für eine Strafbarkeit nach dem damaligen § 360 Ziffer 10 RStGB noch notwendig, vgl. dazu oben, 1. Teil A).

373 Bsp. nach OLG Darmstadt, DJZ 1901, S. 512, 1. Spalte, bei LK/Spendel, StGB-Komm., § 323 c, Rn. 17.

374 Vgl. dazu Freund, Strafrecht AT, § 1, Rn. 3 f.

375 So schon die absolute Straftheorie, Kant, Metaphysik, S. 140 f. Auch das Bundesverfassungsgericht hält die Vergeltung als einen Aspekt der Strafe durchaus für möglich, BVerfGE 28, S. 264 (278); 95, S. 96 (140).

376 Vgl. Freund, Strafrecht AT, § 1, Rn. 4.

gemessene Reaktion auf den Normbruch erfolgen muss, um die Gefahr eines Normenverfalls bzw. Normgeltungsschadens zu vermeiden.[377]

Besonders deutlich steht der Gesellschaft ein Normbruch nun aber gerade dann vor Augen, wenn er erhebliche Folgen nach sich zieht. Denn hier hat der Normverstoß des Täters gerade die Auswirkungen nach sich gezogen, die mit der Aufstellung der Norm vermieden werden sollten. Ein Rechtsgüterschutzrecht stellt die Verhaltensnormen ja gerade deshalb auf, um schadensträchtige Verläufe in Bezug auf das in Frage stehende Rechtsgut zu vermeiden.[378] Tritt dieser Verlauf aber aufgrund des Verhaltens des Täters ein, so wird damit sein Widerspruch zur betroffenen Norm manifest und drückt diesen in besonderer Weise aus. Es bedarf zur Sicherung der Normgeltung und damit zur Sicherung des Rechtsfriedens deshalb auch einer besonderen Reaktion, um eine der Tat angemessene Reaktion zu erreichen.

Ein im Versuchsstadium steckengebliebener Normbruch wird nach außen dagegen kaum sichtbar und ist daher nicht in der gleichen Weise zu beantworten. Er ist nicht durch irgendwelche Folgen und das Vorhandensein eines Opfers unter den übrigen Mitgliedern der Gesellschaft nach außen besonders manifestiert worden.[379] In den Fällen aber, in denen sich der Normbruch nach außen manifestiert hat, ist trotz Bestehens einer rechtlichen Ordnung ein sozialer Konflikt deutlich zum Vorschein gekommen, auf den nunmehr eine äquivalente Reaktion erfolgen muss.[380] Das Bedürfnis nach Strafe ist hier größer, um das vom Strafrecht verfolgte Ziel der Stabilisierung der Normgeltung und damit des Rechtsgüterschutzes durchsetzen zu können. Denn hier ist die Friedensordnung in zusätzlich manifestierter Form und für alle erkennbar gestört.[381] Eine solche Störung ist in Fällen eines bloß subjektiven Normbruchs (also eines Versuchs) letztlich zwar auch gegeben, da der Täter seine Verhaltensweisen ebenso entgegen den aufgestellten Regeln ausrichtet. Diese Störung wird jedoch nach außen nicht in dem gleichen Maße sichtbar, womit auch der soziale Frieden nicht in der gleichen Weise betroffen ist wie in Fällen eines erkennbaren Normbruchs[382] und die Gefahr eines Normgeltungsschadens nicht in gleicher Weise zu befürchten ist. Für den Täter beginnt zwar die Tat

377 Vgl. Freund, Strafrecht AT, § 1, Rn. 10; in diesem Sinne auch Frisch, GA 57, S. 17 f.

378 Freund, Erfolgsdelikt und Unterlassen, S. 88 ff.

379 Vgl. auch Freund, Strafrecht AT, § 2, Rn. 60; Dencker, GS für Kaufmann, S. 451; Stratenwerth, bei Maiwald, S. 78; ebenda Kreuzer, S. 79.

380 Stratenwerth, a.a.O.

381 „Das soziale Miteinander wird eben entscheidend erst durch den Erfolg gestört“, Krauß, ZStW 76 (1964), S. 63. Auch Kern, ZStW 64 (1952), S. 277, spricht davon, dass ein schwererer Erfolg zu einer schwereren Erschütterung des Rechtsfriedens führt.

382 Vgl. auch Stratenwerth, Kreuzer a.a.O. Auch Frisch spricht von einer größeren oder geringeren Rechtsfriedensstörung im Zusammenhang mit den (außertatbestandlichen) Folgen einer Tat, ZStW 99 (1987), S. 754.

schon mit dem Vorsatz, für die Gemeinschaft[383] wird sie aber erst mit ihrer Objektivation in der Außenwelt überhaupt erkennbar.[384] Die Reaktion auf den Normbruch kann daher beim bloßen Versuch der Tat auch anders, d.h. in diesen Fällen in der Regel mit einer geringeren Strafe,[385] ausfallen. In Fällen mit erheblichen Folgen ist andererseits aber gerade eine schärfere Reaktion geboten.[386] Der Täter hat hier neben seinem unrechten Verhalten noch einen weiteren „Stein des Anstoßes" geliefert, den er neben seinem Verhalten zu verantworten hat.[387] Dabei kommt es nicht darauf an, wie viele Mitglieder der Rechtsgemeinschaft tatsächlich von den eingetretenen Folgen der Tat erfahren haben. Die Tat ist nicht deshalb schwerer zu bewerten, weil eine große Anzahl von Menschen ihre Folgen miterlebt hat. Aber der Täter hat doch nach außen sichtbar – sei es auch nur für wenige – einen zusätzlichen Aspekt für seine Bestrafung geschaffen, den es bei der Reaktion auf seinen Normbruch zu beachten gilt.

II) Einwand der Gefahr eines Normgeltungsschadens schon im Zeitpunkt des bloßen Handlungsvollzuges

Das soeben Gesagte ist jedoch einem gewichtigen Einwand ausgesetzt. Eine Objektivation, d.h. ein nach außen erkennbarer Normverstoß, ist doch auch schon mit dem bloßen Handlungsvollzug (und damit schon im Stadium des Versuchs) gegeben.[388]

Dabei ist richtig, dass auch ein Handlungsvollzug schon eine gewisse Manifestation des Normbruchs darstellt, da ja jedenfalls die Handlung äußerlich erkennbar ist und von der Gemeinschaft auch als Angriff auf die Rechtsordnung erkannt werden kann. Ebenso verhält es sich bei dem Unterlassen einer geboten Handlung, bei der das Unterlassen auch erkennbar ist.

Richtig ist auch, dass ein solcher äußerlich wahrnehmbarer Vollzug/Nichtvollzug eines normwidrigen Verhaltens überhaupt erst Voraussetzung für eine strafrechtliche Reaktion ist. Denn ein allein in der Vorstellung des Täters gebliebener Normbruch, der keinerlei gesellschaftliche Realität besitzt,

383 Zu bedenken ist auch, dass vielfach auch für den Täter das wirkliche Ausmaß seines Verhaltens oft erst dann deutlich wird, wenn es (erhebliche) Folgen nach sich gezogen hat.
384 Jakobs, Strafrecht AT, 6/73.
385 Jedenfalls bei den Erfolgsdelikten, vgl. dazu oben, 2. Teil D) III) 1).
386 Selbstverständlich stets im Rahmen der schuldangemessenen Strafe.
387 Freund, GA 1999, S. 530.
388 So Dornseifer, GS für Kaufmann, S. 438.

kann mangels dieser Realität auch keinen Normgeltungsschaden hervorrufen. Das macht auch eine strafrechtliche Reaktion darauf entbehrlich.[389]

Zudem hätte ein anderes Verständnis ein Strafrecht zur Folge, das allein den gedanklichen Angriff auf die entsprechende Norm als Legitimation für eine Bestrafung des Täters ausreichen ließe. Für ein Rechtsgüterschutzstrafrecht ist der gedankliche Angriff alleine aber niemals taugliche Legitimationsgrundlage für eine Bestrafung, eben weil das entscheidende Moment der Gefahr eines Normenverfalls und damit einer Gefahr für die durch die Normen geschützten Güter nicht aufweisbar ist. Überdies ist ein solches Verständnis aufgrund der damit verbundenen Schwierigkeiten des tatsächlichen Auffindens, d.h. der Beweisbarkeit eines solchen Normbruchs abzulehnen.

Letztlich führt der angesprochene Einwand aber zu keiner anderen als der vorgestellten Bewertung. Denn es stellt sich doch die Frage, warum weitergehende Objektivationen wie die Folgen des Verhaltens keine Bedeutung erhalten sollen, wenn doch ein Normverstoß überhaupt nur dann strafrechtlich von Bedeutung ist, wenn er wenigstens durch den Vollzug des normwidrigen Verhaltens seinen objektiven Ausdruck gefunden hat.[390]

Der Eintritt besonderer Folgen macht doch den Normbruch geradezu idealtypisch sichtbar, da in diesen Fällen gerade das Geschehen eingetreten ist, das die in Frage stehende Norm verhindern sollte.[391] Denn die strafbewehrten Verhaltensnormen sind dazu da, genau die durch das normwidrige Verhalten des Täters möglichen tatsächlichen Schädigungen zu vermeiden.[392] Treten aber genau die von der Norm ins Auge gefassten Schädigungen auch objektiv ein, so wird der subjektive Angriff auf die Norm in besonderem Maße deutlich und die Reaktion auf diesen muss dem auch gerecht werden. Das Ziel der übertretenen Verhaltensnorm, Rechtsgutsschädigungen zu verhindern, ist in diesem Fall – anders als beim Versuch der Tat – vollends verfehlt worden. Dies erfordert eine andere Reaktion als im Falle einer Tat, bei der letztlich eine Rechtsgutsschädigung ausgeblieben ist. Auch wenn der Eintritt der Rechtsgutsschädigung infolge des Fehlverhaltens des Täters möglicherweise durch äußere Einflüsse bedingt und damit „zufällig“ ist, so hat der Täter doch diese Situation selbst geschaffen und das dann „zufällige“ Eintreten von Folgen soll durch die Verhaltensnorm gerade auch vermieden werden.[393] Wird dieser Zweck nicht erreicht, so muss dies mit einer entsprechenden Reaktion verdeutlicht werden.

Dies gilt auch noch aus einem anderen Grund. Bei der Suche nach der angemessenen Reaktion auf den vom Täter begangenen Normbruch geht es darum,

389 Freund, Erfolgsdelikt und Unterlassen, S. 97.
390 Jakobs, Strafrecht AT, 6/73, Fn. 152.
391 Freund, Erfolgsdelikt und Unterlassen, S. 99.
392 Freund, a.a.O.
393 Vgl. Freund, Strafrecht AT § 2, Rn. 60.

die in der Gemeinschaft am ehesten akzeptierte und als angemessen aufgefasste Reaktion zu finden.[394] Dabei ist auch die Akzeptanz des Täters selbst zu beachten.[395] D.h., dass die Reaktion auf den Normbruch auch in den Augen des Täters angemessen sein muss, um von ihm akzeptiert werden zu können.

Hat nun der vom Täter begangene Normbruch neben dem Handlungsvollzug auch Folgen mit sich gebracht, so steht dem Täter selbst sein Normbruch in besonderer Weise vor Augen. Die eingetretenen Folgen machen ihm umso deutlicher, dass er mit seinem unrechten Verhalten verantwortlich für die Rechtsgutsverletzungen auf Seiten des Opfers ist. Er wird daher eine schärfere Reaktion auf seinen Normbruch eher akzeptieren als in Fällen, in denen sein Verhalten folgenlos geblieben ist und er das Ausmaß seines Unrechts nicht in seiner ganzen Bedeutung direkt vor Augen hat.

III) Das zufällige Ausbleiben von Folgen

Mit den vorangegangenen Ausführungen lassen sich auch die Fälle erklären, in denen der Täter aus für ihn mehr oder weniger glücklichen Umständen zu einer geringeren oder gar gar keiner Strafe gelangt ist, weil zufällig die Folgen seiner Tat ausgeblieben sind. Gedacht sei dabei beispielsweise an solche Taten, in denen ein zufällig anwesender Dritter die Folgen der Tat gemildert oder abgewendet hat. Besonders der letzte Fall kann im Rahmen der als Erfolgsdelikte konzipierten Fahrlässigkeitsdelikte mangels einer Versuchsstrafbarkeit ja sogar zur Straflosigkeit führen.

Auch hier ist zur Sicherung der Normgeltung eben keine oder keine so scharfe Reaktion nötig. Denn der Rechtsfrieden wird zwar auch hier durch das Verhalten des Täters negativ beeinflusst, jedoch nicht in der Weise, dass eine Reaktion auf jeden Fall erfolgen muss. Die äußere Seite des Normbruchs ist nicht vollumfänglich „ausgeprägt“, die Reaktion kann daher auch geringer ausfallen, bis hin zur Straflosigkeit.

Die mehr oder weniger starke Unachtsamkeit des Täters im Bereich der Fahrlässigkeitsdelikte, also der Aspekt des Verhaltensunrechts, wird nicht als so bedeutend bewertet, dass er allein unter allen Umständen eine Strafbarkeit erforderte. Ein solches Fehlverhalten des Täters verunsichert die Gemeinschaft nicht in dem Maße wie ein solches, das vorsätzlich die Schädigung eines Anderen zum Ziel hat und daher jedenfalls als Versuchsdelikt auch eher zu bestrafen ist. Auch wenn der subjektive Normbruch bei einem Fahrlässigkeitsdelikt ebenfalls vor dem Erfolgseintritt vollzogen ist, so ist er doch geringer zu bewerten als ein

394 Freund, GA 1999, S. 536.
395 Freund, a.a.O.

solcher subjektiver Verstoß, der bewusst geplant wird, um eine Schädigung eines Rechtsgutes zu erreichen.

Gerade im Bereich der bloßen Sorgfaltswidrigkeiten reicht es deshalb aus, einige besondere Unachtsamkeiten in den Bereich der Ordnungswidrigkeiten einzuordnen. Gerade dann, wenn sie keine Folgen im Sinne einer Rechtsgutsverletzung nach sich gezogen haben.

Sicherlich ließe sich überlegen, für besondere Sorgfaltswidrigkeiten, die besondere (auch abstrakte) Gefährdungen nach sich ziehen, auch strafrechtliche Vorschriften einzuführen. Ob dies letztlich erforderlich und sinnvoll ist, soll hier nicht erörtert werden. Das Unterbleiben von strafrechtlichen Sanktionen bei (auch zufällig) folgenlosen Sorgfaltswidrigkeiten lässt sich jedenfalls begründen.

Nur dann, wenn auf das sorgfaltswidrige Verhalten nicht mehr durch nichtstrafrechtliche Regelungen angemessen reagiert werden kann, was jedenfalls beim Eintritt besonderer Folgen der Fall sein dürfte, die die Gemeinschaft gerade als besondere Bedrohung für ein friedliches Zusammenleben ansieht, muss der Tat mit dem Mittel des Strafrechts beigekommen werden. Der dann äußerlich in besonderem Maße zum Ausdruck gekommene subjektive Normverstoß verlangt in diesen Fällen, in denen der Täter einen weiteren „Stein des Anstoßes" geliefert hat, nach einer besonderen Reaktion. Gerade der eingetretene Fall einer Rechtsgutsschädigung beeinflusst den Rechtsfrieden in erheblichen Maße und bedarf daher (in gewissen Fällen, d.h. bei der Schädigung spezieller Rechtsgüter[396]) einer schärferen Reaktion. Die äußeren Spuren des Normbruchs lassen hier unter Umständen eine *straf*rechtliche Reaktionslosigkeit nicht mehr zu.

Auch die geringere Bestrafung im Bereich der Versuchsstrafbarkeit bei vorsätzlichen (Erfolgs-)Delikten,[397] wie sie das Strafgesetzbuch vorsieht, lässt sich so befriedigend erklären. Die Tat hat eben nicht den schlimmstmöglichen äußeren Verlauf genommen, sei es auch durch das Eingreifen anderer. Die Reaktion darauf kann daher auch anders ausfallen als in den Fällen, in denen gerade der zu vermeidende Verlauf in seiner ganzen negativen Ausgestaltung eingetreten ist. Das bloß zufällige Eingreifen eines Dritten ändert daran nichts. Der objektive Umfang einer folgenlosen Tat, der von der Gesellschaft wahrgenommen werden kann, ist geringer und bedarf daher zur Stabilisierung der bestehenden Normen auch nur einer entsprechend geringeren Reaktion. Die folgenreiche Tat dagegen drückt objektiv den (subjektiven) Normverstoß in

396 Wie einer körperlichen Schädigung oder einer Tötung.

397 Vgl. dazu, dass bei diesen eine obligatorische Milderung zu befürworten ist oben, 2. Teil D) III) 2).

seiner ganzen Schädlichkeit aus und realisiert vollumfänglich das durch die übertretene Verhaltensnorm zu vermeidende schädigende Ereignis.

IV) Zur (Ir-) Relevanz der Beweisbarkeit der Tat als sachliche Legitimationsgrundlage einer Folgenverantwortlichkeit des Täters

Bisweilen wird versucht, die Folgenverantwortlichkeit mit der besseren Beweisbarkeit der Tat zu legitimieren.[398] Richtig daran ist, dass es sicherlich Fälle gibt, in denen erst durch den Eintritt bestimmter Folgen deutlich wird, dass überhaupt ein verhaltensnormwidriges Verhalten gegeben ist. Gerade der Eintritt dieser Folgen kann bewirken, dass ein normwidriges Verhalten auch als solches erkannt wird. Häufig werden auch aufgrund der Folgen der Tat überhaupt nur Rückschlüsse auf das zwar als normwidrig erkannte, aber nicht vollständig nachzuvollziehende bzw. zu rekonstruierende Verhalten möglich sein. Insbesondere verschiedene Begehungsformen einer Tat können oft nur aufgrund der eingetretenen Folgen erkannt werden. Gedacht sei etwa an besondere Erscheinungsformen einer Körperverletzung oder Tötung. Hier können beispielsweise Rückschlüsse auf besonders grausame Tatbegehungen oftmals nur durch die eingetretenen Folgen gezogen werden. So kann eine besonders qualvolle Tötung oder Körperverletzung vielfach nur anhand der eingetretenen Verletzungen des Opfers erkannt werden.

Für eine sachliche Legitimation der Folgenverantwortlichkeit kann die bessere Beweisbarkeit einer Tat aber keine Rolle spielen. Wie soll allein die Möglichkeit, dass beim Eintritt von Folgen das normwidrige Verhalten erst bewiesen werden kann, eine Verantwortlichkeit des Täters dahingehend begründen, dass er nunmehr, eben wegen dieser Folgen, auch härter bestraft werden kann? Allein aufgrund des in einem solchen Fall möglichen Beweises ändert sich doch der Unwertgehalt der Tat nicht.[399] Die Folgen als solche beeinflussen den Unwertgehalt, nicht jedoch die durch den Eintritt von Folgen mögliche Beweisbarkeit eines unwerten Verhaltens. Nur eine qualitative Änderung des Unwertes kann aber eine unterschiedliche Bestrafung begründen. Anderenfalls müsste etwa eine Tat, bei der der Täter besonders dafür Sorge getragen hat, dass die Folgen seines Verhaltens nicht unmittelbar ans Licht kommen, anders behandelt werden als eine Tat, bei der die Folgen offen zutage treten. Handelt es sich in beiden Fällen um die gleiche Tat, so ist zwar die Beweisbarkeit im ersten

398 Zielinski, S. 209 ff.

399 Die bessere Beweisbarkeit hat auch keinen Einfluss auf das Strafbedürfnis, folgte man der monistisch-subjektiven Lehre und sieht die Folgen einer Tat als Aspekt des Strafbedürfnisses an.

Fall tatsächlich schwieriger, der materiale Gehalt beider Taten bleibt aber der gleiche und die Reaktion auf den Normbruch muss daher die gleiche bleiben.

Sicherlich kann die Frage der schwierigeren Beweisbarkeit sogar dazu führen, dass der Täter überhaupt nicht für sein Verhalten verantwortlich gemacht werden kann und straflos bleibt. Die andere Behandlung dieses Falles, also die Straflosigkeit, hat aber nichts mit einer hier fehlenden Folgenverantwortlichkeit zu tun. Die gleiche Problematik würde sich auch ergeben, wenn die Folgen einer Tat offen zutage getreten sind, das normwidrige Verhalten dem Täter aber nicht einwandfrei zugeordnet werden kann.

Die Beweisbarkeit einer Tat aufgrund des Eintritts bestimmter Folgen taugt daher als sachliche Legitimation für eine strengere Bestrafung bei eingetretenen Folgen nicht.

F) Zusammenfassung des 2. Teils

Bei der Untersuchung der monistisch-subjektiven und der dualistischen Lehre bezüglich der Frage, was den Begriff des Unrechts ausmacht, hat sich herausgestellt, dass der Streit letztlich nur terminologischer Natur ist. Sowohl die monistisch-subjektive wie die dualistische Lehre messen den Folgen einer Tat neben dem Verhalten des Täters eine Bedeutung zu. Die monistisch-subjektive Lehre tut dies über das Kriterium des Strafbedürfnisses, die dualistische Lehre versteht die Folgen einer Tat als Teil des vom Täter verwirklichten Unrechts.

Die Frage nach der Legitimation dieser Bedeutung der Folgen für die Bestrafung des Täters stellt sich bei beiden Lehren gleichermaßen. Insoweit ist festzustellen, dass es aus Gründen der Normstabilisierung erforderlich und legitimierbar ist, die tatsächlich eingetretenen Folgen einer Tat bei der Bestrafung des Täters zu berücksichtigen. Die im Strafgesetzbuch an vielen Stellen zu findende Folgenverantwortlichkeit des Täters kann daher im Grundsatz überzeugen.

3. Teil: Der strafzumessungsrechtliche Aspekt der Folgenverantwortlichkeit

A) Bedeutung des § 46 Abs. 2 Satz 2 StGB für die Frage nach der Folgenverantwortlichkeit bei der unterlassenen Hilfeleistung

Nachdem sich die Systematik des Strafgesetzbuches hinsichtlich der Folgenverantwortlichkeit des Täters als überzeugend dargestellt hat und bevor für die Frage der Folgenverantwortlichkeit im Rahmen des § 323 c StGB der Blick auf die Norm selber gerichtet wird, muss zunächst die allgemeine strafzumessungsrechtliche Vorschrift des § 46 Abs. 2 Satz 2 StGB näher beleuchtet werden. Denn die unterlassene Hilfeleistung setzt ihrem Wortlaut nach den Eintritt irgendwelcher äußerlich erkennbarer Folgen gerade nicht voraus.[400] Der Tatbestand selbst beschreibt also keinerlei Folgen der Tat. Die Frage einer Folgenverantwortlichkeit bei § 323 c StGB kann damit nur bei der Frage nach der konkreten Strafe einer unterlassenen Hilfeleistung und somit im Rahmen der Strafzumessung Bedeutung erlangen.

Wie schon angesprochen,[401] zielt die Regelung des § 46 Abs. 2 Satz 2 StGB nun gerade auch darauf ab, tatbestandlich nicht als schuldspruchrelevant umschriebene Auswirkungen in die Strafzumessung mit einzubeziehen, den Täter also bei der konkreten Straffindung auch für im Tatbestand nicht speziell umschriebene Folgen verantwortlich zu machen. Für die Frage der Folgenverantwortlichkeit bei der unterlassenen Hilfeleistung ist diese Vorschrift daher von zentraler Bedeutung.

Und sie gibt schon eine erste Antwort auf die Frage, die durch die zu Beginn vorgestellten Aussagen – die Folgen einer unterlassenen Hilfeleistung seien bedeutungslos – aufgeworfen wurde. Da § 46 StGB ganz allgemeine Regelungen über die richterliche Strafzumessung enthält, die Norm also grundsätzliche Feststellungen über die bei jedem Delikt vorzunehmende Strafzumessung trifft, müsste dies doch auch für die Strafzumessung bei der unterlassenen Hilfeleistung gelten. Wenn dann § 46 Abs. 2 Satz 2 StGB sogar ausdrücklich die „verschuldeten Auswirkungen der Tat“ als einen Faktor der Strafzumessung nennt, so müssten doch auch die Folgen einer unterlassenen Hilfeleistung wenigstens im Bereich der Strafzumessung Bedeutung erlangen.

Etwas anderes kann nur dann gelten, wenn die Regelung des § 46 Abs. 2 Satz 2 StGB jedenfalls was den Bereich der „verschuldeten Auswirkungen der Tat“ betrifft, bei der Strafzumessung im Rahmen der unterlassenen Hilfeleistung ausnahmsweise keine Anwendung findet.

---

400 Zur Deliktsnatur vgl. 4. Teil B).

401 Siehe oben, 2. Teil A) II) 2).

Dies ist nicht etwa schon deshalb der Fall, weil der Tatbestand der unterlassenen Hilfeleistung den Eintritt von Folgen für eine Strafbarkeit nicht voraussetzt. Das ist allein für die Frage von Bedeutung, „ob" eine Strafbarkeit gegeben ist. Über das „Wie" der Strafbarkeit, d.h. über die konkrete Bestimmung der angemessenen Strafe, sagt dies nichts aus. Im Gegenteil kommen hier ja gerade die allgemeinen Regeln der Strafzumessung in den Blick, die in § 46 Abs. 2 Satz 2 StGB eben die „verschuldeten Auswirkungen der Tat" für die Bemessung der Strafe als relevant ansehen und gerade auch tatbestandlich nicht als schuldspruchrelevant beschriebene Folgen meinen.[402]

B) Die „außertatbestandlichen" Folgen im Rahmen des § 46 Abs. 2 Satz 2 StGB

In Anlehnung an Bruns[403] wird bei diesen tatbestandlich nicht als schuldspruchrelevant beschriebenen Folgen im Rahmen des § 46 Abs. 2 Satz 2 StGB vielfach von sog. „außertatbestandlichen" Folgen gesprochen.

Dieser Begriff ist jedoch missverständlich, da er die Vermutung nahe legt, dass dem Täter sämtliche Folgen seiner Tat zur Last gelegt werden, auch wenn diese zu dem tatbestandlich umschriebenen Unrecht keinerlei Bezug aufweisen. Aber gerade dies kann § 46 Abs. 2 Satz 2 StGB nicht bezwecken. Vielmehr müssen die Folgen, für die der Täter im Rahmen der Strafzumessung verantwortlich gemacht wird, durchaus einen Bezug zu dem vom Täter begangenen Unrecht aufweisen. Frisch beschreibt die „außertatbestandlichen" Folgen denn auch besser (allerdings auch umständlicher) als „nicht tatbestandlich vertypte aber tatbestandlich relevante" Folgen.[404]

I) Die Zurechnung der „außertatbestandlichen" Folgen

Für die „außertatbestandlichen"[405] Folgen, die nicht durch den Tatbestand selbst als schuldspruchrelevant beschrieben werden, kann bei der Frage der Zurechnung nichts anderes gelten als für die tatbestandlich umschriebenen (schuldspruchrelevanten), sog. „innertatbestandlichen" Folgen auch. Für diese ist seit langem anerkannt, dass nicht sämtliche vom Täter bewirkten Folgen der Tat auch in seine Bestrafung einfließen. Selbst wenn die tatsächlich einge-

402 Vgl. oben, 2. Teil A) II) 2).

403 Bruns, S. 151.

404 Frisch, ZStW 99 (1987), S. 755; s. auch Freund, GA 1999, S. 531, der von „ebenfalls spezifischen Fehlverhaltensfolgen" spricht.

405 Auch wenn die Terminologie „außertatbestandliche"/„innertatbestandliche" Folgen nicht glücklich ist, so soll diese doch der Einfachheit halber übernommen werden.

tretenen Folgen dem äußeren Anschein nach solche sind, die tatbestandlich beschrieben sind, bedeutet dies nicht zwangsläufig, dass sie auf die Strafbarkeit des Täters Einfluss haben. Vielmehr kann sogar eine Strafbarkeit des Täters ganz ausgeschlossen sein. Wenn sich nämlich die Folgen der Tat als besonders außergewöhnlich darstellen oder sie auch dann eingetreten wären, wenn der Täter sich sorgfaltsgemäß verhalten hätte, so kann es nicht richtig sein, den Täter für diese Folgen verantwortlich zu machen. Handelt es sich also um solche Folgen, die genauso gut Folgen eines Unglücks oder normalen Lebensvorgangs sein können,[406] so dürfen diese dem Täter nicht vorgeworfen werden.

Dennoch kann in diesen Fällen aber ein Kausalzusammenhang zwischen dem Verhalten des Täters und den eingetretenen Folgen aufweisbar sein, wenn (im Rahmen der Begehungsdelikte) gefragt wird, ob das Handeln des Täters nicht hinweggedacht werden kann, ohne dass der Erfolg entfiele[407]. Es ist daher allgemein anerkannt, dass allein die Frage, ob der Täter im Sinne der Bedingungstheorie den Erfolg durch sein Verhalten bewirkt hat, zu einer uferlosen Weite führt, die für die Bestimmung strafrechtlichen Unrechts nicht taugt. Zwar ist die Bedingungstheorie als einzige auf gesetzmäßigen Zusammenhängen aufbauende Theorie zunächst von einer gewissen Bedeutung für die Frage nach dem Zusammenhang von Fehlverhalten des Täters und den Fehlverhaltensfolgen.[408] Entscheidend ist aber ein haftungseinschränkendes Korrektiv auf normativer Ebene.[409]

Auch für den Bereich der Unterlassungsdelikte stellt sich die gleiche Problematik. Hier ist zwar eine auf Naturgesetzen beruhende Kausalität nicht feststellbar,[410] da das Unterlassen der gebotenen Handlung aus der gesamten Situation weggedacht werden kann, ohne dass die Situation selbst sich ändern würde. Das unerwünschte Ereignis (die unerwünschte Folge) bliebe auch dann bestehen. Liegt das hilfsbedürftige Opfer nach einem Verkehrsunfall etwa am Straßenrand und bedarf fremder Hilfe, um nicht den Tod zu finden, so kann der nicht-helfende Täter ganz aus der Situation hinweggedacht werden, ohne dass sich am Eintritt des Todes etwas ändert (sofern nicht anderweitig Hilfe erfolgt). Es ist also unerheblich, ob der Täter vor Ort bleibt und untätig ist oder ob er von

---

406 Freund, Strafrecht AT, § 5, Rn. 64.

407 So die allgemeine Formel der Bedingungstheorie: Eine Handlung ist dann Ursache für den Erfolg, wenn sie nicht hinweggedacht werden kann, ohne dass der Erfolg entfiele, vgl. Tröndle/Fischer (Tröndle), StGB-Komm., Vor § 13, Rn. 16.

408 Kritisch zur Bedingungslehre im Sinne der conditio-sine-qua-non-Formel, Puppe, FS für Spendel, S. 456 f. sowie Jakobs, Strafrecht AT, 7/8 ff.

409 Freund, Strafrecht AT, § 2, Rn. 72.

410 Freund, Strafrecht AT, § 6, Rn. 103; vgl. auch Jakobs, Strafrecht AT, 7/25 f.

vornherein gar nicht in die Situation eingebunden war. Damit kann ein naturgesetzlicher Zusammenhang zwischen dem Nicht-Helfen des Täters und der Folge des Todes – wie er bei aktivem Tun vorliegt – nicht festgestellt werden.

Dennoch wird auch bei den Unterlassungsdelikten ein Zusammenhang zwischen der Nichtvornahme der gebotenen Handlung und den beim Opfer eingetretenen Folgen gefunden. Es handelt sich dabei um einen quasi-kausalen Zusammenhang. Dieser ist dann gegeben, wenn die Folgen beim Opfer durch die Vornahme der gebotenen Handlung „mit an Sicherheit grenzender Wahrscheinlichkeit“ vermieden worden wären.[411]

Allerdings muss auch hier ein Haftungskorrektiv eingeführt werden, denn auch bei den Unterlassungsdelikten könnten dem Täter sonst Folgen angelastet werden, die ein bloßes Unglück darstellen bzw. auch bei pflichtgemäßem Verhalten eingetreten wären.[412]

Auch bei den im Rahmen von § 46 Abs. 2 Satz 2 StGB erfassten „verschuldeten Auswirkungen der Tat“ in Form der „außertatbestandlichen“ Folgen kann nun nichts anderes gelten als im Bereich der tatbestandlich umschriebenen Folgen. Hier dürfen dem Täter aus den bereits genannten Gründen ebenfalls nicht sämtliche von ihm bewirkten Folgen zur Last gelegt werden. Ein haftungseinschränkendes Korrektiv ist auch hier erforderlich.[413] Dies gilt umso mehr, als hier eine gesetzliche Konkretisierung der zu berücksichtigenden Auswirkungen der Tat fehlt und einer ausufernden Erfolgshaftung damit Tür und Tor geöffnet werden könnte.[414] Eine ausufernde Erfolgshaftung ohne Bezug zum Verhalten des Täters ist aber, wie bereits gezeigt, nicht hinnehmbar.[415]

Im Bereich der Tatbestandslehre, d.h. bei der Frage „ob“ strafrechtliches Unrecht vorliegt oder nicht, hat sich bereits eine breite Diskussion darüber entwickelt, wie das Ergebnis, den Täter für kausal verursachte Folgen dennoch in

---

411 Tröndle/Fischer (Tröndle), StGB-Komm., Vor § 13, Rn. 20. Anders Gössel, ZStW 96 (1984), S. 331. Näher zur Problematik der hypothetischen Kausalität bei den Unterlassungsdelikten Jakobs, Strafrecht AT, 29/15 ff.

412 Jakobs, Strafrecht AT, 29/19.

413 Auch Berz, NStZ 86, S. 87 weist darauf hin, dass „ein Einstehenmüssen für beliebige außertatbestandliche Folgen auf der Ebene der Strafzumessung den Gewinn mißachten würde, den im Bereich des Tatbestandes die Zurechnungslehre gebracht hat.“

414 Vgl. auch die Bedenken von Bloy, ZStW 107 (1995), S. 577.

415 Vgl. die Darstellung zur Problematik des Erfolgsunrechts und insbesondere die ablehnenden Argumente gegen die traditionellen Unrechtslehren, 2.Teil B) und C II) 2).

bestimmten Fällen nicht verantwortlich zu machen, erreicht werden kann.[416] Für den Bereich der Strafzumessung sind diese Fragen erst vereinzelt genauer untersucht worden.[417]

Im Rahmen der tatbestandlich als schuldspruchrelevant umschriebenen Folgen wird zumeist über das Instrument der Lehre von der objektiven Zurechnung eine Haftungseinschränkung in Bezug auf die Folgen einer Tat vorgenommen. So wird insbesondere darauf abgestellt, dass eingetretene Folgen jedenfalls dann dem Täter nicht mehr zurechenbar seien, wenn sie nicht mehr in den Schutzbereich der übertretenen Norm fielen.[418]

Für die Frage, inwieweit „außertatbestandliche" Folgen einer Tat über § 46 Abs. 2 Satz 2 StGB Eingang in die Bestrafung des Täters finden können, können ebenfalls nur solche Folgen als relevant betrachtet werden, deren Eintritt durch das Verbot der Deliktsverwirklichung gerade verhindert werden sollte.[419]
Auch der Bundesgerichtshof hat in einer Entscheidung aus dem Jahre 1993 festgestellt, dass nur solche Folgen strafzumessungsrelevant sein können, „die in den Schutzbereich der strafrechtlichen Norm fallen, deren Verletzung dem Täter vorgeworfen wird".[420]

Diese Einschränkung ist bei § 46 Abs. 2 Satz 2 StGB gerade auch deshalb notwendig, weil anderenfalls die Gefahr einer indirekten Bestrafung mit Blick auf Umstände entstünde, die eigentlich keinem gesetzlichen Tatbestand unterfallen.[421] Beispielhaft sei etwa an den Fall einer Körperverletzung zu denken,

---

416 Der Diskussionsstand soll im Einzelnen nicht wiedergegeben werden, zumal fraglich erscheint, ob sämtliche im Bereich der Zurechnungslehre angesiedelten Fragestellungen auch tatsächlich Probleme einer Zurechnungslehre sind, vgl. insoweit Freund, Strafrecht AT, § 2, Rn. 72 ff.; Frisch, Tatbestandsmäßiges Verhalten, S. 44 ff.

417 So zunächst von Frisch, Die <<verschuldeten>> Auswirkungen der Tat, GA 1972, S. 321 ff.; ders., ZStW 99 (1987), S. 751 ff.; detailliert hat sich mit der Problematik nun auch Bloy, ZStW 107 (1995), S. 576 ff. auseinandergesetzt. Vgl. außerdem Puppe, FS für Spendel, S. 451 ff.

418 Überwiegende Ansicht, vgl. SK/Horn, StGB-Komm., § 46, Rn. 109; Tröndle/Fischer (Tröndle), StGB-Komm., Vor § 13, Rn. 17d, m.w.N.

419 Bloy, ZStW 107 (1995), S. 585; Frisch, GA 1972, S. 344; 346 f.; SK/Horn, StGB-Komm., § 46, Rn. 109. Vgl. auch Bruns, Strafzumessung, S. 164 ff., der die Problematik im Rahmen der Frage nach der bei § 46 Abs. 2 StGB geforderten Schuldform behandelt. Ebenso Schäfer, Strafzumessung, Rn. 240a ff. Dass es sich aber um ein der Schuldproblematik vorgelagertes Problem handelt, dazu mit Recht Frisch, GA 1972, S. 342 sowie ZStW 99 (1987), S. 753. Eine insgesamt andere Ansicht vertritt Pallin, Rz. 27, dagegen mit Recht Frisch, a.a.O.

420 BGH, NStZ 1993, S. 337.

421 Bloy, ZStW 107 (1995), S. 585, zurückgehend auf v. Weber, MDR 1957, S. 693.

bei der der Täter fahrlässig Sachen des Opfers beschädigt. Da eine fahrlässige Sachbeschädigung nicht strafbar ist, könnte ihre Berücksichtigung über die „verschuldeten Auswirkungen der Tat" als indirekte Bestrafung wegen eines eigentlich nicht strafbaren Vorganges angesehen werden, und es könnte damit ein Verstoß gegen den nullum-crimen-Satz des Art. 103 Abs. 2 GG vorliegen. Denn dieser legt fest, dass eine Bestrafung wegen einer Tat nur dann erfolgen kann, wenn diese bereits vor der Tat als Straftat hinreichend bestimmt ist.

Nun ließe sich einwenden, dass durch die Vorschrift des § 46 Abs. 2 Satz 2 StGB eine solche Bestimmung im Sinne des Art. 103 Abs. 2 GG ja gerade vorgenommen worden sei.[422] Zuzugeben ist dem, dass die Vorschrift des § 46 Abs. 2 Satz 2 StGB tatsächlich eindeutig bestimmt, dass die „verschuldeten Auswirkungen der Tat" allgemein strafzumessungsrelevant sind. Auch können „bloße" Strafzumessungsvorschriften durchaus die Funktion von Tatbestandsmerkmalen in der Art haben, dass sie das strafrechtliche Unrecht mit beschreiben. Genauso wie Tatbestandslehre und Strafzumessungslehre nicht losgelöst voneinander stehen, so sind ihre Merkmale nicht strikt voneinander unabhängig. Das zeigt sich schon daran, dass eben der Tatbestand und nicht eine besondere Strafzumessungsnorm die tatbestandlich umschriebenen Erfolge als relevant für die Strafzumessung bestimmt. Merkmale von Strafzumessungsvorschriften können nun anders herum auch die Tatbestandsbeschreibung vervollständigen.[423] Aber sie können sie eben nur vervollständigen und nicht sprengen,[424] d.h. sie können nicht die Beschreibung neuer Aspekte vornehmen, die das bereits umschriebene tatbestandliche Unrecht in seiner Tragweite erweitern würden. Strafzumessungsregelungen können also nicht anderes, insoweit neues Unrecht selbst entstehen lassen. Dies ist allein durch Änderungen alter oder Einführung neuer Elemente auf der Tatbestandsebene möglich. Tatbestandslehre und Strafzumessungslehre bauen aufeinander auf und ergänzen sich, sie sind aber nicht beliebig austauschbar. Die generalklauselartige Formulierung des § 46 Abs. 2 Satz 2 StGB kann daher nicht dahingehend verstanden werden, dass hier grundsätzlich alle vom Täter verschuldeten Auswirkungen seines Verhaltens für die Strafzumessung Bedeutung erlangen können. Sie muss sich an die bestehenden Ausgestaltungen tatbestandlichen Unrechts halten und kann diese nur konkretisieren.[425]

Um eine indirekte Bestrafung im Rahmen des § 46 Abs. 2 Satz 2 StGB zu vermeiden, muss für die Frage, welche Auswirkungen der Tat bei der Strafzumessung berücksichtigt werden können, daher das jeweils in Frage stehende

422 Frisch, ZStW 99 (1987), S. 753.
423 Bloy, ZStW 107 (1995), S. 589.
424 Bloy, a.a.O.
425 Bloy, a.a.O.

Delikt ins Auge gefasst werden und das von ihm festgelegte Unrecht bestimmt werden. Das bedeutet, dass zu untersuchen ist, welches Verhalten und welche Folgen das jeweilige Delikt als strafrechtliches Unrecht bestimmt und ahnden will. Es geht also – wie im Rahmen der Tatbestandslehre bei der Lehre der objektiven Zurechnung bzw. der Lehre vom tatbestandsmäßigen Verhalten[426] – darum, den sogenannten Schutzbereich der Norm zu bestimmen. Im oben genannten Fall wäre dann also zu fragen, ob das Körperverletzungsdelikt des § 223 StGB auch davor schützen will, dass gelegentlich der Körperverletzung Sachen des Opfers sorgfaltswidrig beschädigt werden. Dass jedenfalls alle Beeinträchtigungen der körperlichen Unversehrtheit in Form von Wunden, Prellungen und ähnlichem in den Schutzbereich des § 223 StGB fallen, ist ohne weiteres nachvollziehbar. Ob der Schutz der Sachen des Opfers dazugehört, erscheint dagegen zweifelhaft.

Die der Vorschrift der unterlassenen Hilfeleistung des § 323 c StGB zugrunde liegende Verhaltensnorm zielt darauf ab, einen zur Hilfe Fähigen dann, wenn existenziell zur Freiheitsausübung wichtige Rechtsgüter wie das Leben, die körperliche Unversehrtheit oder die Freiheit eines Anderen in erheblicher Gefahr sind, zu einer Hilfeleistung zu verpflichten. Es geht dabei stets um den Schutz der zur Freiheitsausübung existenziell wichtigen Rechtsgüter und auch *nur* um diesen. In den Schutzbereich des § 323 c StGB können daher allein solche Folgen fallen, die erhebliche Beeinträchtigungen der genannten Rechtsgüter darstellen. Denn § 323 c StGB will nur die Bewahrung des Kerns der persönlichen Freiheit des Opfers sicherstellen und hat darüber hinaus keinen weiteren Schutz zum Inhalt.[427]

II) Der Verschuldensmaßstab bei § 46 Abs. 2 Satz 2 StGB

Damit ist aber erst festgestellt, wie die jeweiligen Folgen objektiv beschaffen sein müssen, um überhaupt strafzumessungsrelevante Auswirkungen sein zu können. Es muss sich jedenfalls um Folgen handeln, die den Schutzbereich der Norm von vorneherein nicht überschreiten. Darüber hinaus stellt sich aber noch die Frage, welche *subjektiven* Anforderungen der Schutzbereich hinsichtlich der Einbeziehung von Folgen stellt. Es geht also darum, welcher Verschuldensmaßstab von dem jeweiligen Schutzbereich gefordert wird, damit dem Täter die Folgen seines Verhaltens als „verschuldete Auswirkungen" i.S. von § 46 Abs. 2 Satz 2 StGB angelastet werden können.

---

426 Freund, Strafrecht AT, § 2, Rn. 46 ff.; Frisch, Tatbestandsmäßiges Verhalten, S. 33 ff., 428 f.

427 Vgl. dazu oben 1. Teil B) III) 4) b) bb).

Es lassen sich insoweit verschiedene Möglichkeiten denken, wie der jeweilige Schutzbereich beschaffen ist. So ließe sich überlegen, dass allein das im jeweils in Frage stehenden Tatbestand beschriebene Verschulden den Schutzbereich der Norm bestimmt. Bei den Vorsatzdelikten müsste dann also auch im Rahmen von § 46 Abs. 2 Satz 2 StGB Vorsatz bezüglich der eingetretenen Folgen vorliegen, auch wenn es sich um „außertatbestandliche" Folgen handelt.

Es ließe sich aber auch überlegen, dass insoweit Fahrlässigkeit ausreicht, da der Tatbestand diese Folgen nicht als schuldspruchrelevant umschreibt und sie damit auch nicht in den vorsätzlich zu verwirklichenden Bereich einschließt, so dass für den Bereich des § 46 Abs. 2 S. 2 StGB der Schutzbereich die fahrlässige Verwirklichung dieser Folgen genügen lassen könnte.

1) Die Zurechnung lediglich voraussehbarer „außertatbestandlicher" Folgen

So geht Frisch[428] denn auch davon aus, dass als „verschuldete Auswirkungen der Tat" schon solche Folgen einer Tat in Betracht kommen, die für den Täter adäquat voraussehbar waren, wenn sie nur „die Realisierung einer mit der Tatbestandsbegehung (unter Umständen schon der Tathandlung) angelegten typischen Gefahr darstellen, die – gerade auch wegen der möglichen Folgen – zu verhüten (unter anderem) das Ziel des Grundtatbestandes"[429] ist. Er macht also die für die erfolgsqualifizierten Delikte herausgearbeiteten Zusammenhänge zwischen Fehlverhalten und Fehlverhaltensfolgen und damit § 18 StGB für den Bereich der Strafzumessung fruchtbar.[430]

Im Bereich der Vorsatzdelikte[431] zielt seiner Ansicht nach der Schutzbereich der zugrunde liegenden Verhaltensnormen nicht nur darauf ab, vorsätzlich verwirklichte Schädigungen des oder der durch die Norm geschützten Rechtsgutes/Rechtsgüter zu verhindern. Vielmehr könne den Vorsatzdelikten noch ein weiterer Schutzaspekt immanent sein. Es gehe auch um den Schutz vor solchen Gefahren oder Schädigungen von Rechtsgütern, die durch die vorsätzliche Tatbegehung angelegt und für den Täter voraussehbar seien.[432] Dabei könne es sich

428 GA 1972, S. 321 ff.; ZStW 99 (1987), S. 755.

429 Frisch, GA 1972, S. 346 f. Ebenso Freund, GA 1999, S. 531.

430 Auch Jescheck, Strafrecht AT, S. 794, spricht davon, dass bezüglich Folgen, die eine vom Täter geschaffene typische Gefahr darstellen, wie bei den erfolgsqualifizierten Delikten § 18 StGB anzuwenden sei. Jescheck-Weigend, Strafrecht AT, S. 888, sprechen davon, dass bei Tatfolgen § 18 StGB anwendbar sein solle, bei sonstigen strafschärfenden Unrechtsfaktoren Vorsatz vorliegen müsse.

431 Es soll hier allein die Auswirkung seiner Ansicht für die Vorsatzdelikte vorgestellt werden, da es sich auch bei der unterlassenen Hilfeleistung um ein Vorsatzdelikt handelt.

432 Frisch, GA 1972, S. 343.

um über den Vorsatz hinausweisende Gefährdungen des mit der vorsätzlichen Tatbestandverwirklichung beeinträchtigten Rechtsgutes oder eines anderen Rechtsgutes handeln.[433]

Der Täter hat, wenn er ein vorsätzliches Delikt verwirklicht hat, nach Auffassung Frischs nicht nur eine Pflichtwidrigkeit hinsichtlich der Vorsatztat, sondern auch hinsichtlich „eines in der Vorsatztat steckenden Gefährdungsdeliktes begangen".[434] Insoweit lässt Frisch es dann genügen, dass diese Folgen bloß fahrlässig herbeigeführt wurden.

Durch diese weite Beschreibung des Schutzbereichs der (Vorsatz-) Norm will Frisch dem auch hier naheliegenden Einwand einer indirekten Bestrafung entgehen. Sind den vorsätzlichen Taten nämlich die von Frisch dargestellten Gefährdungen tatsächlich immanent, so sind sie im Gesetz enthalten, und der Einwand der indirekten Bestrafung greift nicht.

Dazu nun meint Frisch, dem Gesetz könne grundsätzlich der Wille entnommen werden, dass die den Vorsatzdelikten zugrundeliegenden Verhaltensnormen auch vor solchen Gefahren schützen wollten, die von der Tathandlung adäquat verursacht worden sind,[435] so dass auch fahrlässig verursachte Folgen vielfach Bedeutung erlangen könnten. Dafür spreche auch, dass die Normen, obwohl sie gerade auch vor diesen Gefahren schützen wollten, die Folgen nicht in den (schuldspruchrelevanten) *Vorsatz*tatbestand mit aufgenommen hätten, so dass davon auszugehen sei, dass diesbezüglich *Fahrlässigkeit* genüge.[436]

Puppe[437] kommt zu einem ähnlichen Ergebnis und lässt es für die Einbeziehung einer „*inner*tatbestandlichen" Folge als „verschuldete Auswirkung" der Tat ebenfalls ausreichen, dass die Folge vorhersehbar ist.[438] Auch sie hält es bei vielen Tatbestandsverwirklichungen geradezu für charakteristisch, dass das „Vorgehen des Täters geeignet ist, einen höheren Schaden zu verursachen, als er selbst plant und als ihm zugute kommen soll".[439] Wenn Puppe dies ausdrücklich nur für „innertatbestandliche" Folgen bestimmt, so ist diese Aussage dennoch auch auf „außertatbestandliche" Folgen zu übertragen. Es gibt keinen Grund, hier nicht auch Fahrlässigkeit genügen zu lassen, wenn sich die Folge als geradezu charakteristisch für die jeweilige Tatbestandsverwirklichung erweist.

---

433 Frisch, a.a.O.
434 Frisch, a.a.O.
435 Frisch, GA 1972, S. 333.
436 Frisch, ZStW 99 (1987), S. 755.
437 FS für Spendel, S. 451 ff.
438 Puppe, FS für Spendel, S. 465.
439 Puppe, a.a.O.

Dabei versteht Puppe die Kausalität jedoch nicht im Sinne der Bedingungstheorie. Vielmehr sind für sie nur solche Folgen kausal, bei denen die Eigenschaften der Handlung, die die Verletzung der Norm gerade ausmachen, kausalgesetzlich für die Erklärung des Zustandekommens der Folgen erforderlich sind.[440] Das heißt, es müssen zur Erklärung, wie es zu der Folge gekommen ist, die tatbestandsmäßigen Eigenschaften der Handlung angegeben werden. Lässt sich auch eine allgemeinere Erklärung für den Eintritt der Folge finden, so ist ein Kausalzusammenhang abzulehnen.

Auch Puppe benutzt dazu ein Beispiel, in dem sie ein Körperverletzungsdelikt mit einer Sachbeschädigung verknüpft. Dabei schlägt der Täter dem Opfer mit einer Tonplastik auf den Kopf, die daraufhin zerbricht. Hier gilt nach Ansicht Puppes schon die allgemeine Erklärung, dass eine Tonplastik dann zerbricht, wenn man sie auf einen harten Gegenstand schlägt. Die Eigenschaften des Körperverletzungstatbestandes müssen hier zur Erklärung des Eintritts der Folge nicht herangezogen werden. Die Sachbeschädigung ist daher nur gelegentlich und nicht durch die Körperverletzung entstanden, schon ein Kausalzusammenhang scheidet hier also aus.[441] Auf die weiteren Fragen bezüglich des Schutzbereiches und des Verschuldens ist daher nach Puppe in diesem Fall gar nicht mehr einzugehen.

In Fällen, in denen es auf die Bestimmung des Schutzzweckzusammenhangs zwischen dem Verhalten des Täters und den Folgen ankommt, d.h. der Frage, ob die verletzte Norm gerade auch vor dem Eintritt dieser Folgen schützen will, ist für Puppe von entscheidender Bedeutung, dass dieser Zusammenhang dann nicht mehr besteht, wenn der durch das normwidrige Verhalten bewirkte unerlaubte Zustand zwischenzeitlich in einen erlaubten Zustand übergegangen ist.[442] Denn dann hat sich ihrer Ansicht nach nicht mehr gerade der unerlaubte Zustand im Erfolg realisiert.

Liegen die kausal herbeigeführten Folgen aber im Schutzbereich der Norm, so reicht ihrer Ansicht nach für ihre Berücksichtigung aus, dass sie vorhersehbar waren, wenn ihr Eintritt geradezu charakteristisch für die Verletzung der betroffenen Norm ist. Beispielhaft führt Sie insoweit an, dass es für viele Tatbestandsverwirklichungen geradezu charakteristisch sei, dass der Täter einen höheren Schaden verursache, als er selbst geplant habe und ihm selbst zugute kommen sollte.[443] So könne etwa beim Betrug die Verfügung des Getäuschten zu einem wesentlich höheren Schaden führen, als der Täter geplant habe. Da der

---

440 Puppe, a.a.O., S. 458, 468.
441 Puppe, a.a.O., S. 458.
442 Puppe, a.a.O., S. 461.
443 Puppe, a.a.O., S. 465.

Gesetzgeber hier die Veranlassung der vermögensschädigenden Verfügung gerade um ihrer besonderen Gefährlichkeit willen unter Strafe gestellt habe, sei der vom Täter zwar nicht geplante aber voraussehbare höhere Schaden eine Folge, für die er über § 46 StGB hafte.[444]

Auch der Bundesgerichtshof[445] sowie die überwiegenden Stimmen in der Literatur[446] gehen davon aus, dass es für die Zurechnung von Fehlverhaltensfolgen im Rahmen des § 46 Abs. 2 StGB ausreicht, dass die eingetretenen Folgen der Tat vorhersehbar waren, wenn sie nur in den Schutzbereich der vom Täter verletzten Norm fallen.

2) Die Zurechnung nur vorsätzlich herbeigeführter „außertatbestandlicher" Folgen

Es ließe sich aber auch überlegen, ob sich nicht der Vorsatz des Täters, wenn es sich um „außertatbestandliche" Folgen eines Vorsatzdeliktes handelt, auch auf diese Folgen beziehen muss, damit sie ihm als strafschärfend im Rahmen der Strafzumessung zur Last gelegt werden können. Die bloße Voraussehbarkeit der Folgen würde dann nicht ausreichen, vielmehr müsste der Täter den Eintritt der Folgen erkannt und ihn wenigstens in Kauf genommen haben. Damit wäre die Zurechenbarkeit von Folgen einem anderen Maßstab als bei den erfolgsqualifizierten Delikten unterworfen.

Die Parallele zu den erfolgsqualifizierten Delikten zu ziehen, könnte sich schon allein deshalb verbieten, weil das Gesetz eben nur in ganz bestimmten und einzeln normierten Fällen eine Zurechnung bloß voraussehbarer Folgen als strafschärfend anerkennt. Zwar geht es insoweit zunächst einmal nur um die Frage, inwieweit diese Folgen für den Schuldspruch relevant werden, es fragt sich aber, ob damit nicht auch eine (Vor-)Entscheidung hinsichtlich der Relevanz solcher Folgen für den Strafausspruch getroffen ist.

Die in diesem Zusammenhang früher anzutreffende Aussage, was den gesetzlichen Strafschärfungsgründen (also den erfolgsqualifizierten Delikten) recht sei, sollte den richterlichen Straferhöhungsgründen (also den Strafzumessungstatsachen) billig sein,[447] ist zu pauschal und nur im Zusammenhang mit dem damaligen Durchbruch des Schuldgedankens für den Zurechnungszusammen-

444 Puppe, a.a.O., S. 465.

445 BGH, NStZ 1993, S. 337 zur Vorhersehbarkeit auch NStZ 1986, S. 85 (86).

446 Tröndle/Fischer (Tröndle), StGB-Komm., § 46, Rn. 34; Bruns, S. 164; Spendel, NJW 1964, S. 1764; Berz, NStZ 1993, S. 87; Jescheck-Weigend, Strafrecht AT, S. 888.

447 Vgl. Spendel, NJW 1964, S. 1764.

hang bei den erfolgsqualifizierten Delikten zu erklären.[448] Zum ersten Mal wurde da nämlich wenigstens die Schuldform der Fahrlässigkeit hinsichtlich der qualifizierenden Folgen verlangt, was als große Errungenschaft der Schuldlehre verstanden wurde.

Aus der bloß für bestimmte Delikte vorgesehenen Möglichkeit der Strafschärfung wegen des Eintritts lediglich voraussehbarer Folgen ein allgemeines Prinzip im Rahmen der Strafzumessung zu entwickeln, erweist sich als problematisch. Es ließe sich nämlich auch argumentieren, dass sich gerade umgekehrt aus diesem Prinzip der Einzelnormierung ergibt, dass dort, wo der Gesetzgeber eine Strafschärfung wegen des Eintritts bloß voraussehbarer („außertatbestandlicher") Folgen gerade nicht vorgesehen hat, eine solche auch über den Weg des § 46 Abs. 2 Satz 2 StGB nicht möglich ist.

So scheidet nach Bloy eine Zurechnung fahrlässiger Folgen denn auch aus, „wenn das durch die Tat betroffene Rechtsgut nur gegen vorsätzliche Angriffe geschützt ist".[449] So müssten seiner Ansicht nach beispielsweise fahrlässig herbeigeführte Eigentumsverletzungen im Rahmen des § 46 Abs. 2 Satz 2 StGB in der Regel ohne Berücksichtigung bleiben, da sonst das System des Strafgesetzbuches um ein allgemeines sekundäres Fahrlässigkeitsdelikt erweitert würde.[450]

Auch Stree[451] spricht sich gegen eine Einbeziehung lediglich voraussehbarer Folgen im Rahmen des § 46 Abs. 2 Satz 2 StGB aus. Seiner Ansicht nach handelt es sich bei den Strafzumessungstatsachen um Aspekte, die die Tatbestände näher beschrieben. Deshalb könne dann, wenn der Gesetzgeber sie im jeweiligen Tatbestand nicht ausdrücklich aufgezählt habe, schon daher kein Zweifel daran bestehen, dass er bei Vorsatzdelikten auch hinsichtlich dieser Aspekte Vorsatz fordern würde.[452]

Bevor der Frage nachgegangen wird, welcher der vertretenen Auffassung der Vorzug einzuräumen ist, soll kurz die Relevanz der hier zu entscheidenden Frage für den Bereich der unterlassenen Hilfeleistung verdeutlicht werden.

---

448 Puppe, FS für Spendel, S. 452.

449 Bloy, ZStW 107 (1995), S. 593. Weitere Vertreter dieser Auffassung: Sch/Sch/Stree, StGB-Komm., § 46, Rn. 26; Sch/Sch/Cramer, StGB-Komm., § 15, Rn. 31; SK/Horn, StGB-Komm., § 46, Rn. 106; AK/Zielinski, StGB-Komm., §§ 15, 16, Rn. 38.

450 Bloy, a.a.O.

451 Sch/Sch/Stree, StGB-Komm., § 46, Rn. 26.

452 Stree, a.a.O.

3) Der Verschuldensmaßstab bei der unterlassenen Hilfeleistung

Im Rahmen der Frage der Folgenverantwortlichkeit bei der unterlassenen Hilfeleistung stellt sich die Frage des Verschuldensmaßstabes nämlich in gleicher Weise. Der Tatbestand selbst erfordert das *vorsätzliche* Unterlassen der erforderlichen Hilfeleistung. Kommt es nun aufgrund des Unterlassens der Hilfe zum Eintritt von Folgen, die der Täter lediglich vorausgesehen hat, so ist auch hier die Frage, ob dies ausreicht, um sie ihm (wenn sie in den Schutzbereich des § 323 c StGB fallen) strafschärfend zur Last zu legen. Denn hier ist die Gefahr der indirekten Bestrafung in besonderer Weise gegeben.

Es findet sich im Strafgesetzbuch außer bei § 138 StGB keine andere Norm, die rechtsgutsbeeinträchtigende Unterlassungen von jedermann erfasst. Also auch keine Norm, die fahrlässige Unterlassungen von jedermann unter Strafe stellt. Finden sich bei vielen anderen Vorsatzdelikten wenigstens teilweise noch Vorschriften, die auch fahrlässige Beeinträchtigungen des jeweiligen Rechtsgutes erfassen, so ist dies bei § 323 c StGB jedenfalls nicht der Fall. Denn wenn beispielsweise durch das Unterlassen der Hilfe der Tod des Opfers als voraussehbare Folge eingetreten ist, so ist zwar eine fahrlässige Tötung im Gesetz vorgesehen, aber nur dann, wenn die Tötung durch ein fahrlässiges Handeln vorgenommen wurde oder aber der Unterlassende eine Garantenstellung inne hatte. Eine fahrlässige Tötung durch das Unterlassen eines Nicht-Garanten kennt das Gesetz nicht.

Es ließe sich allerdings auch hier fragen, ob nicht der Vorschrift des § 323 c StGB (wenigstens teilweise) der Schutz vor bestimmten lediglich voraussehbaren Folgen immanent ist, wie dies Frisch und Puppe allgemein für eine Reihe von Vorsatzdelikten annehmen, falls deren Überlegungen sich doch als richtig erweisen.

4) Stellungnahme zum Verschuldensmaßstab

Der Einwand von Bloy, der die Zurechnung lediglich voraussehbarer Folgen insbesondere damit ablehnt, dass der Gesetzgeber durch die Normierung einzelner Tatbestände als erfolgsqualifizierte Delikte eine Strafschärfung wegen des Eintritts voraussehbarer Folgen gerade auch nur für diese Fälle vorgesehen habe, kann nur bedingt überzeugen. Sicherlich scheint damit auf den ersten Blick festzustehen, dass das Gesetz voraussehbaren Folgen an anderen Stellen jedenfalls nicht die gleiche Bedeutung zukommen lassen will, wie es dies bei den erfolgsqualifizierten Delikten tut. Aber lässt man eine Strafschärfung durch voraussehbare Folgen im Rahmen des § 46 Abs. 2 Satz 2 StGB zu, so hat dies auch nicht die gleiche Bedeutung wie die Strafschärfung im Rahmen der erfolgsqualifizierten Delikte. Denn bei diesen Delikten ist schon der Strafrahmen in erheblichem Maße gegenüber dem entsprechenden Grundtatbestand erhöht. So sieht das Gesetz für eine schwere Körperverletzung in § 226 Abs. 1 StGB bei einer fahrlässigen Herbeiführung der schweren Folgen einen Strafrahmen von Freiheitsstrafe von einem Jahr bis zu zehn Jahren vor. Der Grundtatbestand des § 223 StGB hat dagegen einen Strafrahmen von Geldstrafe bis zu fünf Jahren Freiheitsstrafe.

Es geht bei den erfolgsqualifizierten Delikten überdies immer auch um die Änderung des Schuldspruches. Der Täter wird hier nicht mehr aus dem Grundtatbestand, sondern eben aus dem (erfolgs-) qualifizierten Delikt schuldig gesprochen.

Diese gesteigerte Bedeutung der Folgen schon für den Schuldausspruch ist mit einer Berücksichtigung von voraussehbaren Folgen und einer damit einhergehenden Strafschärfung im Rahmen des § 46 Abs. 2 Satz 2 StGB nicht zu vergleichen. Hier sind die „verschuldeten Auswirkungen der Tat" ein einzelner Aspekt im Rahmen verschiedener Strafzumessungstatsachen. Dieser einzelne Aspekt hat nicht die gleichen erheblichen Auswirkungen für die Bestrafung des Täters wie dies die qualifizierenden Folgen mit der Veränderung des Strafrahmens und Schuldspruchs haben. Die gesetzliche Aufzählung einzelner erfolgsqualifizierter Delikte war daher auf der einen Seite für den Gesetzgeber zwingend nötig, da nur so der besondere Strafrahmen dieser Delikte überhaupt geschaffen werden konnte; sie besagt auf der anderen Seite aber nichts darüber, wie voraussehbare Folgen im Rahmen des bestehenden Strafrahmens anderer Delikte zu behandeln sind. Denn immerhin spricht ja auch § 46 Absatz 2 Satz 2 StGB nur von „verschuldeten" Auswirkungen und lässt damit auch die Möglichkeit offen, hier als Verschuldensmaßstab Fahrlässigkeit genügen zu lassen.

Das Argument von Stree, dass der Gesetzgeber bei Vorsatzdelikten hinsichtlich „außertatbestandlicher" Folgen deshalb am Vorsatzerfordernis festhalten würde, weil sie lediglich nähere Beschreibungen des Tatbestandes seien, ist ebenfalls nicht zwingend. Sicherlich sind die Strafzumessungstatsachen als Beschreibungen des jeweiligen tatbestandlichen Unrechts zu begreifen, aber die Frage ist doch gerade, ob nicht das tatbestandliche Unrecht jedenfalls teilweise auch den Schutz nur voraussehbarer Folgen betrifft. Der Verweis darauf, dass der Gesetzgeber zweifellos bezüglich dieser Folgen auch Vorsatz fordern würde, ist eine bloße Behauptung. Der Gesetzgeber könnte hier gerade auch eine Vorsatz-Fahrlässigkeitskombination im Sinne von § 18 StGB im Blick haben,[453] die er aber nicht eigens aufgeführt hat, da er keinen erhöhten Strafrahmen einführen wollte.

453 So auch Puppe, FS für Spendel, S. 464.

Für einige Tatbestände könnte es tatsächlich geradezu charakteristisch sein, dass das Verhalten des Täters geeignet ist, einen höheren Schaden hervorzurufen, als er selbst plant.[454] Es ist nicht auszuschließen, dass auch der Gesetzgeber diese Möglichkeit gesehen hat und mit der Nichteinbeziehung der „außertatbestandlichen" Folgen in den Vorsatztatbestand eine Einbeziehung dieser Folgen über § 46 Abs. 2 Satz 2 StGB, der den Verschuldensmaßstab der Fahrlässigkeit wenigstens nicht ausschließt, ermöglichen wollte. Hätte er dagegen die Folgen in den Vorsatztatbestand mit aufgenommen, wäre diese Möglichkeit verwehrt.

Letztlich muss für die Beantwortung der Frage, welche Folgen im Strafausspruch über § 46 Abs. 2 Satz 2 StGB Bedeutung erlangen können, immer die jeweils übertretene Verhaltensnorm ins Auge gefasst werden. Es stellt sich dabei die Frage, vor welchen Folgen die jeweilige Verhaltensnorm schützen will. Eine pauschale Antwort derart, dass im Rahmen von Vorsatzdelikten nur vorsätzliche Folgen erfasst werden, ist dem Gesetz nicht zu entnehmen.

Wenn die in Frage stehende Verhaltensnorm auch vor nur voraussehbaren Folgen für die durch sie geschützten Rechtsgüter schützen will, so können solche Folgen in die Bestrafung des Täters mit einfließen. Dies kann insbesondere dann der Fall sein, wenn die entsprechenden Folgen typischerweise mit dem Verhaltensnormverstoß einhergehen. Denn typischerweise mit einem Verhaltensnormverstoß einhergehende Beeinträchtigungen der geschützten Rechtsgüter müssen im Sinne eines effektiven Rechtsschutzes stets dem Schutzbereich der jeweiligen Verhaltensnorm unterfallen. Dies wird in der Regel bei dem von Puppe genannten Beispiel des vom Täter verursachten höheren Schadens der Fall sein.

Wenn sich also herausstellen sollte, dass der Täter auch bei einem Verstoß gegen die Hilfeleistungspflicht des § 323 c StGB grundsätzlich für sich daraus ergebende Folgen verantwortlich gemacht werden kann, [455] so ist dann zu fragen, ob es auch dabei solche Folgen geben kann, die typischerweise mit einem solchen Verhaltensnormverstoß einhergehen, so dass sie dem Täter auch dann vorgeworfen werden können, wenn er sie lediglich voraussehen konnte.[456]

---

454 Puppe, a.a.O.

455 Dazu sogleich der 4. Teil.

456 Dazu unten, 5. Teil B) und C).

4. Teil: Die Folgenverantwortlichkeit bei der unterlassenen Hilfeleistung – § 323 c StGB als Delikt zur Abwendung von Gefahren und Schädigungen des Opfers

Es steht nunmehr fest, dass die Hilfeleistungspflicht des § 323 c StGB dem Rechtsgüterschutz dient, und zwar im Hinblick auf die Rechtsgüter Leben, körperliche Unversehrtheit sowie Freiheit. Weiterhin kann auch die Systematik des Gesetzes hinsichtlich der Bedeutung von Folgen bei der Bewertung einer Tat überzeugen. Daher kann nun die Frage nach der Folgenverantwortlichkeit im Rahmen des § 323 c StGB selbst beantwortet und die Richtigkeit der eingangs erwähnten[457] Aussagen zur Unbeachtlichkeit der Folgen im Rahmen von § 323 c StGB überprüft werden.

A) Inhalt der Hilfeleistungspflicht – bloße Handlungspflicht oder Pflicht zur Verhinderung von Gefahren und Schädigungen

Von entscheidender Bedeutung dafür ist der konkrete Inhalt, den die Pflicht zur Hilfeleistung hat. Denn nur der Inhalt der in § 323 c StGB beschriebenen Hilfeleistungspflicht kann darüber Aufschluss geben, wie mögliche Folgen einer unterlassenen Hilfeleistung bei der Bewertung der Tat zu berücksichtigen sind.

I) § 323 c StGB als „schlichtes" Untätigkeitsdelikt

Insbesondere zur Abgrenzung der sog. begehungsgleichen von den nicht begehungsgleichen Unterlassungsdelikten wird bei den nicht begehungsgleichen Unterlassungsdelikten der §§ 323 c, 138 StGB teilweise nur eine reine Pflicht zur Vornahme der entsprechenden Handlung gesehen.[458] Anders als bei den begehungsgleichen Unterlassungsdelikten, bei denen schon § 13 StGB davon spricht, dass „... wer es unterlässt, einen Erfolg abzuwenden (...) ist (...) strafbar...", soll es hier nicht darum gehen, schädliche Erfolge für das Opfer abzuwenden. Vielmehr sei allein die „Entfaltung einer schlichten Tätigkeit" gefordert. Die Hilfeleistungspflicht sei daher besser als Hilfeleistungs*betätigungs*pflicht zu bezeichnen.[459] Es handele sich bei § 323 c StGB um ein schlichtes

457 Vgl. Einleitung.

458 Wessel/Hettinger, Strafrecht BT/1, Rn. 1042; Georgakis, S. 6/7; Schmidt, S. 82; Maurach, JR 1956, S. 348 f.

459 Maurach, JR 1956, S. 348 (Hervorhebung durch Verfasserin).

Untätigkeitsdelikt.[460] Inhalt der Hilfeleistungspflicht wäre damit also die Hilfeleistung als solche, mögliche Folgen auf Seiten des Opfers wären dann, wie die erwähnten Feststellungen zur Bedeutungslosigkeit der Folgen bei § 323 c StGB auszusagen scheinen, tatsächlich ohne Bedeutung. Denn wenn sich der Inhalt der Pflicht allein als die Betätigung als solche darstellt, ohne einen Bezug zu möglichen Folgen der Tat, muss die Bewertung eines Verstoßes gegen diese Pflicht auch ohne einen Bezug zu möglichen Folgen der Tat bleiben.

Diese Ansicht kann aber allenfalls dann überzeugen, wenn man die mitmenschliche Solidarität selbst als das durch § 323 c StGB geschützte Rechtsgut ansieht.[461] Denn dann wäre es tatsächlich allein erforderlich, dass der Täter überhaupt Hilfe leistet. Das Unrecht einer unterlassenen Hilfeleistung läge in diesem Fall nämlich gerade in dem Versagen einer Hilfeleistung und damit dem Versagen der mitmenschlichen Solidarität. Dieses Rechtsgut wäre stets ausschließlich durch das Untätigsein des Täters verletzt, da die Hilfe „um der Hilfe willen" erforderlich gewesen wäre. Wie bereits erläutert kann § 323 c StGB aber gerade nicht über den Aspekt des Schutzes der mitmenschlichen Solidarität legitimiert werden, sondern es sind vielmehr die Individualrechtsgüter des Lebens, der körperlichen Unversehrtheit und der Freiheit, deren Schutz die Hilfeleistungspflicht bezweckt.[462]

II) § 323 c StGB als Gebot zur Erfolgsabwendung – der Begriff des „Hilfeleistens" als finales Tätigkeitswort

Wenn es bei § 323 c StGB um den Schutz dieser Rechtsgüter geht, so muss der zur Hilfe Fähige aber, um das Hilfeleistungsgebot tatsächlich zu erfüllen, stets eine Handlung vollbringen, die diesen Schutz auch gewährleistet. Es geht bei § 323 c StGB eben nicht darum, Hilfe um der Hilfe willen zu leisten, sondern tatsächlich eine Handlung zu vollbringen, die zur Bewahrung der Freiheitsausübung des Opfers beiträgt.[463]

Auch der Begriff des „Hilfeleistens", sieht man ihn im Zusammenhang mit dem Aspekt des Rechtsgüterschutzes, deutet an, dass ein Verhalten gefordert wird, dass die Abwendung weiterer Gefahren oder Verletzungen für das ent-

460 Maurach, JR 1956, S. 349.

461 Wie dies auch Maurach tut, JR 1956, S. 349; anders dagegen Wessels/Hettinger, Strafrecht BT/1, Rn. 1042, die die Individualrechtsgüter des Opfers als durch § 323 c StGB geschützt ansehen.

462 Vgl. oben, 1. Teil B) III) 4) c).

463 Vgl. auch Geilen, Jura 1983, S. 141.

sprechende Rechtsgut zum Ziel hat.[464] Denn wie anders soll wirksam Hilfe geleistet werden können, wenn die Rechtsgüter des Opfers, die durch die Norm geschützt werden sollen, sich bereits durch den Unglücksfall, die gemeine Gefahr oder Not in unmittelbarer Gefahr befinden? Von einer Hilfeleistung kann nur dann gesprochen werden, wenn sich die Situation, in der das Opfer sich befindet, tatsächlich verbessert. Der Sinn einer Hilfeleistung ist stets in einer solchen Situationsverbesserung zu sehen. Und das heißt, dass eine Hilfeleistung, will sie als solche anerkannt werden, gerade geeignet sein muss, weitere Beeinträchtigungen des Opfers zu unterbinden. Die bloße „gute Absicht" des Helfenden reicht insoweit nicht. Andererseits ist sie aber auch nicht notwendig, wenn die Hilfeleistung als solche „stimmt", das heißt wenn sie weitere Beeinträchtigungen zu verhindern weiß. „Hilfeleisten" ist damit als ein *finales Tätigkeitswort* zu verstehen,[465] das auf die Abwendung nachteiliger Folgen für das Opfer gerichtet ist.

Der nach § 323 c StGB Hilfeleistungspflichtige muss sich daher, um dem Hilfeleistungsgebot nachzukommen, jedenfalls ernsthaft bemühen, weitere Beeinträchtigungen der körperlichen Unversehrtheit, der Freiheit oder des Lebens zu unterbinden. Das bedeutet, dass der Hilfeleistungspflichtige nicht nur drohende Verletzungen, sondern auch weitere Gefahren für die durch § 323 c StGB geschützten Rechtsgüter vom Opfer abwenden muss.[466] Denn genauso wie Gefahren für die Rechtsgüter die Hilfeleistungspflicht überhaupt entstehen lassen können, muss bereits die Abwendung von weiteren Gefahren für die Rechtsgüter des Opfers vom Hilfeleistungspflichtigen verlangt werden. Sonst könnte ein sinnvoller Rechtsgüterschutz im Rahmen des § 323 c StGB wiederum nicht erreicht werden. Denn allein der Eintritt von Gefahren für die Rechtsgüter „Leben", „körperliche Unversehrtheit" und „Freiheit" ruft schon eine erhebliche Gefährdung für den Kernbereich der persönlichen Freiheitsausübung des Opfers hervor. Gerade dieser Kernbereich soll aber durch die Verpflichtung zur solidarischen Hilfeleistung in besonderem Maße geschützt werden.

Ist bereits eine (Teil-)Schädigung des Opfers eingetreten, so kann eine Hilfeleistung nur darin bestehen, dass der Täter eine darüber hinausgehende Gefahr oder Verletzung wiederum durch geeignete Maßnahmen zu unterbinden versucht.

---

464 So auch Schürmann, S. 65; ebenso BGHSt 3, S. 67.

465 Jakobs, Strafrecht AT, 28/11.

466 Schöne, S. 58; Schürmann, S. 65. Für ein Erfolgsabwendungsgebot bei (dem damaligen) § 330 c StGB auch Kaufmann, Dogmatik, S. 275.

Es muss auch stets darum gehen, diese Gefahren oder Verletzungen tatsächlich abzuwenden.[467] Denn geholfen ist dem Opfer eben immer nur dann, wenn die bevorstehenden Gefahren oder Verletzungen auch tatsächlich unterbunden werden. Das heißt nun nicht, dass ein zur Hilfe Fähiger und auch Helfender sich stets einer unterlassenen Hilfeleistung schuldig macht, wenn trotz seiner Hilfsbemühungen eine weitere Gefahr oder eine Verletzung des Opfers eingetreten ist. Menschenunmögliches kann im Rahmen von § 323 c StGB genauso wenig verlangt werden wie im Rahmen des Erfolgsabwendungsgebotes des § 13 Abs. 1 StGB. Der Helfende muss sich aber im Rahmen seiner Handlungsfähigkeit nach besten Kräften bemüht haben, die Gefahren bzw. Verletzungen vom Opfer abzuwenden.[468]

Die Hilfeleistungspflicht erfordert daher ein zielgerichtetes Handeln des Täters zur Abwendung weiterer Gefahren oder Verletzungen und nicht bloß überhaupt ein „schlichtes" Tätigwerden. Es geht nicht darum, bloßen „Beistand" in einer für das Opfer schwierigen Lage zu geben.[469] So reicht es nicht aus, wenn das bei einem Verkehrsunfall verunglückte, am Straßenrand liegende Opfer vom Hilfsfähigen allein seelischen Zuspruch bekommt.[470] Dies könnte ausreichen, wenn man die mitmenschliche Solidarität als durch § 323 c StGB geschützt ansehen würde. Denn wenigstens ein gewisses Maß an mitmenschlicher Solidarität hätte der „Täter" hier ja gezeigt. Will man dem (Individual-)Rechtsgüterschutz des § 323 c StGB aber wirklich gerecht werden, so muss das Hilfeleistungsgebot ein Handeln verlangen, das tatsächlich bewirken kann, das Opfer aus der Situation der Hilfsbedürftigkeit zu befreien. Die hierzu erforderliche Hilfeleistung wird deshalb von § 323 c StGB verlangt. Inhalt der Hilfeleistungspflicht ist damit die Abwendung von Gefahren oder Schädigungen des Opfers.

Dass § 323 c StGB für den schuldspruchrelevanten Tatbestand nicht den Eintritt eines bestimmten Erfolges in Form einer tatsächlichen Verletzung voraussetzt, steht diesem Ergebnis nicht entgegen.[471] Schon die Fälle eines strafbaren Versuchs machen deutlich, dass die Verletzung eines Ver- oder Gebots

---

467 Schöne, S. 58 ff.; Schürmann, S. 66; Herzberg, S. 25; Kreuzer, S. 113; Jakobs, Strafrecht AT, 28/11.

468 Schöne, S. 69.

469 Geilen, Jura 1983, S. 141 f.

470 So auch Geilen, a.a.O., S. 141.

471 Gegen die Ansicht Blindauers, S. 35, 72, die unterlassene Hilfeleistung setze als objektive Bedingung der Strafbarkeit den Eintritt eines Schadens voraus mit Recht Schöne, S. 70 ff.

zur Erfolgsabwendung gerade auch ohne einen Erfolgseintritt strafbar sein kann.[472]

Geht es für den Hilfeleistungspflichtigen also darum, weitere Gefahren oder Verletzungen, sofern solche bereits eingetreten waren, für das Opfer abzuwenden, so heißt dies nicht, dass es um die Abwendung sämtlicher möglicher – auch leichtester Gefahren oder Verletzungen – geht. Insoweit kann eine Hilfeleistung immer nur solange gefordert werden, wie weiterhin erhebliche Gefahren oder Verletzungen für die Rechtsgüter des Opfers drohen. Nur weil die Hilfeleistungspflicht bereits durch eine einmal gegebene erhebliche Gefährdung oder Verletzung entstanden ist, heißt dies nicht, dass sie auch bis zur Abwendung sämtlicher weiterer Gefahren/Verletzungen des Opfers bestehen bleibt. Strafrechtlich kann auch hier vom Täter nur weiterhin die Abwendung erheblicher Gefahren/Verletzungen für die persönliche Freiheitssphäre des Opfers verlangt werden.

Tatbestandlich festmachen lässt sich dies daran, dass eine Hilfeleistung nur „bei“ einem Unglücksfall, gemeiner Gefahr oder Not verlangt wird. Dies beinhaltet zunächst einmal ein zeitliches Moment dahingehend, dass überhaupt eine dieser drei Situationen eingetreten sein muss, um die Hilfeleistungspflicht überhaupt entstehen zu lassen.

Gleichzeitig kann der Ausdruck „bei“ einem Unglücksfall, gemeiner Gefahr oder Not aber auch noch so verstanden werden, dass, nachdem die Pflicht einmal entstanden ist, diese nur solange weiterbesteht, wie die Voraussetzungen einer der drei beschriebenen Situationen noch vorliegen. „Bei“ ist insoweit also im Sinne von „während“ zu verstehen. Nur solange noch immer erhebliche Gefahren oder Verletzungen für das Opfer drohen, muss Hilfe geleistet und versucht werden, diese Beeinträchtigungen vom Opfer fernzuhalten. Hat der Täter dagegen die für die Entstehung der Hilfeleistungspflicht verantwortlichen Gefahren oder Schädigungen abgewendet, oder sind sie durch andere Umstände, etwa dadurch, dass das zunächst bewusstlose Opfer wieder zu sich kommt und nun keinen Gefahren mehr ausgesetzt ist, beseitigt worden, so endet die Hilfeleistungspflicht, da keine der drei Situationen des Unglücksfalles, der gemeinen Gefahr oder Not mehr vorliegen und das Gesetz zu Recht nur eine Hilfe „bei“ und nicht „nach“ einer Notsituation fordert.

Sieht man, anders als die ursprüngliche Unterscheidung von nicht begehungsgleichen und begehungsgleichen Unterlassungsdelikten dies tat,[473] in § 323 c StGB auch eine Pflicht zur Abwendung von Gefahren oder Verletzungen, so heißt dies nicht, dass der Täter bei dem nicht begehungsgleichen Unterlassungsdelikt der unterlassenen Hilfeleistung in gleicher Weise für den

472 So auch Schöne, S. 63.
473 Vgl. dazu oben, 4. Teil A) I).

Nichteintritt weiterer Gefahren oder Verletzungen einzustehen hat, wie im Rahmen der begehungsgleichen Unterlassungsdelikte. Das zeigt schon die geringere Strafdrohung in § 323 c StGB. Der Täter wird nicht in der gleichen Weise zur Verantwortung gezogen, wenn die Rechtsgüter des Opfers wegen des Unterlassens der Hilfe weiteren Gefahren oder Verletzungen ausgesetzt wurden, als in den Fällen eines begehungsgleichen Unterlassungsdeliktes.

Diese Unterscheidung liegt darin, dass wegen der bereits an anderer Stelle deutlich gemachten[474] besonderen Verantwortlichkeit für die Rechtsgüter des Opfers der Unrechtsgehalt im Rahmen der begehungsgleichen Unterlassungsdelikte gesteigert ist.[475] Es wiegt schwerer, wenn der Täter nicht nur durch das Band der Solidarität mit dem Opfer verbunden ist, sondern durch eine besondere Form der Verantwortlichkeit. Der Täter hat dann eine besondere Pflicht für die Rechtsgüter des Opfers übernommen, deren Verletzung auch besonders geahndet wird.

Demgegenüber kann die „allgemeine" Pflicht zur solidarischen Hilfe, die jedermann treffen kann, nicht in der gleichen Weise bewertet werden. Mögen die Gefahren oder Verletzungen für die Rechtsgüter des Opfers auch gleich sein, so ist doch der Unrechtsgehalt wegen des Fehlens der besonderen Verantwortlichkeit des Täters geringer.[476]

Damit ist auch eine weitere schon angedeutete Frage beantwortet.[477] In der besonderen (Garanten-)Verantwortung des Täters für die Rechtsgüter des Opfers gegenüber der allgemeinen Verantwortung aus dem Band der Solidarität kann der Unterschied zwischen den begehungsgleichen und den nicht begehungsgleichen Unterlassungsdelikten ausgemacht werden. Nicht aber in der Frage, ob bei § 323 c StGB auch die Abwendung von Gefahren und Verletzungen des Opfers gefordert werden kann.[478]

B) Deliktstypus des § 323 c StGB

Bevor einige konkrete Beispiele der Folgenverantwortlichkeit bei § 323 c StGB in den Blick genommen werden, soll noch die Frage beantwortet werden,

474 Vgl. oben, 1. Teil B) II).

475 Schöne, S. 62. Vgl. auch Frellesen, der den Unterschied zwischen den begehungsgleichen und nicht begehungsgleichen Unterlassungsdelikten ebenfalls in den unterschiedlichen personalen Voraussetzungen beim Unterlassenden sieht, S. 149.

476 Vgl. zu den Fällen, in denen das Gesetz gerade umgekehrt bei unterschiedlichen Gefährdungen oder Verletzungen eines Rechtsgutes eine unterschiedliche Bewertung des Unrechtsgehaltes der Tat vornimmt, oben, 2. Teil A) I) 2) b).

477 Vgl. 1.Teil B) II), Fn. 92.

478 In diesem Sinne bereits Freund, Erfolgsdelikt und Unterlassen, S. 71, 298 f. (mit Fn. 48).

welchem Deliktstypus die Vorschrift der unterlassenen Hilfeleistung zuzuordnen ist.

Die Ansichten darüber gehen auch bei den Befürwortern einer Erfolgsabwendungspflicht als Inhalt der Hilfeleistungspflicht weit auseinander. Umstritten ist dabei insbesondere, ob es sich bei § 323 c StGB um eine Form eines Unternehmensdeliktes handelt[479] oder ob es sich hierbei um ein Gefährdungsdelikt, sei es ein konkretes[480], sei es ein abstraktes[481], handelt. Entscheidend ist damit die Frage, ob § 323 c StGB auch den *Versuch* der unterlassenen Abwendung von Gefahren oder Verletzungen für das Opfer unter Strafe stellt.

Schaut man sich § 323 c StGB an, so scheint es sich nach dem Wortlaut eher um ein Unternehmensdelikt oder abstraktes Gefährdungsdelikt als um ein konkretes Gefährdungsdelikt zu handeln. Wie die Unternehmensdelikte und die abstrakten Gefährdungsdelikte auch umschreibt § 323 c StGB ausdrücklich lediglich das gebotene Verhalten und nicht den Eintritt irgendeiner besonderen Gefahr.

Anders ist dies bei den sonst im Strafgesetzbuch zu findenden konkreten Gefährdungsdelikten, die direkt beschreiben, was für eine Gefahr eingetreten sein muss, damit der Täter sich strafbar gemacht hat. So verlangen §§ 315 Abs. 1, 315 a Abs. 1 StGB beispielsweise den Eintritt einer Gefährdung von Leib oder Leben eines anderen Menschen oder einer Gefahr für fremde Sachen von bedeutendem Wert durch das Verhalten des Täters als Voraussetzung für

---

479 Von einem „unechten Unternehmensdelikt“ sprechen Lackner/Kühl, StGB-Komm., § 323 c, Rn. 11; Sch/Sch/Cramer, StGB-Komm., § 323 c, Rn. 2a; SK/Rudolphi, StGB-Komm., § 323 c, Rn. 3; Tröndle/Fischer (Tröndle), StGB-Komm., § 11, Rn. 37; Wolter, S. 191, Fn. 525. Jakobs, Strafrecht AT, 28/11 spricht von einem „partiellen Unternehmensdelikt“, worunter er Unternehmensdelikte versteht, in denen die Tathandlung mit einem finalen Tätigkeitswort beschrieben ist und bei denen im Gegensatz zu den „echten“ Unternehmensdelikten eine Tatsituation beschrieben ist, die zur (formellen) Vollendung vorliegen muss, a.a.O., 25/7. Gegen die Einordnung als Unternehmensdelikt AG Tiergarten, NStZ 1991, S. 236 (237) mit ebenfalls ablehnender Anmerkung von Rudolphi, a.a.O., S. 238.

480 LK/Spendel, StGB-Komm., § 323 c, Rn. 21; Tröndle/Fischer (Fischer), StGB-Komm., § 323 c, Rn. 1; Ostendorf, JuS 1982, S. 428; Seelmann, JuS 1995, S. 285: „konkretes Gefährdungsdelikt bezogen auf die betroffenen Individualrechtsgüter“

481 Vermander, S. 35 ff., der allerdings eine unterlassene Hilfeleistung dann als konkret gefährlich ansieht, wenn sie die Wahrscheinlichkeit einer Rechtsgutsverletzung begründe, S. 46. Wenn allerdings ungewiss sei, ob die gebotene Hilfe Erfolg haben werde, ohne dass jegliche Erfolgsaussicht von vornherein ausgeschlossen sei, so sei die unterlassene Hilfeleistung nur abstrakt gefährlich, was für § 323 c StGB ausreiche, S. 46. Maurach/Schroeder/Maiwald, Strafrecht BT/2, § 55, Rn. 5, sprechen von einem abstrakten Gefährdungsdelikt mit Teilkonkretisierung. Nach Arzt/Weber, Strafrecht BT/LH 2, Rn. 375 enthält § 323 c StGB Elemente eines abstrakten Gefährdungsdeliktes.

eine Strafbarkeit. § 221 Abs. 1 StGB verlangt etwa den Eintritt der Gefahr des Todes oder einer schweren Gesundheitsschädigung durch das Verhalten des Täters.
Bei § 323 c StGB reicht für die Strafbarkeit allein das Unterlassen der entsprechenden Hilfeleistung aus, um eine Strafbarkeit zu begründen. Der Eintritt einer konkreten Gefahr für das Opfer durch das Unterlassen der Hilfe wird dort nicht beschrieben.

Allerdings weist § 323 c StGB gegenüber den konkreten Gefährdungsdelikten auch eine Besonderheit auf. Hier befinden sich die durch § 323 c StGB geschützten Rechtsgüter des Opfers ja bereits in einer Gefahr, bevor überhaupt ein Verhalten des Täters stattgefunden hat. Denn ein Eingreifen des Täters wird gerade nur in den (drei) Situationen „Unglücksfall", „gemeine Gefahr" oder „gemeine Not" verlangt, die dadurch gekennzeichnet sind, dass die Rechtsgüter des Opfers in Gefahr sind und der Täter deshalb Hilfe leisten soll. Wegen dieser Unterscheidung könnte die Unterscheidung im Wortlaut gegenüber anderen konkreten Gefährdungsdelikten des Strafgesetzbuches erklärbar sein.

Für Gefährdungsdelikte im Rahmen der Unterlassungsdelikte wird es denn gerade auch als kennzeichnend angesehen, dass hier eine Strafe dann eintrete, wenn bei einer konkreten oder abstrakten Gefährdung der Täter keine Hilfe leiste[482] – anders als bei den Begehungsdelikten, bei denen die Herbeiführung der Gefährdung unter Strafe stehe.[483] Für die Einordnung eines Unterlassungsdeliktes in den Bereich der Gefährdungsdelikte solle daher die jeweilige Situation der entscheidende Anknüpfungspunkt sein und nicht das Verhalten des Täters.[484]
Bei der Bestimmung der Deliktsnatur des § 323 c StGB führe dies dann dazu, dass wegen der bereits wirklich bestehenden Gefahren für die Rechtsgüter des Opfers, die die Hilfeleistung ja erst entstehen lassen, es sich um ein konkretes Gefährdungsdelikt handeln müsse.[485]

Warum allerdings die Bestimmung eines Gefährdungsdeliktes im Bereich der Unterlassungsdelikte anders vorgenommen werden soll als im Bereich der Begehungsdelikte, wird nicht recht deutlich. Es spricht vielmehr nichts dagegen, auch hier die gleichen Bestimmungskriterien zu übernehmen und zu fragen, ob das Nichthandeln des Täters (weitere) Gefährdungen des Opfers hervorgerufen hat. Dies ist ohne weiteres machbar. Für eine abweichende Bestimmung der

482 Blindauer, S. 34.
483 Blindauer, S. 34.
484 So auch Schöne, S. 64.
485 Blindauer, S. 34.

Deliktsnatur im Rahmen der Unterlassungsdelikte finden sich keine Anhaltspunkte.

Führt man sich § 323 c StGB vor Augen, so wäre also zu untersuchen, ob er für eine Strafbarkeit des Täters eine weitere Gefährdung der Rechtsgüter des Opfers voraussetzt oder nicht.

Dies wird schon deshalb vielfach befürwortet, weil die Alternative, § 323 c StGB als Unternehmensdelikt zu verstehen, aus mehreren Gründen für nicht tragfähig befunden wird. So wird zunächst darauf verwiesen, dass der Versuch eines Vergehens,[486] nur in den ausdrücklich vom Gesetz bestimmten Fällen bestraft werden könne,[487] also dann, wenn das Delikt den Versuch ausdrücklich unter Strafe stellt oder wenn es sich um ein Unternehmensdelikt i.S. von § 11 Nr. 6 StGB handelt. Da in § 323 c StGB aber weder der Versuch unter Strafe gestellt noch der Begriff des Unternehmens verwandt werde, könne § 323 c StGB auch nicht derart aufgefasst werden, dass es den Versuch der unterlassenen Hilfeleistung unter Strafe stelle.[488] Die allgemein gültigen Grenzen der Versuchsstrafbarkeit würden damit überschritten.[489]

Teilweise wird auch eingewandt, dass der Wortlaut des § 323 c StGB gegen eine Einbeziehung des Versuchs in die Strafbarkeit spreche, nicht weil er nicht ausdrücklich von einem „Unternehmen" i.S. von § 11 Abs. 1 Nr. 6 StGB spreche, sondern weil er nur eine *unterlassene* Hilfe unter Strafe stelle.[490] Damit sei nur das *vollendete Unterlassen eines Hilfsversuchs* und nicht die unterlassene Herbeiführung eines Hilfserfolges unter Strafe gestellt.[491]

Richtig bei diesen Argumenten ist, dass das Gesetz den Versuch eines Vergehens gemäß § 23 Abs. 1 StGB tatsächlich nur in den ausdrücklich durch das Gesetz bestimmten Fällen als strafbar normiert. Doch was genau darunter zu verstehen ist, sagt § 23 Abs. 1 StGB nicht. Er legt nicht fest, dass die jeweiligen Tatbestände einen bestimmten Begriff enthalten müssen, der sie augenblicklich als Versuchsdelikt erkennen lässt. Irgendein förmlicher Begriff wird jedenfalls von § 23 Abs. 1 StGB nicht gefordert.[492]

---

486 Wegen der Strafdrohung von Geldstrafe bis zu Freiheitsstrafe von einem Jahr handelt es sich bei § 323 c StGB gemäß § 12 Abs. 2 StGB um ein Vergehen.

487 Kreuzer, NJW 1967, S. 281; Vermander, S. 32 ff.

488 Kreuzer, a.a.O., S. 281.

489 Vermander, S. 32.

490 Sax, JZ 1976, S. 434.

491 Sax, a.a.O., S. 434, wobei jedoch der Ausdruck der „unterlassenen Herbeiführung eines Hilfserfolges" als Umschreibung der versuchten Hilfeleistung unglücklich und nur schwer verständlich ist.

492 Vgl. Schöne, S. 74.

Auch § 11 Nr. 6 StGB schreibt nicht vor, dass der Begriff des „Unternehmens" in den jeweiligen Delikten enthalten sein muss, die den Versuch der Vollendung gleichstellen. Er beschreibt lediglich, was ein Unternehmensdelikt ist, nämlich die Gleichstellung von Versuch und Vollendung, nicht aber, dass diese Gleichstellung über den Begriff des „Unternehmens" in dem entsprechenden Delikt auch enthalten sein muss.[493] So wird denn auch allgemein etwa die Vorschrift des § 292 Abs. 1 Nr. 1, 1. Alt. StGB als Unternehmensdelikt aufgefasst,[494] obwohl dort der Begriff des Unternehmens nicht enthalten ist. Das Delikt spricht davon, dass „bestraft wird, wer unter Verletzung fremden Jagdrechts oder Jagdausübungsrechts dem Wild nachstellt." Der Begriff des „Nachstellens" wird so verstanden, dass das Gesetz hier den Versuch des Deliktes der Vollendung gleichgestellt hat, da das bloße Nachstellen „als Handlung, die unmittelbar – wenn auch erfolglos – auf das Fangen, Erlegen oder Zueignen des lebenden Wildes gerichtet ist", das Wild schon „in eine nach den Maßstäben des § 22 StGB unmittelbare Gefahr, gefangen, erlegt oder zugeeignet zu werden", bringt.[495]

Der Begriff des Unternehmens muss daher in einem Delikt nicht zwangsläufig genannt werden, um es als Unternehmensdelikt qualifizieren zu können. Es kommt allein darauf an, wie das Delikt jeweils zu verstehen ist, d.h. ob aus dem Tatbestand der Wille des Gesetzgebers zu lesen ist, dass hier der Versuch der Vollendung gleichgestellt werden soll.[496]

Ob nun die Wahl des Begriffes des „Unterlassens" der Hilfeleistung in § 323 c StGB wirklich so verstanden werden muss, dass hier nur das *vollendete Unterlassen eines Hilfsversuchs*[497] unter Strafe gestellt sein soll, erscheint zweifelhaft. Auch die Wortwahl in § 292 Abs. 1 Nr. 1, Alt. 1 StGB, wo von „dem Wild nach*stellt*" die Rede ist, deutet im ersten Moment auf ein Vollenden des Nachstellens hin.

Der Wortlaut des § 323 c StGB ermöglicht damit die Einbeziehung des Versuchs.

Ein Unterlassen der Hilfeleistung in Fällen, in denen das Opfer sich bereits in einer Gefahr für seine Rechtsgüter befindet, ist auch ebenso wie das Nachstellen schon dann, wenn es keine weitere abstrakte oder konkrete Gefahr für das Opfer mit sich gebracht hat, derart gefährlich, dass es unmittelbar in eine Gefahr über-

---

493 So auch Schöne, S. 74.

494 Vgl. nur Tröndle/Fischer (Fischer), StGB-Komm., § 292, Rn. 12; Wessels/Hillenkamp, Strafrecht BT/2, Rn. 417.

495 Wessels/Hillenkamp, a.a.O., Rn. 417.

496 So auch Schöne, S. 74.

497 Sax, JZ 1976, S. 434.

gehen kann, gerade weil das Opfer sich ohnehin schon in einer Gefährdungssituation befindet. Ziel der solidarischen Hilfeleistungspflicht ist es gerade auch, solche Situationen vermeiden zu helfen, in denen es ungewiss ist, ob das Opfer weitgehend unbeschädigt aus der Situation hervorgeht oder ob sich die Situation doch zu einer erheblichen Gefährdung oder gar Schädigung auswächst. Schon wegen der bereits bestehenden Lage, in der das Opfer sich schon in einer Gefahr befindet, muss ihm eine solidarische Hilfe zukommen, ohne dass es gewiss ist, ob weitere Gefahren oder Schädigungen eintreten. Gerade die bereits bestehenden Gefahren im Zusammenspiel mit der Ungewissheit weiterer Gefahren oder Schäden lässt die Hilfeleistungspflicht bereits in diesem Stadium entstehen. Nur so kann hier ein effektiver Rechtsgüterschutz durch die Hilfeleistungspflicht erfolgen. Es ist daher auch der Versuch des Unterlassens der Hilfeleistung in § 323 c StGB enthalten.

§ 323 c StGB ist damit als Unternehmensdelikt zu verstehen, bei dem Versuch und Vollendung gleichgestellt sind. Einer abstrakten oder konkreten Gefährdung des Opfers bedarf es zur Strafbarkeit nicht. Ebenso wenig einer objektiven Bedingung der Strafbarkeit im Sinne eines Eintritts einer Verletzung.[498] Für die Frage, *ob* der Täter sich strafbar gemacht hat, sind die Folgen der Tat daher gänzlich unbedeutend. Allein die Frage, *wie* der Täter zu bestrafen ist, ist davon beeinflusst.

Neben der bloßen Verhaltensbeschreibung setzt § 323 c StGB allerdings – anders als Unternehmensdelikte dies in der Regel tun – die Situation des Unglücksfalls, der gemeinen Gefahr oder der gemeinen Not, zwingend für eine Strafbarkeit voraus.[499] Für die (formelle) Vollendung der Norm ist daher mehr erforderlich, als dies üblicherweise bei Unternehmensdelikten der Fall ist. An der Einordnung der Vorschrift in diese Deliktskategorie ändert sich dadurch jedoch nichts.

---

498 So aber Blindauer , S. 35 und S. 72.

499 Vgl. dazu Jakobs, Strafrecht AT, 25/7.

5. Teil: Beispiele für eine Folgenverantwortlichkeit des Täters im Rahmen von § 323 c StGB – einige Fälle aus der Rechtsprechung

A) Folgen einer unterlassenen Hilfeleistung als „außertatbestandliche" Folgen i.S. von § 46 Abs. 2 Satz 2 StGB

Nachdem feststeht, dass die Hilfeleistungspflicht des § 323 c StGB auch die Abwendung von Gefahren und Schädigungen des Opfers zum Ziel hat, ein Verstoß gegen die Verhaltensnorm sich also nicht in dem Verstoß gegen eine bloße Handlungspflicht beschränkt, so ist § 323 c StGB mühelos in das System der Folgenverantwortlichkeit des Strafgesetzbuches zu integrieren.

Hat eine unterlassene Hilfeleistung Folgen nach sich gezogen, so können diese dem Täter, da sich durch sie der Normbruch in der Außenwelt in besonderer Weise manifestiert hat, wie bei anderen Delikten auch zur Vermeidung eines Normgeltungsschadens strafschärfend zur Last gelegt werden. Zur angemessenen Reaktion auf den Normbruch nebst Folgen ist hier eine schärfere Reaktion notwendig, als in den Fällen, in denen der Normverstoß ohne Folgen geblieben ist. Möglichen Beeinträchtigungen des Opfers soll mit der Hilfeleistungspflicht entgegengewirkt werden, dem Täter können somit, wenn er diese Hilfe unterlässt, die daraus entstehenden Folgen bei seiner Bestrafung auch zur Last gelegt werden.

Anders wäre dies nur, wenn die Hilfeleistungspflicht des § 323 c StGB nicht dem Schutz der Individualrechtsgüter „Leben", „körperliche Unversehrtheit" und „Freiheit", sondern dem Schutz des Universalrechtsgutes der „mitmenschlichen Solidarität" diente.[500] Denn dieses Rechtsgut wäre stets schon mit dem bloßen Untätigsein vollumfänglich und endgültig verletzt. Der Eintritt oder das Ausbleiben irgendwelcher Folgen beim Opfer dürfte für die Verletzung des Rechtsgutes „mitmenschliche Solidarität" nicht mehr von Bedeutung sein.

Da ein solcher Schutz wie gesehen[501] aber gerade nicht die Legitimationsgrundlage des § 323 c StGB sein kann, der Täter vielmehr Beeinträchtigungen für die Individualrechtsgüter „Leben", „körperliche Unversehrtheit" und „Freiheit" vom Opfer abwenden soll, sind die Folgen, die sich aus einem Untätigbleiben des Täters ergeben, von ihm zu verantworten, sofern sie sich im Schutzbereich der übertretenen Verhaltensnorm befinden und der Täter sie verschuldet hat.[502]

500 Vgl. dazu oben, 1. Teil B) III) 2).
501 Vgl. oben, 1. Teil B) III) 2).
502 Vgl. dazu 3. Teil B) I).

Die eingangs erwähnten Aussagen über die Bedeutungslosigkeit der Folgen einer unterlassenen Hilfeleistung für den „Unrechts- oder Schuldgehalt" der Tat[503] müssen daher jedenfalls als missverständlich bewertet werden.
Denn die Folgen einer unterlassenen Hilfeleistung haben zwar keinen Einfluss auf die Frage, *ob* der Täter sich einer unterlassenen Hilfeleistung schuldig gemacht hat, insoweit also keine Bedeutung für den Schuldspruch. § 323 c StGB als Unternehmensdelikt verlangt gerade nicht den Eintritt irgendwelcher Folgen für die Strafbarkeit des Täters.

Für die Frage der Bestimmung der konkreten Strafe haben die Folgen einer unterlassenen Hilfeleistung jedoch sehr wohl Bedeutung.[504] Als nicht schuldspruchrelevante aber dennoch tatbestandsspezifische Folgen der Tat können sie dem Täter über § 46 Abs. 2 Satz 2 StGB strafschärfend zur Last gelegt werden.[505]

Wie gesehen,[506] kann es im Rahmen von § 46 Abs. 2 Satz 2 StGB nun auch solche Folgen geben, die dem Täter eines Vorsatzdeliktes auch dann zur Last gelegt werden können, wenn sich sein Vorsatz nicht auf diese Folgen bezogen hat, er die Folgen vielmehr nur voraussehen konnte. Dies ist immer dann der Fall, wenn es sich um charakteristische bzw. *spezifische* Folgen des Deliktes handelt.

Solche spezifischen Folgen sind immer dann anzunehmen, wenn es sich um Folgen handelt, die „die Realisierung einer mit der Tatbegehung angelegten typischen Gefahr darstellen, die – gerade auch wegen der möglichen Folgen – zu verhüten (unter anderem) das Ziel des Tatbestandes ist".[507] Die Frage ist also, welche Folgen als spezifische Folgen einer unterlassenen Hilfeleistung anzusehen sind, d.h. welche Folgen durch die Hilfeleistungspflicht des § 323 c StGB gerade verhütet werden sollen.

Eine unterlassene Hilfeleistung ist dadurch gekennzeichnet, dass der Täter die jeweilige Notsituation des Opfers erkannt, aber trotzdem nicht geholfen hat. Mit der Wahrnehmung der jeweiligen Situation ist vielfach auch die Möglichkeit verbunden, die aufgrund des Unterlassens der Hilfe möglichen Folgen zu er-

503 Vgl. dazu oben, Einleitung
504 So auch LK/Spendel, StGB-Komm., § 323 c, Rn. 185.
505 In der Konzeption Zielinskis können die Folgen einer unterlassenen Hilfeleistung über die bei der Strafzumessung ebenfalls zu beachtenden Strafzwecke und hier über den Aspekt des Strafbedürfnisses Bedeutung bei der konkreten Straffindung erlangen, vgl. 2. Teil C) IV).
506 Vgl. oben, 3. Teil B) II) 4).
507 Frisch, GA 1972, S. 346 f.

kennen. Denn die Notsituationen „Unglücksfall", „gemeine Gefahr" oder „gemeine Not" lassen zumeist die Gefahren für das Opfer leicht erkennen. Dadurch, dass sich das Opfer bereits in einer Gefahr befindet und der Täter dies erkennt, liegen mögliche Folgen vielfach geradezu auf der Hand und können sich auch als spezifische Folgen des Deliktes darstellen. So liegt es etwa bei für den Täter voraussehbaren, aber nicht in den Vorsatz aufgenommenen stärkeren Verletzungen eines verunglückten Opfers.[508] Genau vor diesen Folgen will die Hilfeleistungspflicht des § 323 c StGB auch schützen.

Allerdings darf dies nicht dazu führen, sämtliche Folgen einer unterlassenen Hilfeleistung für die von § 323 c StGB erfassten Rechtsgüter stets als spezifische Folgen zu verstehen. Es ist der Einzelfall genau zu untersuchen und zu überprüfen, ob die eingetretenen Folgen sich tatsächlich als „in der Tatbegehung angelegte typische Gefahren" erweisen, die der Täter nur vorherzusehen braucht. Anhand einiger Beispiele aus der Rechtsprechungspraxis soll dies nunmehr verdeutlicht werden.

B) Beispiele spezifischer Folgen von unterlassenen Hilfeleistungen im Straßenverkehr, auf die sich der Vorsatz des Täters nicht zu erstrecken braucht

Gerade im Bereich des Straßenverkehrs finden sich immer wieder Fälle von unterlassenen Hilfeleistungen. Die Gründe dafür lassen sich leicht in zwei Bereichen ausmachen. Zum einen verführt die Anonymität des Straßenverkehrs dazu, in Notfällen nicht zu helfen. So ist es in vielen Situationen, insbesondere bei Unfällen in der Dunkelheit und auf wenig befahrenen Straßen, ohne große Gefahr einer Entdeckung möglich, an Unglücksstellen vorbeizufahren, statt dem Opfer zu helfen. Häufig befindet sich niemand anderer als das Opfer an der Unglücksstelle, das möglicherweise noch schwer verletzt oder bewusstlos ist und von der Versäumung seiner Rettung gar nichts mitbekommt, was es dem Täter leicht macht, unbeirrt seine Fahrt fortzusetzen. Nahezu ausgeschlossen ist dabei, dass das unrechte Verhalten des Täters überhaupt entdeckt wird.

Zum anderen ist eine unterlassenen Hilfeleistung im Straßenverkehr deshalb häufig anzutreffen, weil der Täter irgendwie an der Entstehung der Notsituation, sei es selbst oder als Beifahrer desjenigen, der das Opfer angefahren hat, beteiligt war und die Betroffenen aus Angst vor Entdeckung des Unfalles sich von der Unglücksstelle entfernen. Auch dies kann gerade auf wenig befahrenen

508 Wenn also ein höherer Schaden auf Seiten des Opfers eintritt.

Straßen ein Grund sein, den Unglücksort ohne Hilfe für das Opfer schnell zu verlassen.[509]

Hierbei geschieht es häufig, dass das verletzte Opfer auf der Straße oder am Straßenrand liegen gelassen wird.[510]
In diesen Fällen handelt es sich wegen der Gefahren für die körperliche Unversehrtheit, aber auch für das Leben, um einen Unglücksfall für das Opfer, da ihm durch das Liegenlassen auf der Fahrbahn erhebliche Gefahren drohen. Und zwar nicht nur durch die aufgrund des Unfalls schon entstandenen Beeinträchtigungen, sondern auch durch die Möglichkeit eines erneuten Überfahren-Werdens durch andere Fahrzeuge.
Zudem stellt ein solcher Fall auch eine Gemeingefahr dar, da für eine unbestimmte Menge nachfolgender Verkehrsteilnehmer aufgrund des plötzlichen Hindernisses auf der Straße ebenfalls erhebliche Gefahren drohen.[511]

Wenn in einem solchen Fall das Opfer nun tatsächlich von einem nachfolgenden Fahrzeug überrollt und dabei schwer verletzt oder gar getötet wird, so können diese Folgen dem Täter der unterlassenen Hilfeleistung auch dann zugerechnet werden, wenn er insoweit nicht vorsätzlich gehandelt hat. Der Eintritt schwerster Verletzungen oder des Todes bei einem hilflos auf der Straße liegenden Menschen ist geradezu charakteristisch für diese Notsituation und stellt die durch das Unterlassen der Hilfe angelegte typische Gefahr dar. Denn das Überfahren-Werden eines hilflos auf der Straße liegenden Menschen ist eine typische Folge des Liegenlassens durch den Täter.
Auch dass dadurch Menschen in den nachfolgenden Fahrzeugen gefährdet werden, ist eine typische Gefahr einer solchen Situation. Sowohl das Überfahren des Opfers als auch ein mögliches Ausweichen können gerade bei hohen Geschwindigkeiten dazu führen, dass nachfolgende Fahrer die Kontrolle über ihr Fahrzeug verlieren und sie selbst und weitere Menschen erheblichen Gefährdungen der körperlichen Unversehrtheit oder sogar des Lebens ausgesetzt werden.

Kommt es daher infolge des Liegenlassens des Opfers auf der Fahrbahn zu einem Überfahren und/oder Verlust der Kontrolle des Fahrzeuges und damit zu Gefährdungen oder Verletzungen anderer Verkehrsteilnehmer, so sind diese Folgen solche, die sich spezifisch aus der unterlassenen Hilfeleistung ergeben

509 So etwa in den Fällen BGHSt 14, S. 213 ff., sowie OLG Oldenburg, VRS 11, Nr. 20, S. 53 ff.
510 BGH in VRS 32, Nr. 175, S. 437 ff.; OLG Oldenburg, a.a.O., S. 53 ff. Vgl. auch die Fälle OLG Köln, VRS 24, Nr. 22, S. 54 ff.; Bayer. ObLG, VRS 24, Nr. 23, S. 60 f.; KG Berlin-West, VRS 3, Nr. 104, S. 266 ff.
511 OLG Köln, a.a.O., S. 56.

haben. Genau solche Folgen für die körperliche Unversehrtheit oder das Leben des Opfers sowie anderer Verkehrsteilnehmer will die Hilfeleistungspflicht auch vermeiden, so dass deren Vorhersehbarkeit ausreicht, um sie dem Täter im Rahmen der Strafzumessung über § 46 Abs. 2 Satz 2 StGB strafschärfend zur Last zu legen.

Bei der konkreten Bestimmung der Strafe des Täters ist dann stets danach abzuschichten, wie schwerwiegend die einzelnen Folgen für das bzw. die Opfer sind. So wiegt das Unrecht des Täters schwerer, wenn das liegengelassene Opfer den Tod gefunden hat, als wenn es „nur“ schwere Verletzungen davon getragen hat.

Als Folge der Tat ist dabei immer auch schon die infolge des Nichthelfens eingetretene Gefahr des Todes in die Strafzumessung mit einzubeziehen. Denn § 323 c StGB will das Opfer nicht nur vor Verletzungen, sondern auch schon vor Gefahren für die Rechtsgüter „Leben“, „körperliche Unversehrtheit“ sowie „Freiheit“ schützen.[512]
Innerhalb der für das Opfer bestehenden Gefahren wiegt dann eine Todesgefahr schwerer als eine Gefahr für die körperliche Unversehrtheit.

Schwerwiegender sind wiederum die Fälle, in denen neben dem auf der Straße liegengelassenen Opfer noch andere Verkehrsteilnehmer gefährdet werden. Werden diese gar verletzt, so wiegt die unterlassene Hilfeleistung wiederum schwerer.

Sämtliche Gefahren oder Verletzungen, die spezifische Folgen der unterlassenen Hilfeleistung sind und vom Täter vorhersehbar waren, sind zur Bestimmung der konkreten Strafe daher hinzuzuziehen und nach ihrer Schwere voneinander abzuschichten.

Daneben müssen zudem noch die Folgen im Auge behalten werden, die der Täter vorsätzlich herbeigeführt hat. Auch diese Folgen sind in die Bewertung der Tat mit einzubeziehen. Dabei ist dann auch daran zu denken, dass diese Fälle unter Umständen schon wegen der anderen Verschuldensform schwerer wiegen können und die Bestrafung daher strenger ausfallen muss.

512 Vgl. dazu 1. Teil D).

C) Beispiele von spezifischen Folgen unterlassener Hilfeleistungen bei sich verschlechternden Krankheitsfällen, auf die sich der Vorsatz des Täters nicht zu erstrecken braucht

Ein zweiter immer wieder anzutreffender Bereich, in dem unterlassene Hilfeleistungen stattfinden, ist das Unterlassen der Hilfe bei sich plötzlich verschlechternden oder plötzlich eintretenden Krankheitsfällen.

I) Unterlassene Hilfeleistungen durch Ärzte

Dabei gibt es zunächst solche Fälle, in denen ein Arzt dem Opfer die erforderliche Hilfe versagt, ohne bereits in einer Garantenverantwortlichkeit zu stehen.[513]

Auch hier finden sich Fälle, in denen spezifische Folgen einer unterlassenen Hilfeleistung auszumachen sind, die es ausreichen lassen, dass die Folgen voraussehbar waren, um die Strafe des Täters zu beeinflussen.

Als Unglücksfälle kommen in diesem Bereich häufig solche Fälle in Betracht, in denen sich ein Krankheitsverlauf plötzlich erheblich verschlimmert.[514] Typischerweise damit einhergehende Folge ist dabei zumeist, dass das Opfer erheblichen Schmerzen ausgesetzt ist. Unternimmt der zur Hilfe fähige Arzt nichts gegen den sich verschlimmernden Krankheitszustand des Opfers und hat dieses daher erhebliche Schmerzen zu ertragen, so können diese als „verschuldete Auswirkungen der Tat“ dem Täter auch dann zugerechnet werden, wenn sie lediglich voraussehbar waren. Mit der überwiegenden Zahl von Krankheitsverläufen, die erhebliche Gefahren mit sich bringen[515] sind auch erhebliche Schmerzen verbunden. Wenn der Täter nichts unternimmt, um sie zu beseitigen, stellen sie sich daher als in der unterlassenen Hilfeleistung angelegte typische Gefahren dar.

Vor diesen Gefahren will die Hilfeleistungspflicht des § 323 c StGB auch schützen, da sie eine erhebliche Beeinträchtigung des körperlichen Wohlbefindens darstellen, das in den Schutz des Rechtsgutes der körperlichen Unversehrtheit mit einzubeziehen ist.

Denkbar sind in diesem Bereich auch Fälle, in denen sogar der Tod die spezifische Folge des Unterlassens der Hilfe ist, etwa wenn sofortige ärztliche Hilfe die einzige Möglichkeit zur Lebensrettung ist, diese aber versagt wird. So sind etwa Fälle denkbar, in denen sich nach einer Operation Komplikationen

513 Sonst läge ein Fall eines begehungsgleichen Unterlassungsdelikts vor (§ 13 StGB).

514 BGH, NJW 1983, S. 350 f. AG Groß Gerau, NJW 1982, S. 709 f.

515 Sonst wäre ja schon ein Unglücksfall nicht gegeben.

einstellen, etwa innere Blutungen.[516] Dass schwere innere Blutungen den Tod des Opfers nach sich ziehen können, ist geradezu typisch, die eingetretene Todesfolge damit auch spezifische Folge der unterlassenen Hilfeleistung.

Allerdings werden diese Überlegungen zur Strafzumessung von der Rechtsprechung zumeist gar nicht angestellt. Man beachte nur den Fall des AG Groß Gerau, bei dem die Frage der inneren Blutungen des Opfers allein bei der Frage, ob der Täter sich strafbar gemacht hat, eine Rolle gespielt hat, nicht jedoch im Rahmen der Strafzumessungsentscheidung.

Bei dem am Tage operierten Opfer wurde in der Nacht durch die diensthabende Sitzwache ein starkes Absinken des Blutdruckes festgestellt. Zudem klagte das Opfer über Schmerzen. Hiervon wurde der Bereitschaftsarzt von der diensthabenden Nachtschwester telefonisch zu Hause mehrfach unterrichtet. Der Arzt gab jeweils telefonische Anweisungen, die jedoch zu keiner Verbesserung des Gesundheitszustandes des Opfers führten. Dennoch bemühte er sich nicht ins Krankenhaus, sondern blieb zu Hause. Gegen morgen musste die Patientin auf die Intensivstation verlegt werden und sich wegen starker innerer Blutungen einer erneuten Operation unterziehen. Wegen dieser erheblichen inneren Blutungen verstarb sie einige Zeit später.

Nach Ansicht des Amtsgerichtes wurden die inneren Blutungen zwar einwandfrei erst am nächsten Morgen festgestellt, der Verdacht auf innere Blutungen war aber auch nachts schon nicht von der Hand zu weisen, so dass eine plötzliche Verschlimmerung eines Krankheitszustandes und damit ein Unglücksfall aus diesem Grunde angenommen werden konnte.[517] Der Arzt hätte daher ins Krankenhaus kommen und die Patientin eingehend untersuchen müssen.

Die Feststellung, dass es sich um einen Unglücksfall handelt, ist nicht zu beanstanden. Fraglich erscheint aber, wieso das Gericht hier keine Garantenverantwortlichkeit des Arztes angenommen hat. Immerhin handelt es sich um einen Bereitschaftsarzt, der noch dazu die erheblichen Gefahren, die aufgrund des allgemeinen Gesundheitszustandes der Patientin bestanden, erkennen musste.

Unterstellt man die Auffassung des Amtsgerichtes hinsichtlich einer fehlenden Garantenverantwortlichkeit aber einmal als richtig, so finden sich bei der Behandlung des § 323c StGB weitere Schwachpunkte in der Begründung des Urteils. Der Aspekt der inneren Blutungen und die sich daraus ergebende Folge des Todes des Opfer wird bei der Strafzumessung nicht erörtert. Aber hier hätte überlegt werden müssen, ob der Tod des Opfers durch die inneren Blutungen nicht eine spezifische Folge der unterlassenen Hilfeleistung des Arztes war, die

516 Vgl. den Fall des AG Groß Gerau, NJW 1982, S. 709 f.

517 AG Groß Gerau, a.a.O., S. 710.

diesem, da er sie voraussehen konnte, strafschärfend zur Last zu legen war. Diese Überlegungen hat das Amtsgericht nicht angestellt, vielmehr ist der Aspekt der Todesfolge bei den Erörterungen über die Strafzumessung überhaupt nicht angesprochen worden.[518]

Nach den zuvor angestellten Überlegungen zur Folgenverantwortlichkeit bei § 323 c StGB hätte dies aber über den Aspekt der „verschuldeten Auswirkungen der Tat" gemäß § 46 Abs. 2 Satz 2 StGB geschehen müssen.

II) Unterlassene Hilfeleistung durch Laien

Anders können Fälle erheblicher Verletzungen oder sich plötzlich verschlechternder Krankheitsfälle zu behandeln sein, wenn es sich bei dem zur Hilfe Verpflichteten um einen Laien und nicht um einen Arzt handelt. Dies hängt allerdings nicht damit zusammen, dass die jeweiligen Folgen dann keine spezifischen Folgen der unterlassenen Hilfeleistung mehr sein können, sondern sie sind teilweise von einem Laien gar nicht vorhersehbar. Ist dies aber der Fall, so können sie ihm auch nicht strafschärfend zur Last gelegt werden.

Betrachtet man etwa einen Fall des OLG Düsseldorf, in dem eine herzleidende Frau in einem Bus unter erheblicher Atemnot litt und der Busfahrer sie lediglich an der gewünschten Haltestelle aussteigen ließ,[519] so ist zweifelhaft, ob dem Busfahrer als Laien hier der anschließende Tod der Frau vorgeworfen werden kann, da es ihm an der entsprechenden Sachkunde mangeln kann, die möglichen Folgen eines Versagens der Hilfeleistung überhaupt zu überblicken. Allerdings ist es auch nicht gänzlich ungewöhnlich, dass ein unter Atemnot leidender Mensch verstirbt, wenn ihm nicht rechtzeitig Hilfe geleistet wird. Inwieweit eine Voraussehbarkeit hier anzunehmen ist, muss im Einzelfall stets genau untersucht werden. Das OLG hat dies nur hinsichtlich der Frage getan, ob dem Busfahrer die Verschlechterung des Gesundheitszustandes und damit das Vor-

---

518 Vgl. AG Groß Gerau, a.a.O., S. 710. Über die Erörterung einiger spezial- und generalpräventiver Aspekte, wie die Wiederholungsgefahr und der Überlegung, dass Patienten doch gerade in Krankenhäusern die erforderliche Hilfe zuteil werden müsse, ist das AG zu einer Geldstrafe von 80 Tagessätzen à 120,- DM gelangt.

519 Vgl. OLG Düsseldorf, NStE 1995, § 323 c, Nr. 3. Der Angeklagte wurde hier zu einer Geldstrafe von 80 Tagessätzen à 45,- DM verurteilt.

liegen eines Unglücksfalles bewusst war. Hinsichtlich des eingetretenen Todes hat sich das OLG nicht geäußert.[520]

Einen ähnlichen Fall hatte auch das AG Nürnberg zu entscheiden. Hier wurde jedoch ein an einer Bushaltestelle anhaltender Busfahrer von einem aussteigenden Passagier auf einen schon bewusstlos am Straßenrand liegenden Mann aufmerksam gemacht. In diesem Fall, in dem das Opfer bereits bewusstlos ist, wird es naheliegend sein, auch dem Busfahrer, der ohne über Funk Hilfe anzufordern weiterfuhr, den Tod des Mannes als voraussehbare, spezifische Folge der unterlassenen Hilfe strafschärfend zur Last zu legen.[521] Dass bei einem bewusstlosen Menschen immer auch der Todeseintritt als mögliche Folge vorauszusehen ist, lässt sich leichter begründen, als wenn ein Mensch „lediglich" unter Atemnot leidet. Ähnlich wird dies bei einem etwaigen Tod durch Verbluten als spezifische Folge des Unterlassens der Hilfeleistung bei einem schwer verletzten und stark blutenden Opfer sein. Auch hier ist für einen Laien der mögliche Tod vorhersehbar, so dass dieser ihm strafschärfend zur Last gelegt werden kann.

Zu dem Aspekt der Vorhersehbarkeit des Todes des am Straßenrand bewusstlos Liegenden finden sich im Urteil des AG Nürnbergs jedoch keine Äußerungen. Dies ist aber deshalb richtig ist, weil durch das Unterlassen der Hilfe durch den Busfahrer eine Hilfeleistung des von anderen herbeigerufenen Notarztes nur um etwa fünf Minuten verzögert wurde und nicht feststellbar war, ob durch eine frühere Hilfe der Tod des Opfers vermieden hätte werden können.
Grundsätzlich wäre diese Frage aber zu stellen, sollte sich in einem ähnlichen Fall herausstellen, dass der Tod gerade wegen des Unterlassens der Hilfeleistung eingetreten ist.

Zu prüfen bleibt in diesen Fällen, in denen ein Laie den weiteren Verlauf eines Krankheitszustandes und möglicherweise sogar die Gefahr des Todes des

---

520 Von einem Vorsatz des Täters hinsichtlich des Unterlassens der Hilfeleistung ist das Gericht hier richtigerweise ausgegangen, da der Täter von anderen Fahrgästen mehrfach darauf aufmerksam gemacht wurde, dass es der Frau nicht gut gehe und sie unter erheblichen Herzbeschwerden leide. Der Täter antwortete darauf nur lapidar, was er denn da machen solle, obwohl er um die Möglichkeit der Verständigung eines Notarztes über Funk wusste.

521 AG Nürnberg, Aktenzeichen Cs 807 Js 26467/98 (unveröffentlicht). Gegen den Täter wurde ein Strafbefehl mit einer Geldstrafe in Höhe von 50 Tagessätzen à 50,- DM erlassen. Zudem wurde ein Fahrverbot für einen Monat verhängt. Der Strafbefehl ist seit dem 31.05.1999 rechtskräftig. Anmerkungen zu dem Fall finden sich unter der Überschrift „Unterlassene Hilfeleistung eines Busfahrers" in der Rubrik „Strafrechtliches Archiv" der Internetseiten des OLG Nürnberg (www.justiz.bayern.de/olgn/prs072/htm).

Opfers einschätzen muss, stets genau, ob es sich bei den eingetretenen Folgen tatsächlich um spezifische Folgen der unterlassenen Hilfeleistung handelt und ob es dem Laien auch tatsächlich vorhersehbar war, dass die jeweiligen Folgen eintreten.

Festzuhalten bleibt damit, dass es in Fällen der unterlassenen Hilfeleistung solche Folgen gibt, die sich als typischerweise mit der Tatbestandsbegehung der unterlassenen Hilfeleistung einhergehend und damit als spezifische Folgen der unterlassenen Hilfeleistung darstellen, die dem Täter über § 46 Abs. 2 Satz 2 StGB auch dann strafschärfend zur Last gelegt werden können, wenn sie für ihn lediglich voraussehbar waren.

Dies gilt nicht nur für die angesprochenen Bereiche der unterlassenen Hilfeleistung im Straßenverkehr oder bei der Verschlechterung eines Krankheitszustandes, sondern kann für alle Fälle einer unterlassenen Hilfeleistung gegeben sein.

Der jeweilige Einzelfall muss stets genau untersucht werden, um die Bedeutung der eingetretenen Folgen für die Bestrafung des Täters zu erkennen und um ihre Bedeutung für die konkrete Strafe zu bestimmen.

D) Gefahren oder Verletzungen, die gelegentlich einer unterlassenen Hilfeleistung an anderen Rechtsgütern des Opfers eintreten

Neben solchen Folgen, die sich als spezifische Folgen der unterlassenen Hilfeleistung darstellen, sind auf Seiten des Opfers aber auch noch andere Folgen denkbar. Es sind solche, die nicht an den durch § 323 c StGB erfassten Rechtsgütern des „Lebens", der „körperlichen Unversehrtheit" oder der „Freiheit" eintreten. So können gelegentlich einer unterlassenen Hilfeleistung auch weitere Rechtsgüter des Opfers in Gefahr geraten oder verletzt werden. In Betracht kommt etwa eine Beschädigung der Kleidungsstücke des auf der Straße liegengelassenen Opfers. Es fragt sich, ob auch solche Folgen die Bestrafung des Täters mit beeinflussen können.

Dies ist nur dann der Fall, wenn die Hilfeleistungspflicht des § 323 c StGB vor genau diesen Folgen schützen will. Sie müssen also in den Schutzbereich der zugrundeliegenden Verhaltensnorm fallen.[523]

Die Hilfeleistungspflicht des § 323 c StGB dient dazu, die Ausübung der persönlichen Freiheit des Opfers in den Fällen zu schützen, in denen es sich selbst nicht mehr helfen kann. Der in diesen Situationen bedrohte Kern der Rechtssubjektivität des Opfers soll mit der Hilfeleistung des zur Hilfe Fähigen

522 Vgl. dazu schon oben, 2. Teil, A).

523 Vgl. 3. Teil B) I).

geschützt werden.[524] Nur zum Schutz dieses Kerns ist der Hilfsfähige aufgerufen, der wiederum nur in Fällen von Gefahren für das „Leben“, die „körperliche Unversehrtheit“ oder die „Freiheit“ betroffen sein kann. All das, was den Kern der Rechtssubjektivität gar nicht betreffen kann, so auch die Verletzung von Sachen des Opfers, ist in den Schutz des § 323 c StGB nicht mit einbezogen, und zwar auch dann nicht, wenn gelegentlich der unterlassenen Hilfeleistung solche Gefahren oder Verletzungen entstehen. Für andere Rechtsgüter als die, die den Kern der Rechtssubjektivität des Opfers bestimmen, ist der Täter nicht verantwortlich. Beeinträchtigungen dieser Rechtsgüter können bei der Bestrafung des Täters daher auch keine Rolle spielen. Es macht für die Bestrafung des Täters damit nichts aus, wenn etwa der beschädigt am Straßenrand stehende Wagen des daneben liegenden Opfers durch ein nachfolgendes Fahrzeug endgültig zerstört wird, weil der Täter das Opfer auf der Straße liegen gelassen hat, der nachfolgende Fahrer ausweichen musste und deshalb den Wagen des Opfers zerstörte.

E) Verhältnis von Fehlverhalten und Fehlverhaltensfolgen – Die Problematik der Quantifizierbarkeit der Folgen gegenüber dem Verhalten bei der Strafbemessung

Bei all diesen Überlegungen stellt sich letztendlich noch eine ganz entscheidende Frage. Es ist nämlich zu überlegen, wie das Verhältnis von Fehlverhalten und Fehlverhaltensfolgen bei der Strafbemessung tatsächlich beschaffen ist, d.h. wie eingetretene Folgen bei der Bestrafung des Täters quantitativ zu Buche schlagen. Es ist reicht nicht aus festzustellen, dass eingetretene Folgen in bestimmten Fällen die Bestrafung mit bestimmen, vielmehr muss auch versucht werden festzulegen, wie viel genau sie bei der Bestrafung ausmachen. Sicherlich ist es schwierig insoweit allgemeine und für alle Fälle geltende Quoten aufzustellen. Dennoch darf dieser Aspekt nicht aus den Augen gelassen werden, hat er doch praktisch ganz entscheidende Bedeutung.

Die Bestimmung des Verhältnisses von Fehlverhalten und Fehlverhaltensfolgen kann durch einen Fallvergleich erfolgen. Es muss bei gleichem Fehlverhalten einmal zu keinen Folgen gekommen sein, das andere Mal dagegen müssen Folgen eingetreten sein. Beispielhaft sei insoweit wieder ein Fall aus dem Straßenverkehr herangezogen:

> Der Täter fährt auf einer verlassenen Landstraße und sieht am Straßenrand das durch einen Verkehrsunfall schwer verletzte Opfer liegen. Ohne sich darum zu kümmern,

524 Vgl. dazu oben, 1. Teil B) III) 4) b) bb).

fährt er weiter, obwohl er erkannt hat, dass das Opfer Hilfe benötigt. Den Tod des Opfers nimmt er dabei in Kauf.

1. Möglichkeit: Kurz nach dem Täter kommt eine weitere Person an der Unfallstelle vorbei und kümmert sich um das Opfer. Wegen der geleisteten Hilfe überlebt das Opfer.

2. Möglichkeit: Nach dem Täter kommt niemand an der Unfallstelle vorbei, das Opfer verstirbt. Hätte der Täter Hilfe geleistet, hätte das Opfer überlebt.

Bei der 2. Möglichkeit handelt es sich nun um einen Fall, in dem dem Täter über § 46 Abs. 2 StGB die tödliche Folge seines Verhaltens als „verschuldete Auswirkung der Tat“ strafschärfend zur Last gelegt werden kann. Es stellt sich dabei nun die Frage, wie viel genau der Eintritt des Todes des Opfers bei der Strafbarkeit des Täters ausmacht.
Der Strafrahmen des § 323 c StGB geht von Geldstrafe bis zu Freiheitsstrafe bis zu einem Jahr. Innerhalb dieses Rahmens ist die Strafe für beide Fälle festzulegen, da das Strafgesetzbuch eine Strafrahmenverschiebung beim Eintritt bestimmter Folgen, wie gesehen, nicht vorsieht.

Anders ist dies etwa im österreichischen Strafgesetzbuch. Dort sieht § 95 Abs. 1 als Strafrahmen zunächst eine Freiheitsstrafe bis zu sechs Monaten oder Geldstrafe bis zu 360 Tagessätzen vor. Wenn die unterlassene Hilfeleistung jedoch den Tod des Opfers zur Folge hat, so verschärft sich der Strafrahmen auf Freiheitsstrafe bis zu einem Jahr oder Geldstrafe bis zu 360 Tagessätzen. Der Eintritt der Todesfolge hat also einen hundertprozentigen Aufschlag bei der Strafdrohung hinsichtlich der Freiheitsstrafe zur Folge.

Sieht man sich im Strafgesetzbuch etwa den Fall der Körperverletzung mit Todesfolge gemäß § 227 Abs. 1 an, so erhöht sich auch hier gegenüber der einfachen Körperverletzung gemäß § 223 Abs. 1 StGB der Strafrahmen von Freiheitsstrafe bis zu fünf Jahren oder Geldstrafe auf Freiheitsstrafe nicht unter drei Jahren. Eine Geldstrafe ist für diese Fälle nicht mehr vorgesehen.
Jedenfalls in den Fällen, in denen der Gesetzgeber eine Strafrahmenverschiebung beim Eintritt besonderer Folgen vorsieht, erhöht sich der Strafrahmen deutlich und zwar allein aufgrund des Eintritts der besonderen Folge.

Geht man von dieser gesetzlichen Wertung aus, so müsste auch bei der Strafzumessung der Eintritt von Fehlverhaltensfolgen, insbesondere wenn es sich um eine solche Folge wie den Tod des Opfers handelt, ein deutlicher Anstieg der Strafe anzunehmen sein. Andererseits hat der Gesetzgeber bei der unterlassenen Hilfeleistung jedoch gerade keinen Anlass gesehen, hier für Fälle mit besonderen Folgen noch eine Änderung des Strafrahmens vorzunehmen. Allerdings muss dies nicht so verstanden werden, als dass der Gesetzgeber insoweit die (Todes-) Folge als nicht so bedeutend für die Bestrafung angesehen hat, sondern dies kann auch bedeuten, dass er den vorgesehen Strafrahmen schlicht für ausreichend hält, alle Fälle, ob folgenreich oder folgenlos, als hinreichend erfasst anzusehen. Führt man sich noch einmal die besondere Legitimationsproblematik einer Hilfeleistungspflicht und die fehlende besondere Verantwortlichkeit des Täters für die Rechtsgüter des Opfers vor Augen, so wird diese Deutung zu befürworten sein. Nur in ganz besonderen Fällen ist eine unterlassene Hilfeleistung überhaupt strafrechtlich relevant und die fehlende besondere Verantwortung des Täters kann ebenfalls nur einen relativ geringen Strafrahmen rechtfertigen. Auch in Fällen, in denen schwere Folgen auf Seiten des Opfers eingetreten sind.

Ausgehend vom Strafrahmen des § 323 c StGB könnte in dem geschilderten Beispiel im Falle des folgenlosen Fehlverhaltens durchaus schon über eine Freiheitsstrafe nachgedacht werden. Allein die Gefahren für das Opfer waren schon derart hoch, dass ein Liegenlassen des Opfers besonders schwer ins Gewicht fällt. Das Opfer ist bereits schwer verletzt und in der freien Natur völlig schutzlos weiteren Gefahren ausgeliefert. Der Täter gibt das Opfer hier all diesen Gefahren preis und nimmt zudem den Tod des Opfers noch in Kauf. Auch dieses Moment muss bei seiner Bestrafung strafschärfend ins Gewicht fallen.

Andererseits kann eine Freiheitsstrafe unter sechs Monaten gemäß § 47 Abs. 1 StGB nur in besonderen Fällen verhängt werden, und eine höhere Freiheitsstrafe als sechs Monate erscheint bei einem Strafrahmen von bis zu einem Jahr Freiheitsstrafe doch zu hoch. Kommt es deshalb nur zu einer Geldstrafe oder kann wegen besonderer Umstände doch eine kurze Freiheitsstrafe verhängt werden, so fragt es sich, wie denn im Falle des Todes des Opfers der Täter zu bestrafen ist.

Ein hundertprozentiger Aufschlag wie dies für den erhöhten Strafrahmen des § 95 österreichisches Strafgesetzbuch vorgesehen ist, kann hier nicht erfolgen. Die oben dargestellte besondere Problematik der Folgenverantwortlichkeit muss stets beachtet werden und sollte dazu führen, den Folgen einer Tat nicht das gleiche Gewicht beizumessen wie dem Fehlverhalten. Der gewichtigste Vorwurf an den Täter muss stets im Vorwurf eines von ihm beherrschten, unrechten Verhaltens liegen. Da aber, wie gesehen, auch den Folgen ein gewisses Gewicht bei der Bestimmung der konkreten Strafe zukommt, muss gerade die besondere und schlimmste Folge, der Tod des Opfers, auch besonders ins Gewicht fallen. Die Angabe von genauen Quoten ist hier äußerst schwierig. Auch verführte diese zu einer zu pauschalen Bewertung völlig unterschiedlicher Fälle. Dennoch kann ein Aufschlag von wenigstens der Hälfte der Strafe eines folgenlosen Verhaltens beim Eintritt des Todes des Opfers wohl begründbar sein, schaut man sich die sonstigen Wertungen des Gesetzes beim Eintritt besonderer Folgen an.[525] Eine sechsmonatige Freiheitsstrafe in folgenlosen Fällen kann daher etwa zu einer Freiheitsstrafe von neun Monaten werden, wenn der Tod des Opfers eingetreten ist und der Fall eine derartige Ausschöpfung des Strafrahmens des § 323 c StGB angeraten erscheinen lässt.

525 Vgl. dazu schon oben, 2. Teil, A).

6. Teil: Zusammenfassung

Die Vorschrift des § 323 c StGB hat sich als eine über den Aspekt des Individualrechtsgüterschutzes legitimierbare Vorschrift herausgestellt. In Fällen, in denen das Opfer Gefahren für seine existenziell zur Freiheitsausübung wichtigen Rechtsgüter ausgesetzt ist, kann von einem zur Hilfe Fähigen eine solidarische Hilfeleistung mit einer strafbewehrten Verhaltensnorm eingefordert werden. Als die durch die Hilfeleistungspflicht des § 323 c StGB geschützten Rechtsgüter haben sich dabei das Leben, die körperliche Unversehrtheit sowie die Freiheit herausgestellt.

Weiterhin hat sich die Hilfeleistungspflicht des § 323 c StGB als eine Verhaltensnorm erwiesen, die darauf abzielt, die bestehenden Gefahren für die Rechtsgüter des Opfers durch den Täter auch tatsächlich abwenden zu lassen. Es geht nicht darum, irgendeine Beistandsleistung für das Opfer zu erbringen, sondern die bestehenden Gefahren, soweit dies möglich ist, zu beseitigen.

Da die Hilfeleistungspflicht darauf abzielt, die jeweiligen Gefahren für das Opfer abzuwenden, können dem Täter dann, wenn er seiner Hilfeleistungspflicht nicht nachkommt, die jeweils eingetretenen Gefahren oder Verletzungen des Opfers im Rahmen der Strafzumessung strafschärfend zur Last gelegt werden. Wenn es sich um spezifische Folgen handelt – d.h. um solche, vor deren Eintritt die Verhaltensnorm gerade auch schützen will – sogar dann, wenn der Täter bezüglich dieser Folgen nicht vorsätzlich gehandelt hat, sondern sie von ihm lediglich fahrlässig herbeigeführt wurden. Allerdings stellt sich dabei stets die Problematik, in welchem Maße eingetretene Folgen die Bestrafung mitbestimmen können, inwieweit sie also die Strafe schärfen können. Bei der Beantwortung dieser Frage ist zunächst darauf zu achten, dass das Fehlverhalten nach wie vor den gewichtigsten Anteil bei der Bestrafung des Täters haben muss. Die Verdoppelung einer Strafe bei einem folgenreichen Fehlverhalten gegenüber einem folgenlosen Fehlverhalten kann daher nicht in Betracht kommen. Aufgrund der vorgefundenen Wertungen des Gesetzes – etwa im Bereich der erfolgsqualifizierten Delikte – kann aber dennoch eine besondere Folge, wie der Tod des Opfers, auch eine deutliche Strafschärfung zur Folge haben. Ein Aufschlag um die Hälfte der Strafe des folgenlosen Verhaltens kann dabei durchaus gerechtfertigt sein.

Nur gelegentlich der unterlassenen Hilfeleistung eingetretene Beeinträchtigungen an anderen Rechtsgütern des Opfers will die Hilfeleistungspflicht des § 323 c StGB nicht verhindern. Sie dürfen dem Täter nicht strafschärfend zur Last gelegt werden.

Damit unterscheidet sich § 323 c StGB im Bereich der Folgenverantwortlichkeit nicht von der übrigen Systematik der Folgenverantwortlichkeit des Strafgesetzbuches. Zur Vermeidung von Normgeltungsschäden ist die Einbeziehung der Folgen in die Bestrafung des Täters über § 46 Abs. 2 Satz 2 StGB hier ebenso zu befürworten wie der Einfluss der Folgen auf die Bestrafung des Täters bei den übrigen Delikten des Strafgesetzbuches auch. Zur angemessenen Reaktion auf den Normbruch nebst Folgen, muss hier eine schärfere Bestrafung erfolgen als in den Fällen, in denen der Täter zwar der Hilfeleistungspflicht ebenfalls nicht nachgekommen ist, aber dadurch keine Folgen auf Seiten des Opfers eingetreten sind.

Literaturverzeichnis

Alternativ-Entwurf eines Strafgesetzbuches, Besonderer Teil, Straftaten gegen die Person, Erster Halbband, vorgelegt von Jürgen Baumann u.a., Tübingen 1970, zitiert: AE (1962) §, S.

Alternativ-Kommentar, Kommentar zum Strafgesetzbuch, herausgegeben von Rudolf Wassermann, Band 1, §§ 1-21, Neuwied 1990, zitiert: AK/Bearbeiter, StGB-Komm., §, Rn.

Arzt, Gunther / Weber, Ulrich, Strafrecht, Besonderer Teil – LH 2, Delikte gegen die Person, Bielefeld 1983, zitiert: Arzt/Weber, Strafrecht BT/LH 2, Rn.

Beling, Ernst, Die Lehre vom Verbrechen, Tübingen 1906.

Berz, Ulrich, Anmerkung zum Urteil des BGH vom 15.5.1985 – 2 StR 83/85, in: NStZ 1986, S. 86 f.

Blindauer, Arnold, Die folgenschwere unterlassene Hilfeleistung, Saarbrücken 1961.

Bloy, René, Die Berücksichtigungsfähigkeit außertatbestandlicher Auswirkungen der Tat bei der Strafzumessung, in: ZStW 107 (1995), S. 576 ff.

Bruns, Hans-Jürgen, Das Recht der Strafzumessung, 2. Auflage, Köln u.a. 1985.

Czinczoll, Rupert, Solidaritätspflichten bei der Selbsttötung, Bonn 1984.

Dahm, Anmerkung zu RG, 2. StrSen. vom 20. Mai 1940 - 2 D 174/40, in: DR 1940, S. 1421.

Dalcke, A. / Fuhrmann, Ernst / Schäfer, Karl, Strafrecht und Strafverfahren, 37. Auflage, Berlin 1961, zitiert: Dalcke/Fuhrmann/Schäfer, StrR und StrV, §, Anm.

Degener, Wilhelm, Zu den Bedeutungen des Erfolges im Strafrecht, in: ZStW 103 (1991), S. 357 ff.

Dencker, Friedrich, Erfolg und Schuldidee, in: GS für Armin Kaufmann, herausgegeben von Gerhard Dornseifer u.a., Köln u.a. 1989, S. 441 ff., zitiert: Dencker, GS für Kaufmann, S.

Dornseifer, Gerhard, Unrechtsqualifikation durch den Erfolg – ein Relikt der Verdachtsstrafe?, in: GS für Armin Kaufmann, herausgegeben von Gerhard Dornseifer u.a., Köln u.a. 1989, S. 427 ff., zitiert: Dornseifer, GS für Kaufmann, S.

Engisch, Karl, Auf der Suche nach Gerechtigkeit, München 1971.

Entwürfe zu einem Deutschen Strafgesetzbuch, Berlin 1920.

Frellesen, Peter, Die Zumutbarkeit der Hilfeleistung, Frankfurt am Main 1980.

Freund, Georg, Äußerlich verkehrsgerechtes Verhalten als Straftat? - BGH, NJW 1999, 3132, in: JuS 2000, S. 754 ff., zitiert: Freund, JuS 2000, S.

Freund, Georg, Strafrecht Allgemeiner Teil, Personale Straftatlehre, 1. Auflage, Berlin u.a. 1998, zitiert: Freund, Strafrecht AT, §, Rn.

Freund, Georg, Erfolgsdelikt und Unterlassen – Zu den Legitimationsbedingungen von Schuldspruch und Strafe, Köln 1992, zitiert: Freund, Erfolgsdelikt und Unterlassen, S.

Freund, Georg, Straftatbestand und Rechtsfolgebestimmung, Zur Bedeutung der gesetzlichen Regelungstechnik und der <<harmonisierten>> Strafrahmen für die Strafzumessung, in: GA 1999, S. 509 ff., zitiert: Freund, GA 1999, S.

Frisch, Wolfgang, Die <<verschuldeten>> Auswirkungen der Tat, in: GA 1972, S. 321 ff., zitiert: Frisch, GA 1972, S.

Frisch, Wolfgang, Die Strafrahmenmilderung beim Versuch, in: FS für Spendel, herausgegeben von Manfred Seebode, Berlin, New York 1992, S. 381 ff., zitiert: Frisch, FS für Spendel, S.

Frisch, Wolfgang, Gegenwärtiger Stand und Zukunftsperspektiven der Strafzumessungsdogmatik, in: ZStW 99 (1987), S. 751 ff., zitiert: Frisch, ZStW 99 (1987), S.

Frisch, Wolfgang, Straftatsystem und Strafzumessung – Zugleich ein Beitrag zur Struktur der Strafzumessungsentscheidung, in: GA 1993, S. 1 ff., zitiert: Frisch, GA 1993, S.

Frisch, Wolfgang, Tatbestandsmäßiges Verhalten und Zurechnung des Erfolgs, Heidelberg 1988, zitiert: Frisch, Tatbestandsmäßiges Verhalten, S.

Gallas, Wilhelm, Zur Revision des § 330 c StGB, in: JZ 1952, S. 396 ff., zitiert: Gallas, JZ 1952, S.

Gallas, Wilhelm, Zur Struktur des strafrechtlichen Unrechtsbegriffes, in: Festschrift für Paul Bockelmann, herausgegeben von Arthur Kaufmann u.a., München 1979, S. 155 ff., zitiert: Gallas, FS für Bockelmann, S.

Geilen, Gerd, Probleme des § 323 c StGB, in: Jura 1983, S. 78 ff.

Georgakis, Jannis, Hilfspflicht und Erfolgsabwendungspflicht im Strafrecht, Leipzig 1938.

Gieseler, Kirsten, Unterlassene Hilfeleistung - § 323 c StGB, Reformdiskussion und Gesetzgebung seit 1870, Baden-Baden 1999.

Gössel, Karl Heinz, Zur Lehre vom Unterlassungsdelikt, in: ZStW 96 (1984), S. 323 ff.

Günther, Hans-Ludwig, Strafrechtswidrigkeit und Strafunrechtsausschluß, Köln u.a. 1983.

Harbach, Heinz, Altruismus und Moral, Opladen 1992.

Harzer, Regina, Die tatbestandsmäßige Situation der Unterlassenen Hilfeleistung gemäß § 323 c StGB, Frankfurt 1999.

Herzberg, Rolf Dietrich, Die Unterlassung im Strafrecht und das Garantenprinzip, Berlin 1972.

Hirsch, Hans Joachim, Der Streit um Handlungs- und Unrechtslehre, insbesondere im Spiegel der Zeitschrift für die gesamte Strafrechtswissenschaft (Teil II), in: ZStW 94 (1982), S. 239 ff.

Horstkotte, Hartmuth, Die Vorschriften des Ersten Gesetzes zur Reform des Strafrechts über die Strafbemessung, (§§ 13-60, 60 StGB), in: JZ 1970, S. 122 ff.

Jakobs, Günther, Regreßverbot beim Erfolgsdelikt - Zugleich eine Untersuchung zum Grund der strafrechtlichen Haftung für Begehungen, in: ZStW 89 (1977), S. 1 ff.

Jakobs, Günther, Strafrecht Allgemeiner Teil, 2. Auflage, Berlin, New York 1993, zitiert: Jakobs, Strafrecht AT, Abschnitt/Rn.

Jescheck, Hans-Heinrich, Lehrbuch des Strafrechts, Allgemeiner Teil, 4. Auflage, Berlin 1988, zitiert: Jescheck, Strafrecht AT, S.

Jescheck, Hans-Heinrich / Weigend, Thomas, Lehrbuch des Strafrechts, Allgemeiner Teil, 5. Auflage, Berlin 1996, zitiert: Jescheck-Weigend, Strafrecht AT, S.

Kant, Immanuel, Immanuel Kants Werke Band VII, Die Metaphysik der Sitten/Der Streit der Fakultäten, herausgegeben von Benzion Keltermann, Berlin 1922, zitiert: Kant, Metaphysik, S.

Kargl, Walter, Unterlassene Hilfeleistung (§ 323 c StGB) – Zum Verhältnis von Recht und Moral, in: GA 1994, S. 247 ff.

Kaufmann, Armin, Die Dogmatik im Alternativentwurf, in: ZStW 80 (1968), S. 34 ff., zitiert: Kaufmann, ZStW 80 (1968), S.

Kaufmann, Armin, Die Dogmatik der Unterlassungsdelikte, Göttingen 1959, zitiert: Kaufmann, Dogmatik, S.

Kern, Eduard, Grade der Rechtswidrigkeit, in: ZStW 64 (1952), S. 273 ff.

Kersting, Wolfgang, Die verbindlichkeitstheoretischen Argumente der kantischen Rechtsphilosophie, in: ARSP-Beiheft 37 (1988), Rechtspositivismus und Wertbezug des Rechts, Stuttgart 1990, S. 62 ff.

Kohlrausch-Lange, Richard, Strafgesetzbuch mit Erläuterungen und Nebengesetzen, 43. Auflage, Berlin 1961.

Kratzsch, Dietrich, Verhaltenssteuerung und Organisation im Strafrecht – Ansätze zur Reform des strafrechtlichen Unrechtsbegriffs und der Regeln der Gesetzesanwendung, Berlin 1985.

Krauß, Detlef, Erfolgsunwert und Handlungsunwert im Unrecht, in: ZStW 76 (1964), S. 19 ff.

Kreuzer, Arthur, Ärztliche Hilfeleistungspflicht bei Unglücksfällen im Rahmen des § 330 c StGB, Hamburg 1965, zitiert: Kreutzer, S.

Kreuzer, Arthur, Die unterlassene ärztliche Hilfeleistung in der Rechtsprechung, in: NJW 1967, S. 278 ff., zitiert: Kreutzer, NJW 1967, S.

Krümpelmann, Justus, Die Bagatelldelikte, Untersuchungen zum Verbrechen als Steigerungsbegriff, Berlin 1966.

Kühl, Kristian, Naturrechtliche Grenzen strafwürdigen Verhaltens, in: Festschrift für Spendel, herausgegeben von Manfred Seebode, Berlin, New York 1992, S. 75 ff., zitiert: Kühl, FS für Spendel, S.

Kühl, Kristian, Naturrecht und positives Recht in Kants Rechtsphilosophie, in: ARSP-Beiheft 37 (1988), Rechtspositivismus und Wertbezug des Rechts, Stuttgart 1990, S. 75 ff., zitiert: Kühl, ARSP-Beiheft, S.

Lackner, Karl / Kühl, Kristian, Strafgesetzbuch mit Erläuterungen, 23. Auflage, München 1999, zitiert: Lackner/Kühl, StGB-Komm., §, Rn.

Langer, Winrich, Das Sonderverbrechen, Eine dogmatische Untersuchung zum Allgemeinen Teil des Strafrechts, Berlin 1972.

Leipziger Kommentar, Kommentar zum Strafgesetzbuch, herausgegeben von Burkhard Jähnke u.a., §§ 44-51, 18. Lieferung, 11. Auflage, Berlin, New York 1994, §§ 317-323 c, 22. Lieferung, 11. Auflage, Berlin, New York 1996, zitiert: LK/Bearbeiter, StGB-Komm., §, Rn., sowie 2. Band, §§ 32-60, 10. Auflage, Berlin, New York 1985, zitiert: LK/Bearbeiter, StGB-Komm., 10. A., §, Rn.

Liszt, Franz v., Lehrbuch des Deutschen Strafrechts, 7. Auflage, Berlin 1896.

Liszt, Franz v. / Schmidt, Eberhard, Lehrbuch des Deutschen Strafrechts, Erster Band, 26. Auflage, Berlin, Leipzig 1932.

Maihofer, Werner, Gesamte Strafrechtswissenschaft, in: Festschrift für Heinrich Henkel, herausgegeben von Claus Roxin, Berlin, New York 1974, S. 75 ff., zitiert: Maihofer, FS für Henkel, S.

Maiwald, Manfred, Die Bedeutung des Erfolgsunwertes im Unrecht – Der Einfluss der Verletztenposition auf eine dogmatische Kategorie, in: Wiedergutmachung und Strafrecht, Symposium aus Anlaß des 80. Geburtstages von Friedrich Schaffstein, herausgegeben von Heinz Schöch, München 1987, S. 64 ff.

Maurach, Reinhart, Anmerkung zu 5. StrS vom 8.5.1956 – 5 StR 29/56, in: JR 1956, S. 348 ff.

Maurach, Reinhart / Schroeder, Friedrich-Christian / Maiwald, Manfred, Strafrecht, Besonderer Teil, Teilband 2 – Straftaten gegen Gemeinschaftswerte, 8. Auflage, Heidelberg 1999, zitiert: Maurach/Schroeder/Maiwald, Strafrecht BT/2, §, Rn.

Meister, Hans-Georg, Die verzögerte Hilfeleistung nach § 330 c StGB, in: MDR 1954, S. 598.
Mezger, Edmund, Deutsches Strafrecht – Ein Grundriss, 3. Auflage, Berlin 1943, zitiert: Mezger, Deutsches Strafrecht, S.
Mezger, Edmund, Die subjektiven Unrechtselemente, in: GS (Der Gerichtssaal) 89, S. 207 ff., zitiert: Mezger, GS 89, S.
Mir Puig, Santiago, Über das Objektive und das Subjektive im Unrechtstatbestand, in: Gedächtnisschrift für Armin Kaufmann, herausgegeben von Gerhard Dornseifer u.a., Köln u.a. 1989, S. 253 ff., zitiert: Mir Puig, GS für Kaufmann, S.
Morgenstern, Henrike, Unterlassene Hilfeleistung, Solidarität und Recht, Frankfurt u.a. 1997.
Mylonopoulos, Christos, Über das Verhältnis von Handlungs- und Erfolgsunwert im Strafrecht – Eine Studie zur Entwicklung der personalen Unrechtslehren, Köln 1981.

Neumann, Ulfrid, Die Strafbarkeit der Suizidbeteiligung als Problem der Eigenverantwortlichkeit des „Opfers", in: JA 1987, S. 244 ff.
Niederschriften über die Sitzungen der Großen Strafrechtskommission, 9. Band, Bonn 1959.
Nowakowski, Friedrich, Zur Lehre von der Rechtswidrigkeit, in: ZStW 63 (1951), S. 287 ff.

Olshausen, J. von, Kommentar zum Strafgesetzbuch für das Deutsche Reich, Band 2, 11. Auflage, Berlin 1927.
Ostendorf, Heribert, Grundzüge des konkreten Gefährdungsdelikts, in: JuS 1982, S. 426 ff.
Otto, Harro, Grundkurs Strafrecht, Die einzelnen Delikte, 3. Auflage, Berlin, New York 1991, zitiert: Otto, GK Strafrecht, §, S.
Otto, Harro, Recht auf den eigenen Tod? – Strafrecht im Spannungsverhältnis zwischen Lebenserhaltungspflicht und Selbstbestimmung, in: Verhandlungen des sechsundfünfzigsten Deutschen Juristentages, Berlin 1986, Band I (Gutachten), München 1986, Teil D, Gutachten D, zitiert: Otto, Gutachten, D.

Pallin, Franz, Die Strafzumessung in rechtlicher Hinsicht, Wien 1982.
Pawlik, Michael, Unterlassene Hilfeleistung: Zuständigkeitsbegründung und systematische Struktur, in: GA 1995, S. 360 ff.
Puppe, Ingeborg, Die verschuldeten Folgen der Tat als Strafzumessungsgründe, in: Festschrift für Günter Spendel, herausgegeben von Manfred Seebode, Berlin, New York 1992, S. 451 ff., zitiert: Puppe, FS für Spendel, S.

Roxin, Claus, Sinn und Grenzen staatlichen Strafens, in: JuS 1966, S. 377 ff., zitiert: Roxin, JuS 1966, S.

Roxin, Claus, Strafrecht Allgemeiner Teil, Band 1, 3. Auflage, München 1997, zitiert: Roxin, Strafrecht AT, §, Rn.

Rudolphi, Hans-Joachim, Anmerkung zu AG Tiergarten, Beschluss vom 2.3.1990 – (225a) 52 Js 889/89 (143/89), in: NStZ 1991, S. 238 f.

Sax, Walter, „Tatbestand" und Rechtsgutsverletzung (II), in: JZ 1976, S. 429 ff.

Schäfer, Ernst, Die leitenden Gedanken der beiden Gesetze zur Änderung des Strafgesetzbuches sowie zur Änderung des Strafverfahrens und des Gerichtsverfassungsgesetzes vom 28. Juni 1935, in: DJ 1935, S. 991 ff.

Schäfer, Leopold, Die Einzelheiten der Strafgesetznovelle vom 28. Juni 1935, in: DJ 1935, S. 994 ff.

Schöne, Wolfgang, Unterlassene Erfolgsabwendung und Strafgesetz, Köln u.a. 1974.

Schönke, Adolf / Schröder, Horst, Strafgesetzbuch-Kommentar, 25. Auflage, München 1997, zitiert: Sch/Sch/Bearbeiter, StGB-Komm., §, Rn.

Schünemann, Bernd, Neue Horizonte der Fahrlässigkeitsdogmatik?, Zur Stellung der individuellen Sorgfaltswidrigkeit und des Handlungserfolges im Verbrechensaufbau, in: Festschrift für Schaffstein, herausgegeben von Gerald Grünwald u.a., Göttingen 1975, S. 159 ff., zitiert: Schünemann, FS für Schaffstein, S.

Schürmann, Hannes, Unterlassungsstrafbarkeit und Gesetzlichkeitsgrundsatz, Marburg 1985.

Seelmann, Kurt, „Unterlassene Hilfeleistung" oder Was darf das Strafrecht?, in: JuS 1995, S. 281 ff., zitiert: Seelmann, JuS 1995, S.

Seelmann, Kurt, Solidaritätspflichten im Strafrecht?, in: Recht und Moral, herausgegeben von Heike Jung, Heinz Müller-Dietz, Ulfrid Neumann, Baden-Baden 1991, S. 295 ff., zitiert: Seelmann, Solidaritätspflichten im Strafrecht, S.

Seelmann, Kurt, Opferinteressen und Handlungsverantwortung in der Garantenpflichtdogmatik, in: GA 1989, S. 241 ff., zitiert: Seelmann, GA 1989, S.

Spendel, Günter, Die Begründung des richterlichen Strafmaßes, in: NJW 1964, S. 1758 ff.

Stratenwerth, Günther, Zur Relevanz des Erfolgsunwertes im Strafrecht, in: Festschrift für Friedrich Schaffstein, herausgegeben von Gerald Grünwald u.a., Göttingen 1975, S. 177 ff., zitiert: Stratenwerth, FS für Schaffstein, S.

Systematischer Kommentar zum Strafgesetzbuch, von Hans-Joachim Rudolphi u.a., Band 1/1, Allgemeiner Teil, §§ 1-37, 32. Lieferung (März 2000), 7. Auflage, Neuwied u.a. 2000, Band 1/2, Allgemeiner Teil, §§ 38- 79b , 30. Lieferung (Mai 1999), 7. Auflage, Neuwied u.a. 1999, Band 2/2, Besonderer Teil, §§ 223-358, 49. Lieferung (Oktober 1999), 7. Auflage, Neuwied u.a. 2000, zitiert: SK/Bearbeiter, StGB-Komm., §, Rn.

Tröndle, Herbert / Fischer, Thomas, Strafgesetzbuch und Nebengesetze, 50. Auflage, München 2001, zitiert: Tröndle/Fischer (Bearbeiter), StGB-Komm., §, Rn.

Vermander, Eduard, Unfallsituation und Hilfspflicht im Rahmen des § 330 c StGB, Tübingen 1969.

Weber, H. von, Anmerkung zu BGH, Beschluss vom 8.4.1857 – GSSt 3/56, in: MDR 1957, S. 691 ff.

Welzel, Hans, Zur Dogmatik der echten Unterlassungsdelikte, insbesondere des § 330 c StGB, in: NJW 1953, S. 327 ff., zitiert: Welzel, NJW 1953, S.

Welzel, Hans, Studien zum System des Strafrechts, in: ZStW 58 (1939), S. 491 ff., zitiert: Welzel, ZStW (1939) 58, S.

Wessels, Johannes / Hillenkamp, Thomas, Strafrecht, Besonderer Teil/2, 21. Auflage, Heidelberg 1999, zitiert: Wessels/Hillenkamp, Strafrecht BT/2, Rn.

Wessels, Johannes / Hettinger, Michael, Strafrecht Besonderer Teil/1, 22. Auflage, Heidelberg 1999, zitiert: Wessels/Hettinger, Strafrecht BT/1, Rn.

Wolf, Erik, Fehlende Strafbestimmungen, in: JW 1933, S. 2096 ff.

Wolter, Jürgen, Objektive und personale Zurechnung von Verhalten, Gefahr und Verletzung in einem funktionalen Straftatsystem, Berlin 1981.

Würtenberger, Thomas, Die geistige Situation der deutschen Strafrechtswissenschaft, Karlsruhe 1959.

Zielinski, Diethart, Handlungs- und Erfolgsunwert im Unrechtsbegriff, Berlin 1973.

Aline Bruer-Schäfer

Der Internationale Strafgerichtshof

Die Internationale Strafgerichtsbarkeit im Spannungsfeld von Recht und Politik

Frankfurt/M., Berlin, Bern, Bruxelles, New York, Oxford, Wien, 2001. 388 S.
Schriften zum Staats- und Völkerrecht. Herausgegeben von Dieter Blumenwitz. Bd. 90
ISBN 3-631-37940-4 · br. DM 98.– / € 50.10*

Am 17. Juli 1998 wurde in Rom ein Statut beschlossen, das die Tür zur Errichtung eines Internationalen Strafgerichtshofs (IStGH) öffnet. Der IStGH will die Straflosigkeit schwerster Verletzungen der Menschenrechte verhindern und die Bestrafung der Täter auch bei hoheitlichem Tätigwerden sicherstellen. Vor diesem Hintergrund zeigt die Arbeit das zwischen (Völkerstraf-) Recht und Politik bestehende Spannungsverhältnis auf. Zur Einführung in die Thematik wird das Problemfeld Völkerrecht und Strafe erörtert und dadurch die Grundlage für die weitere Betrachtung geschaffen. Im Mittelpunkt der Arbeit steht die zu bejahende Frage, ob auf der Grundlage des Statuts von Rom ein unabhängig, unparteiisch und effektiv arbeitender IStGH errichtet werden kann.

Aus dem Inhalt: Das Spannungsfeld zwischen (Völkerstraf-) Recht und Politik · Die Problematik Völkerrecht und Strafe · Das Statut von Rom vom 17. Juli 1998 und die internationale Strafgerichtsbarkeit · Der IStGH auf der Grundlage des Statuts von Rom als wirksamer Beitrag zur Friedenssicherung und -erhaltung und als unabhängiger sowie effektiver Garant für Gerechtigkeit

FSC
www.fsc.org
MIX
Papier | Fördert gute Waldnutzung
FSC® C083411

Kolibri 360 GmbH
Ferdinand-Jühlke-Straße 7
99095 Erfurt, Deutschland
produktsicherheit@kolibri360.de

Druck:
CPI Druckdienstleistungen GmbH
im Auftrag der
Kolibri 360 GmbH
Ferdinand-Jühlke-Str. 7
99095 Erfurt